EL TIEMPO

EL TIEMPO

UNA GRAN ILLUSIÓN

SEGÚN

UN CURSO DE MILAGROS

DR. KENNETH WAPNICK

Foundation for A Course in Miracles®

EL GRANO Ð MOSTAZA

Título en inglés:

A vast illusion: time according to A Course in Miracles

Copyright © 1990, 2006 by

Foundation for A Course in Miracles®

Título en castellano:

El tiempo, una gran ilusión según Un curso de milagros

Autor

Dr. Kenneth Wapnick

Traducción

Miguel Iribarren

Diseño

Félix Lascas

Primera edición

Abril 2022

Copyright © 2022

El Grano de Mostaza

Depósito legal

B 8275-2022

ISBN

978-84-125139-12

EDICIONES EL GRANO DE MOSTAZA, S. L.

Carrer de Balmes, 394 ppal. 1a.

08022 Barcelona

CONTENIDOS

Prefacio a la tercera edición original en inglés

Para esta tercera edición, hemos vuelto a mecanografiar el libro y le hemos dado un tamaño nuevo. Como resultado de estos cambios, la paginación difiere de la edición anterior. Sin embargo, el contenido sigue siendo prácticamente el mismo.

Prefacio a la segunda edición original en inglés

Para esta nueva edición, el libro ha vuelto a ser mecanografiado y se han hecho algunas revisiones editoriales. Otros cambios están asociados a la publicación de la segunda edición de *Un curso de milagros* (1992). El material que se había omitido inadvertidamente de la primera edición del Curso se ha incluido en la segunda edición. Esto ha requerido que se enmienden algunas notas del Curso incluidas en el libro. Se han añadido notas a pie de página para ayudar a identificarlas. Además, se ha revisado la notación de las referencias a *Un curso de milagros* para reflejar el sistema de numeración empleado en la segunda edición de *Un curso de milagros*. Así, ahora las referencias de *Un curso de milagros* se dan de dos maneras: la primera, que no cambia de la anterior, cita las páginas de la primera edición; la segunda cita la numeración apropiada de la segunda edición. A continuación, se da un ejemplo de la nueva notación de la segunda edición de cada libro de *Un curso de milagros*:

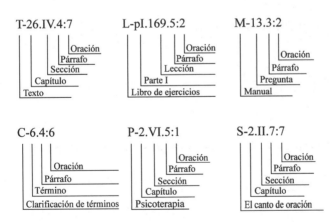

Prefacio a la primera edición original en inglés

El tiempo: una gran ilusión según *Un curso de milagros* comenzó como una serie de clases que se dieron en Crompond, Nueva York, posteriormente publicadas en forma de un álbum de cintas de cassete titulado El tiempo según *Un curso de milagros*. La transcripción de esta serie de cintas formó la base del presente libro. No obstante, la transcripción ha sido cuidadosamente revisada, editada y aumentada, de modo que este libro es una expansión de las numerosas ideas presentadas originalmente en las clases. En cualquier caso, hemos conservado el formato básico de las clases, de modo que el lector pueda sentir que participa en un aula donde se explora en profundidad el significado de los muchos pasajes sobre el tiempo contenidos en el Curso.

Deseo expresar mi agradecimiento a Rosemarie LoSasso, la directora de publicaciones de la Fundación, que realizó la corrección original de la transcripción y posteriormente supervisó la corrección final y la publicación de este libro con su habitual atención al detalle y devoción amorosa; y a mi esposa Gloria, que junto conmigo repasó la corrección de Rosemarie y trabajó esforzadamente en los contornos básicos del libro hasta que fluyó de principio a fin. Tenemos la esperanza de que este libro transmita la esencia de las enseñanzas de Jesús sobre el tiempo, que forman la base del sistema de pensamiento del Curso.

Introducción

Está claro que la cuestión del tiempo es la más difícil de entender en *Un curso de milagros*. Esto ocurre no solo por el tema en sí, sino porque el Curso dice relativamente poco sobre él. A medida que estudiamos los tres libros, con frecuencia vemos indicios de la teoría del tiempo, ocasionalmente un párrafo o dos y, en raras ocasiones, toda una sección dedicada a su metafísica. A continuación, el tema se deja y, aparentemente, el lector queda suspendido en el aire. Sin embargo, hay un pasaje en el Manual para el maestro, del que hablaremos en breve, que afirma muy específicamente que para entender el plan de Expiación, uno debe comprender el concepto del tiempo que el Curso propone. No obstante, en otros lugares Jesús dice que el tiempo es un área que en realidad no podemos entender.

En este libro, a fin de formular una presentación coherente, voy a juntar en tres partes los diversos pasajes sobre el tiempo que vienen en *Un curso de milagros*. La primera parte será un comentario sobre el origen y la metafísica del tiempo. La segunda versará sobre el tiempo y el plan de Expiación, centrándose en el papel del milagro y el colapso del tiempo que este fomenta. La tercera hablará del final del tiempo, e incluirá los conceptos del Curso sobre el mundo real, la Segunda Venida, el Juicio Final y, finalmente, el último paso que da Dios.

Una nota final: este libro no está pensado para lectores que sean nuevos en *Un curso de milagros*, pues presupone cierta familiaridad con sus conceptos básicos. Los lectores interesados en aprender más sobre el Curso y cómo se transmitió pueden consultar *Una introducción básica a* Un Curso de milagros y *El perdón y Jesús: el punto de encuentro entre* Un curso de milagros *y el cristianismo*.[1] Para más información, véase el material relacionado al final de este libro.

---

1   *Una introducción básica a* Un Curso de milagros, Kenneth Wapnick, El Grano de Mostaza Ediciones, Barcelona, 2009.
El perdón y Jesús: el punto de encuentro entre Un curso y de milagros *y el cristianismo,* Kenneth Wapnick, El Grano de Mostaza Ediciones, Barcelona, 2011.

PRIMERA PARTE:
EL ORIGEN Y LA NATURALEZA
DEL TIEMPO

Introducción a la Primera parte

La Primera parte introduce los principios clave que comprenden la visión de *Un curso de milagros* sobre el origen y la naturaleza del tiempo. Después de un comentario general en el Capítulo 1, el Capítulo 2 comienza con un análisis de los pasajes del Curso de los que están tomados los principios sobre el tiempo. La Primera parte concluye con un análisis línea por línea de dos secciones completas del Texto que tratan directamente sobre la metafísica del tiempo.

Una nota breve antes de empezar: a medida que seguimos adelante con nuestros comentarios, es importante recordar que los distintos símbolos que se usan para explicar el tiempo son solo eso: símbolos. De hecho, no existe una alfombra del tiempo que sea real, ni una biblioteca de cintas de vídeo, ni un caleidoscopio. Simplemente, usamos símbolos para ayudarnos a representar conceptos sobre el tiempo y nuestra experiencia de él. En último término, ninguno de los símbolos, metáforas, imágenes o analogías que usaremos es plenamente satisfactorio, pero, cuando los juntamos, nos ayudan a explicar el fenómeno del tiempo tal como lo experimentamos. Esto es similar a los problemas con que se encuentran los físicos dedicados al estudio de la luz. A veces la luz aparece como una onda, y esto explica algunas de sus propiedades. Otras veces parece ser una partícula, y eso también explica otras de sus propiedades. Pero, en nuestra experiencia, nunca es una onda y una partícula simultáneamente. Así pues, en cierto sentido, seguiremos el mismo procedimiento presentando distintos modelos para explicar distintos aspectos del fenómeno del tiempo.

CAPÍTULO 1:

La metafísica del tiempo

En otros lugares[2] ya he comentado los dos niveles a los que está escrito *Un curso de milagros*, pero ahora también nos conviene hacer un breve comentario al respecto. El Primer nivel guarda relación con la metafísica del Curso, y trata sobre la diferencia entre la perfecta realidad del Cielo y el ilusorio e imperfecto mundo físico. El Segundo nivel contrasta, dentro del mundo ilusorio, las enseñanzas de separación y ataque del ego con las visiones de unión y perdón del Espíritu Santo. Estos dos niveles se ven en el cuadro número 1,[3] y nos referiremos a ellos a lo largo del libro. En la Primera parte haremos énfasis de manera casi exclusiva en la metafísica (Nivel Uno), mientras que en la Segunda parte nos enfocaremos en nuestra experiencia del mundo del tiempo del ego, y su deshacimiento a través del milagro (Nivel Dos). La Tercera parte integra ambos niveles, al tratar el producto final del perdón (Nivel Dos), que culmina en el deshacimiento del mundo que nunca fue (Nivel Uno).

Ahora comenzamos con el estado del Cielo, que *Un curso de milagros* describe así:

> Es simplemente la conciencia de la perfecta Unicidad y el conocimiento de que no hay nada más: nada fuera de

---

2   Véase, por ejemplo, la sección sobre teoría en mi Glossary-Index for A Course in Miracles, y *El perdón y Jesús: el punto de encuentro entre* Un curso de milagros *y el cristianismo,* segunda edición. Véase el material relacionado al final de este libro para obtener información adicional.

3   Véase el apéndice para consultar este cuadro y todos los demás.

esta Unicidad ni nada dentro
(T-18.VI.1:6).

Por lo tanto, Dios y Cristo son uno, aunque Dios es la Primera Causa y nosotros, al ser Su Hijo, somos Su Efecto. Esta descripción aparentemente dualista no debe tomarse literalmente, sino más bien como el medio que utiliza el Curso para describir algo que no puede ser comprendido por un cerebro humano:

> Debe entenderse que la palabra «primero», cuando se aplica a Dios, no es un concepto temporal. Él es el primero en el sentido de que es el Primero en la Santísima Trinidad. Es el Creador Principal porque creó a Sus co-creadores. De ahí que el tiempo no le ataña a Él ni a lo que creó
> (T-7.I.7:4-7).

Por lo tanto, este estado celestial es eterno, puesto que «la eternidad es una Idea de Dios» (T-5.III.6:3).

En un pasaje extremadamente importante, *Un curso de milagros* afirma que: «Una diminuta y alocada idea, de la que el Hijo de Dios olvidó de reírse, se adentró en la eternidad, donde todo es uno» (T-27.VIII.6:2). Esta «pequeña idea loca» es la creencia de que el Hijo puede estar separado de su Padre, usurpar la función de su Padre como Creador Primero y, de esta manera, el efecto puede parecer que se convierte en la Primera Causa. Además, el Curso enseña: «A causa de su olvido ese pensamiento se convirtió en una idea seria, capaz de lograr algo, así como de producir efectos 'reales'» (T-27.VIII.6:3).

Además, *Un curso de milagros* dice claramente que el tiempo es inexistente, y que su aparente origen tuvo lugar cuando la pequeña idea loca de la separación se tomó en serio. El Curso delinea los efectos de esta seriedad:

> Una intemporalidad en la que se otorga realidad al tiempo; una parte de Dios que puede atacarse a sí misma; un hermano separado al que se considera un enemigo y una mente dentro de un cuerpo [...] (T-27.VIII.7:1).

Y, sin embargo, a pesar de esta aparente seriedad, Jesús nos dice:

Juntos podemos hacer desaparecer ambas cosas riéndonos de ellas, y darnos cuenta de que el tiempo no puede afectar a la eternidad. Es motivo de risa pensar que el tiempo pudiese llegar a circunscribir a la eternidad, cuando lo que esta significa es que el tiempo no existe (T-27.VIII.6:4-5).

El Curso usa la metáfora de quedarse dormido para describir la separación, y describe el sistema de pensamiento que se deriva de ella como un sueño: «Tú no moras aquí, sino en la eternidad. Eres un viajero únicamente en sueños, mientras permaneces a salvo en tu hogar» (T-13.VII.17:6-7). Sin embargo, cuando el Hijo de Dios parece quedarse dormido y tener un sueño de separación, todo el mundo del tiempo parece desenrollarse como una larga alfombra (véase el cuadro 2). Pareció ocurrir en un instante, un mínimo «tic» de tiempo. Y dentro de ese pequeño tic estaba contenido todo el mundo del tiempo y del espacio tal como lo conocemos, todo el ámbito de la evolución, la cual se extiende durante miles de millones de años dentro de este mundo de ilusión. Una de las dificultades para entender este concepto —al que volveremos una y otra vez a lo largo de este libro— es que nuestra experiencia del tiempo, así como el entendimiento intelectual que tenemos de él, es lineal. Por lo tanto, miles de millones de años parecen un periodo de tiempo interminablemente largo. No obstante, en la realidad de la ilusión, esta extensión de miles de millones de años ocurrió en un instante. En un lugar Jesús comenta: «¿Qué son cien años para Ellos [Dios y Cristo] o mil o cientos de miles?» (T-26.IX.4:1). Así, una de las dificultades de usar la analogía de la alfombra es que retrata el tiempo como lineal. Por otra parte, la ventaja es que se corresponde con nuestra experiencia del tiempo.

Un curso de milagros explica que al mismo tiempo que nació el pensamiento de tiempo del ego, Dios «dio» la Corrección, el Espíritu Santo, Quien deshizo todos los errores que se cometieron en ese instante. Esto se ilustra en el cuadro 2. La parte superior de la alfombra representa el guion del ego, que ya está escrito. La parte inferior, que en cierto sentido se despliega en concurrencia con la superior porque la Corrección ocurrió simultáneamente, representa el deshacimiento de todos esos errores. Más específicamente, si la relación especial se define como el núcleo básico del mundo de la separación, entonces, en concurrencia con estos pensamientos que tenemos en nuestra mente, están los pensamientos de las relaciones santas, que deshacen nuestras relaciones especiales a través del perdón. Por lo tanto, en cierto sentido, la mitad superior de la alfombra es el mundo del ego, un mundo de separación, especialismo y ataque. La mitad inferior es el mismo guion, por así decirlo, pero ahora sanado, de modo que el pensamiento de perdón del Espíritu Santo —el principio de Expiación de que la separación nunca ocurrió— ya ha reemplazado al del ego.

Así, estamos hablando básicamente de una «dualidad dual», comparable con los dos niveles mencionados al principio del capítulo. La primera dualidad es entre estar despierto en la eternidad y dormido en el sueño de tiempo. La segunda es entre los dos guiones, el del ego y el del Espíritu Santo. Dentro de esta segunda dualidad, la mente dividida o separada está dividida en tres partes: la parte que el Curso describe como la mente errada, que contiene el pensamiento de separación que se ha tomado en serio; la mente correcta, la parte que contiene el recuerdo de Dios —el Espíritu Santo— que se acuerda de reírse del pensamiento de separación; y la parte que elige entre estas dos, a la que nos vamos a referir como el tomador de decisiones o el observador.

El guion del ego fue escrito y elegido por nosotros como tomadores de decisiones: nosotros somos, por así decirlo, los escritores, directores, productores, actores y actrices. Es muy difícil concebir que ambos guiones ya han ocurrido porque esta comprensión es drásticamente opuesta a nuestra experiencia individual. Sin embargo, es un elemento esencial de la metafísica del tiempo en *Un curso de milagros*, sin la cual no es posible entender verdaderamente las enseñanzas del Curso sobre el perdón. En resumen, entonces, podemos decir que en el instante en que todo el mundo físico pareció ocurrir, en ese mismo instante también ocurrió la Corrección para él. En el contexto de una sección sobre la enfermedad, el Curso explica:

> Sin embargo, la separación no es más que un espacio vacío, que no contiene nada ni hace nada, y que es tan insubstancial como la estela que los barcos dejan entre las olas al pasar. Dicho espacio vacío se llena con la misma rapidez con la que el agua se abalanza a cerrar la estela según las olas se funden. ¿Dónde está la estela que había entre las olas una

vez que estas se han fundido y han llenado el espacio que por un momento parecía separarlas? (T-28.III.5:2-4).

Por lo tanto, una metáfora útil es que el tomador de decisiones (observador) es la parte de nuestra mente (véase cuadro 3) que elige revisar la película del ego (mente errada) o la corrección del Espíritu Santo (mente correcta). Recuerda que la totalidad de la película, *incluyendo* la corrección, ya ha sido filmada, y abarca el mundo de la evolución, que se extiende durante miles de millones de años. Dentro de esta obra épica gigantesca hay un número casi infinito de segmentos o cintas de vídeo, y cada uno de ellos corresponde a la expresión de un pensamiento: «Todo pensamiento produce forma en algún nivel» (T-2.VI.9:14). Dentro de nuestra mente tenemos a nuestra disposición un «interruptor» mediante el cual podemos intercambiar al instante estas pequeñas cintas, bien dentro del guion del ego o del guion del Espíritu Santo, o pasar de uno a otro, «sintonizando», bien con el pensamiento del ego o bien con el del Espíritu Santo. Ambos han ocurrido, y *ya* están presentes en nuestras mentes, en lo que llamamos el mundo del tiempo. Otra manera de conceptualizar este fenómeno es que a medida que nos sentamos delante de nuestra película o pantalla de vídeo, la parte tomadora de decisiones de nuestra mente está viendo el guion a una *velocidad muy lenta,* experimentando todos los efectos de su pensamiento, que ocurrió en un instante y que, de hecho, ya ha desaparecido.

Así, nosotros somos como observadores sentados frente a una pantalla, viendo lo que ya ha tenido lugar como si estuviera ocurriendo por primera vez. Sin embargo, nuestra experiencia es que en realidad somos parte de lo que estamos observando. Así, en la parte derecha del tercer cuadro, que representa la pantalla de televisión, lo que estamos viendo también incluye todos los aspectos del guion relacionados con nosotros. La realidad es que realmente estamos *observando* esto, eligiendo qué parte del guion queremos observar a través de la parte tomadora de decisiones de nuestra mente. Este es el significado de la declaración de *Un curso de milagros* (que se comenta más adelante) de que estamos observando algo desde un punto de vista en el cual ya se ha completado.

Ahora bien, el truco en todo esto, y la razón por la que el Curso se refiere al tiempo como un truco de magia o «un juego de manos» (L-pI.158.4:1), es que parece como si estuviéramos realmente viviéndolo en este momento. En verdad, no obstante, simplemente estamos re-experimentando algo que ya ha ocurrido. Así, no hay una conexión real entre el «nosotros» que se sienta a observar y el «nosotros» que estamos observando, excepto que nosotros hemos establecido una conexión. Y así, lo que hemos hecho se ha vuelto real para nosotros, como si la conexión fuera real. Cuando apagamos el aparato (televisor o vídeo), lo que hemos estado observando se va. Nuestro miedo a este curso es enorme, pues creemos que, si desaparece la imagen de la pantalla, nosotros también desaparecemos. Por tanto, retrasamos esta opción durante mucho, mucho tiempo, y por eso el mundo, incluyendo la mayoría de las espiritualidades, tratan de mantener la realidad de ciertos aspectos de esta gigantesca película épica.

Un ejemplo de este fenómeno de convertirnos en aquello que observamos ocurre cuando vemos una película en el cine. Aunque entendemos intelectualmente que en realidad no hay nada en la pantalla, excepto la proyección de una película desde un proyector que está detrás de nosotros, nuestra experiencia es que realmente estamos observando algo en la pantalla que es real, pues sentimos las mismas emociones que si la acción estuviera ocurriéndonos a nosotros. Experimentamos horror, miedo, culpa, felicidad, alegría o tristeza, e incluso podemos echarnos a llorar o a reír, como si realmente estuviera ocurriendo algo. Así, desde un punto de vista psicológico, a todos los efectos algo *está* ocurriendo en la pantalla.

Nada de esto tendría ningún impacto en nosotros si lo que está en la pantalla no nos recordara lo que creemos que está dentro de nosotros. E incluso, más específicamente, nos afecta porque los pensamientos subyacentes a las emociones están dentro de nosotros: lo externo no es nada más que el reflejo de lo que está dentro; ni más ni menos. Y así, aunque a un nivel nos damos cuenta de que lo que estamos observando ante nosotros es ilusorio, seguimos reaccionando a ello como si fuera real, y como si de hecho estuviera ocurriéndonos u ocurriendo a las personas con las que nos identificamos. Nos parece que realmente estamos realizando nuestras actividades diarias, haciendo elecciones en el *presente* que determinan situaciones *futuras*, y que estamos controlados por sucesos del pasado. En realidad, por decirlo una vez más, solo estamos observándonos a nosotros mismos pasar por estas actividades, realizando elecciones que determinan lo que va a venir, y siendo afectados por lo que ha precedido a este momento. Esto no tiene sentido cuando lo entiende con claridad una mente que ha elegido la razón, pero nunca debemos olvidar que el ego está construido literalmente sobre el sin-sentido. Por tanto, no tiene sentido que intentemos entender el sinsentido.

Otro ejemplo de identificación psicológica es nuestra forma de responder a lo que leemos en el periódico o vemos en televisión. Si respondemos en términos de felicidad, alegría, enfado o miedo, solo puede deberse a que nos estamos identificando psicológicamente con el evento. De otro modo, la situación o la persona no nos habrían afectado. De ahí que solo nos estemos viendo a nosotros mismos, o mejor, una proyección de nosotros mismos, en esa situación particular: estamos *observando*, no siendo. Algo paralelo a esto es lo que solemos llamar una experiencia fuera del cuerpo. Aquí, el individuo parece estar literalmente fuera de la experiencia física, observando al cuerpo actuar. Sin embargo, esta analogía útil no debe extenderse demasiado lejos, ya que incluso la experiencia de estar fuera del cuerpo forma parte de la biblioteca de cintas de vídeo, puesto que aún nos experimentamos a noso-tros mismos como seres separados. Además, la mente no habita en el cuerpo en absoluto.

Así, estamos observando sucesos que parecen ser reales y que parecen estar ocurriendo ahora mismo. En realidad, solo estamos observando lo que ya ha ocurrido: estamos reproduciendo una cinta, por así decirlo, y sin embargo nos *olvidamos* de que lo estamos haciendo. Cuando recordamos que hemos elegido lo que estamos experimentando, las cadenas que apa-rentemente nos atan a la pantalla, y en último término a la silla misma desde la que observamos, desaparecen y somos libres. Así, es nuestra negación de lo que hemos elegido lo que nos hace creer que estamos *en* el sueño, y de este modo se vuelve tan real para nosotros como los sueños que tenemos por la noche mientras dormimos. Vivimos en una era tecnológica de repro-ducciones instantáneas y cintas de vídeo, en la que podemos mover la cinta hacia delante, hacia atrás, ponerla en pausa, fijar la imagen y ¿quién sabe qué ocurrencias inventará el ego en el futuro? Lo que es tan interesante sobre estas innovaciones tecnológicas es que nuestra mente intangible, a través de su instrumento físico que es el cerebro, está elaborando un espejo de los mismos mecanismos mentales que no solo fabricaron el cerebro, sino también la totalidad del universo físico. Simplemente, estamos viviendo los pensamientos de la mente, habiendo producido el mundo de la forma mediante la proyección, un mundo que nunca ha abandonado su fuente en la mente.

Realmente, no debería sorprendernos que la totalidad de este mundo, y todas nuestras experiencias aquí, sean un gran engaño. El pensamiento original de separación de Dios que tuvo el ego fue una mentira; entonces, ¿cómo podría lo que es proyectado desde dicho pensamiento ser otra cosa que una mentira? Así, nunca deberíamos subestimar el poder de nuestro ego-cuerpo para mentir y engañar. También está claro, anticipando un comentario que haremos posteriormente, que nunca podremos despertar a la realidad desde este sueño de la «realidad» sin contar con ayuda procedente de fuera del sueño del ego. Esta ayuda es el Espíritu Santo, o Su manifestación Jesús. Creer que podíamos existir por nuestra cuenta, sin Dios, es lo que nos llevó al sueño originalmente, y por tanto despertamos de él eligiendo la Ayuda de Dios.

Este tipo de explicación general es lo que da sentido a algunos de los pasajes, de otro modo inexplicables, que encontramos en *Un curso de milagros*. Por ejemplo, una línea que comentaremos más adelante dice: «La revelación de que el Padre y el Hijo son uno alboreará en toda mente a su debido tiempo» (L-pI.158.2:8). Además, el tiempo en el que este reconocimiento vendrá a nosotros ya ha sido establecido: el guion de nuestra aceptación ya está escrito. Lo que *no* está establecido es *cuándo* elegiremos reexperimentar esa parte del guion. Las significativas implicaciones de esta idea se comentarán en el Capítulo 2.

Volviendo a nuestra analogía de las cintas de vídeo: asumamos que todos tenemos mandos a distancia y podemos presionar distintos botones. Entonces, el tomador de decisiones (u observador) en nuestra mente elige presionar el botón que activa la cinta que contiene nuestro despertar del sueño, que es la aceptación de la Expiación. En ese punto estamos eligiendo cambiar al guion del Espíritu Santo, perdonar a todo el mundo y evocar el recuerdo de que somos uno con Dios. Una vez más, esta parte del guion ya ha sido filmada y por lo tanto ya ha «ocurrido», pero todavía somos libres de elegir *cuándo* la revisaremos. Esta elección es la única noción de libre albedrío que el Curso acepta como significativa (T-in.1; L-pI.158.2:8-9; L-pI.169.8:1-2). Y, por supuesto, nosotros no podemos elegir *no* volver a elegir; pero podemos retrasar esa elección. Como explica el Curso:

Puedes aplazar lo que tienes que hacer y eres capaz de enormes dilaciones, pero no puedes desvincularte completamente de tu Creador, Quien fija los límites de tu capacidad para crear falsamente (T-2.III.3:3).

Este límite, la presencia del Espíritu Santo en nuestras mentes, nos asegura que en algún punto dentro del holograma del tiempo elegiremos despertar del sueño.

Sin embargo, *Un curso de milagros* enseña que no despertamos del sueño abruptamente. Antes de poder despertar plenamente, primero tenemos que cambiar de las pesadillas del ego a los sueños felices del Espíritu Santo. Esta progresión —de las pesadillas a los sueños felices— deshace la creencia de que Dios nos castigará. Solo entonces podemos aceptar la Expiación para nosotros mismos. Este paso intermedio, cuyo logro es el objetivo del Curso, se describe expresivamente en este pasaje:

> Todo lo que aterrorizó al Hijo de Dios y le hizo pensar que había perdido su inocencia, repudiado a su Padre y entrado en guerra consigo mismo no es más que un sueño fútil. Mas ese sueño es tan temible y tan real en apariencia, que él no podría despertar a la realidad sin verse inundado por el frío sudor del terror y sin dar gritos de pánico, a menos que un sueño más dulce precediese su despertar y permitiese que su mente se calmara para poder acoger —no temer— la Voz que con amor lo llama a despertar; un sueño más dulce en el que su sufrimiento cesa y en el que su hermano es su amigo. Dios dispuso que su despertar fuera dulce y jubiloso, y le proporcionó los medios para que pudiera despertar sin miedo (T-27.VII.13:3-5).

Un paralelismo interesante se encuentra en las enseñanzas de Basílides, uno de los grandes maestros gnósticos del siglo II. Él tenía una teoría fascinante, que en una primera lectura parecía totalmente absurda. Basílides mantenía que Jesús no murió en la cruz. Más bien, él cambió de forma y el crucificado fue Simón de Cirene, mientras Jesús estaba lejos, en un árbol, riéndose. Basílides, que se opuso a los líderes de la iglesia y a sus enseñanzas, vio a Jesús riéndose burlonamente de toda la gente (principalmente de los judíos) que no podían entender lo que estaba ocurriendo realmente. El contenido de la inspiración de Basílides era correcto; a saber, que Jesús se había «acordado» de reírse de la pequeña idea loca del ego y no la había tomado en serio. Así, Jesús sabía que él no estaba siendo crucificado, puesto que no era su cuerpo. Siendo un mero observador, Jesús se observó a sí mismo, sabiendo que lo que estaba viendo no era real, sino solo un sueño. Así, podemos concluir que la mente de Basílides no pudo abarcar completamente la grandeza del pensamiento de la risa libre de burla de Jesús. La inspiración se filtró a través de su mente ego limitada, manifestándose en la forma de un ataque.

Algo que guarda relación con el concepto de no tomarse el sueño del mundo en serio es lo que los psicólogos denominan «sueño lúcido», refiriéndose al fenómeno de personas que en medio de su sueño nocturno son conscientes de estar soñando. En el sueño mismo son conscientes de ser el soñador y el sueño. Así, pueden encontrarse en medio de una pesadilla aterradora y de repente recuerdan que es un sueño. El sueño continúa, pero el terror desaparece. La contraparte que propone *Un curso de milagros* para el soñador lúcido es el soñador feliz, que mientras vive en el mundo ilusorio, de repente se da cuenta de que en realidad no está aquí.

Continuando con la analogía del soñador lúcido, pero ahora en el contexto de sentarse frente a una pantalla, sería como si nosotros, como observadores, estuviéramos viendo una cinta de vídeo y de repente nos diéramos cuenta de que estábamos viendo algo que ya ha ocurrido. Estamos observándonos como una figura en el sueño, pero ahora, todavía dentro del sueño, somos conscientes de que solo es un sueño. Este cambio de conciencia viene representado en el cuadro 3 por las dos líneas que emanan del observador, que representan al ego y al Espíritu Santo. Es como si hubiera dos voces hablándonos mientras miramos nuestra pantalla. El ego nos está diciendo: «Sigue sintonizado con mi estación y cree que el drama del cuerpo que estás viendo está ocurriéndote realmente a ti». La Voz del Espíritu Santo nos recuerda que lo que estamos observando no es más que un sueño. Antes de poder oír su mensaje con total claridad, primero tenemos que considerar la idea de que hay otra manera de mirar al sueño. Esta otra manera es el sueño feliz de perdón.

La analogía del vídeo (o la película) es una manera algo simplificada de presentar el concepto y tiene la desventaja de ser lineal. De hecho, es mejor usar la analogía de un ordenador con toda su complejidad, aunque también es una manera más complicada de establecer el punto que queremos ilustrar.

Imaginémonos sentados delante de una pantalla de ordenador, con una miríada de programas entre los que podemos elegir y muchos botones distintos que podemos pulsar. Esta analogía refleja mejor la complejidad de nuestras vidas individuales y de nuestras interacciones con el mundo. El ordenador también es una analogía útil de la relación entre la mente (observador) y el cerebro (cuerpo), en la medida en que la mente ha programado al cerebro, tal como el programador del ordenador dice a este lo que tiene que hacer. El ordenador no puede funcionar sin un programa y una fuente de energía. Asimismo, el cerebro (y por lo tanto el cuerpo) carece totalmente de vida sin las «instrucciones» de la mente.

Otra analogía útil es la del caleidoscopio, un pequeño tubo dentro del cual unos espejos reflejan la luz que atraviesa unos trocitos sueltos de cristal coloreado contenidos en un extremo, haciendo que dichos trocitos de cristal aparezcan como diseños simétricos —y a menudo muy hermosos— cuando se ven desde el otro extremo. En realidad, el estado de la mente dividida se entiende mejor como un caleidoscopio dentro de otro caleidoscopio, una división dentro de otra división, siendo la primera la proyección hacia fuera de la mente dividida primordial, que es la pieza de cristal original. La proyección es el pensamiento original de separación o fragmentación de Dios. Por lo tanto, el mundo que se proyecta hacia fuera es idéntico al pensamiento de separación que ha sido proyectado, y así el cristal sigue fragmentándose. Es como si cada pensamiento proyectado se convirtiera en su propio caleidoscopio. El proceso en sí es descomunal, y se resiste a cualquier intento de aprehensión lógica o racional, puesto que la complejidad es abrumadora para nuestro limitadísimo pensamiento humano. El truco del tiempo es que, ahora, este aparente instante de fragmentación parece haber ocurrido a lo largo de una inmensa extensión de tiempo; la linealidad del tiempo no es sino el velo que esconde la coexistencia simultánea de cada parte del cristal fragmentado.

Transfiriendo al caleidoscopio la idea que hemos comentado antes del observador y lo observado, podemos entender que el observador —el tomador de decisiones— está fuera de lo que observa. *Dentro* del caleidoscopio no hay diferencia entre el observador y lo observado. Son uno: la parte está en el todo; el todo está en cada parte. Esto es similar a un psicoterapeuta analizando un sueño, interpretando que todos sus símbolos son parte del soñador; es decir, el sueño y el soñador son uno. Nosotros, que hemos soñado los sueños de nuestras vidas, en realidad nos alzamos fuera de ellos, y sin embargo creemos estar en ellos. Además, creemos que somos controlados por ellos.

Otra manera más de conceptualizar el modelo de «una mente dentro de otra mente» es pensar en cada fragmento como en un chip de ordenador, lleno de información (o pensamientos), y cada pensamiento en sí es un chip, y así sucesivamente. El proceso «comienza» —en la medida en que uno puede hablar de un límite temporal para lo que está más allá de todo tiempo— con el único chip del pensamiento de separación del Hijo uno. A partir de ahí, el chip se fragmenta continuamente: chip dentro de chip, caleidoscopio dentro de caleidoscopio. Así es como *Un curso de milagros* describe el proceso:

> Tú que crees que Dios es miedo tan solo llevaste a cabo una substitución. Esta ha adoptado muchas formas porque fue la substitución de la verdad por la ilusión; la de la plenitud por la fragmentación. Dicha substitución a su vez ha sido tan desmenuzada y subdividida, y dividida de nuevo una y otra vez, que ahora resulta casi imposible percibir que una vez fue una sola y que todavía sigue siendo lo que siempre fue. [...] No te das cuenta de la magnitud de ese único error. Fue tan inmenso y tan absolutamente increíble que de él *no pudo* sino surgir un mundo totalmente irreal. ¿Qué otra cosa, si no, podía haber surgido de él? A medida que empieces a examinar sus aspectos fragmentados te darás cuenta de que son bastante temibles. Pero nada que hayas visto puede ni remotamente empezar a mostrarte la enormidad del error original, el cual pareció expulsarte del Cielo, fragmentar el Conocimiento al convertirlo en inútiles añicos de percepciones desunidas y forzarte a llevar a cabo más substituciones (T-18.I.4:1-3; 5:2-6).

Esta imagen del caleidoscopio también incorpora una de las ideas clave del holograma: la totalidad está contenida en cada parte. El proceso del holograma consiste en dividir un rayo de luz láser (un rayo con una única longitud de onda, a diferencia de las múltiples longitudes de onda de la luz ordinaria) en dos. Un rayo (llamado rayo de referencia) ilumina el objeto que está siendo fotografiado, mientras que el otro (llamado el rayo de experiencia) interfiere con la luz que está siendo reflejada por el objeto. A continuación, ambos rayos son dirigidos a una placa fotográfica, donde su interacción queda grabada y forma el holograma. Finalmente, cuando un rayo láser brilla a través de esta imagen holográfica, el espectador la percibe tridimensionalmente. Aquí, de manera incluso más precisa, cualquier parte del objeto percibido en la fotografía contiene dentro de él la totalidad. En otras palabras, la parte define al todo y recrea para el perceptor, por así decirlo, la naturaleza de la totalidad del objeto.

En ese sentido, la declaración que se hace en el material de Seth (una serie de libros escritos por Jane Roberts y canalizados de una entidad llamada Seth) de que todas las encarnaciones están ocurriendo simultáneamente, es similar a la enseñanza del Curso de que todos los eventos han ocurrido en un instante, y sin embargo parecen estar desarrollándose secuencialmente a lo largo del tiempo. Así, todas las encarnaciones, que en este mundo de espacio y tiempo se extenderían a lo largo de miles de millones de años, están encapsuladas en un holograma espacio-tiempo de este único instante. Si pensamos en la mente de la Filiación de Dios como en una hoja de cristal unificada y prístina —el Cristo tal como Dios lo creó—, entonces la separación es la aparente fragmentación del cristal en miles de millones de partes. Esto es lo que se transmite en la imagen del caleidoscopio, donde los pequeños trocitos de cristal representan las partes fragmentadas de la Filiación. Así, la parte observante de nuestras mentes se sienta frente al caleidoscopio, que en nuestra imagen anterior era el aparato de vídeo, y puede encender el aparato y ver lo que haya elegido ver y experimentar en cualquier momento concreto.

Dadas estas premisas, podemos empezar a darnos cuenta de que en cualquier momento dado nuestras mentes pueden tomar una decisión: por ejemplo, la de estar viviendo en la ciudad de Nueva York al final del siglo xx, mientras que en otra parte de nuestras mentes nos experimentamos en un tiempo y espacio totalmente distintos, en otro periodo histórico, pasado o futuro. Una vez más, podemos pensar en la imagen del chip dentro del chip, o del caleidoscopio dentro del caleidoscopio. No somos conscientes de esto porque hemos limitado nuestras mentes estableciendo las leyes del espacio y del tiempo, las cuales programan nuestros cerebros y limitan nuestra experiencia de nosotros mismos. Las personas que tienen regresiones a vidas pasadas, o que pueden ver el futuro, simplemente están retirando algunas de las barreras limitantes que antes les impedían experimentar mucho más de lo que en realidad está dentro de sus propias mentes.

En estas barreras hay un propósito adaptativo muy importante. Por ejemplo, considera el mundo de la percepción desde un punto de vista puramente fisiológico. Nuestros cerebros están siendo bombardeados continuamente por miles y miles de estímulos sensoriales: imágenes, sonidos, olores, etc. Nosotros filtramos automáticamente —y esto es tan automático que no somos conscientes de ello— todo lo que no es necesario en ese momento. Por ejemplo, cuando uno da una charla que está siendo grabada, la atención está en lo que dice y en la interacción con el público. Sin embargo, cuando reproduce la grabación posteriormente, uno oye sonidos que no estaban en su conciencia mientras daba la charla: coches que pasan, pájaros piando, la lluvia que cae o el ruido de fondo del motor del frigorífico, todos los cuales no los oyó en el momento de grabar porque el cerebro los había eliminado selectivamente. Obviamente, este es un mecanismo adaptativo muy importante, porque no habría manera de poder funcionar en este mundo si prestáramos atención a todos los estímulos al mismo tiempo.

Si pasamos de la dimensión fisiológica a la dimensión psicológica de la mente, observamos que está operando el mismo proceso de filtración. No podríamos vivir en este mundo si, por ejemplo, en el mismo momento en que estoy hablando contigo estuviera hablando con miles de otras personas de mis encarnaciones anteriores o futuras, todas las cuales están incluidas en el guion que ya está escrito. Así, una parte adaptativa de vivir en el mundo del tiempo, tal como lo hemos establecido, consiste en prestar atención únicamente a lo que está ocurriendo ahora en una dimensión particular de tiempo y espacio que hemos elegido experimentar. Sin embargo, una vez más, la totalidad de la experiencia de la mente se halla dentro de cada fragmento de esa experiencia.

Por tanto, en resumen, las imágenes de la alfombra, de las cintas de vídeo, del caleidoscopio y del holograma nos ayudan a ilustrar de distintas maneras algunas partes clave del concepto de tiempo que nos propone *Un curso de milagros*. A saber: que estamos observando lo que ya ha ocurrido, y que lo que nos parece que son sucesos diferenciados teniendo lugar en una progresión lineal de pasado, presente y futuro, más bien están presentes simultáneamente en nuestras mentes, porque la totalidad del tiempo ocurrió en un solo instante. Nosotros nos enfocamos directamente solo en segmentos de la fragmentación total en cualquier momento dado, y elegimos si vemos la versión del ego de separación, ataque, enfado y especialismo, o la corrección del Espíritu Santo de todo lo anterior a través del perdón y las relaciones santas. Así, nuestra única verdadera elección, siempre e independientemente de su forma, es entre el ego y el Espíritu Santo, permanecer dormidos en la silla del observador o despertar del sueño, abandonar la silla completamente y reunirnos con nuestra Fuente.

Volveremos muchas veces a estas ideas centrales a medida que nos las vayamos encontrando en diversos pasajes del Curso. Entonces las desarrollaremos con más profundidad y trataremos con algunas de las dificultades y paradojas involucradas en ellas.

Pregunta: Antes de seguir adelante, ¿puedes decir algo sobre el malentendido habitual sobre lo que implican estos principios? La idea de que todo ya ha ocurrido parece fomentar una actitud fatalista hacia los sucesos de nuestras vidas, porque sugiere que no tenemos elección en una situación particular. Por ejemplo, podría interpretarse como que significa que si alguien dispara a su esposa, puesto que el guion ya estaba escrito, no había manera de que ese hombre pudiera haber decidido otra cosa. La gente tiende a pensar que en realidad no importa, porque el guion ya está escrito. ¿No sería más preciso pensar que no solo tenemos elección con respecto a en qué vídeo enfocarnos, sino que también tenemos elección con respecto a en qué aspecto de ese vídeo nos vamos a enfocar? Así, en el tiempo no solo ha ocurrido que este hombre ha disparado a su esposa, en el mismo instante también ha ocurrido que no ha disparado a su esposa, y que realmente él elige uno de estos dos vídeos para enfocarse en él. ¿Es esto lo que estás diciendo?

Respuesta: Sí. En este caso resulta útil volver a los cuadros 2 y 3, y considerar la versión del ego en la que atacas a tu esposa, y la versión del Espíritu Santo en la que perdonas a tu esposa. También podría haber otro tipo de opciones. La línea ya mencionada del Curso: «Todo pensamiento produce forma en algún nivel» (T-2.VI.9:14) resulta iluminadora en este sentido. Aplicándola a tu ejemplo, significa que los pensamientos de disparar a tu esposa, o de no usar el revólver, o de hacer otra cosa completamente distinta, ya han ocurrido. Así, en realidad, no estás teniendo un pensamiento nuevo, sino solo accediendo a distintos pensamientos en tu mente. Por lo tanto, estás re-experimentando un pensamiento que una vez tuviste. Esta es una idea alucinante, pero es la clave para entender lo que *Un curso de milagros* dice sobre el tiempo. Estamos re-experimentando porque estamos volviendo a ver en la pantalla algo que ya ha ocurrido. Por eso, la analogía del ordenador es un poco más útil que la de las cintas de vídeo. El ordenador amplía las posibilidades enormemente, mientras que, como ya he mencionado, las cintas de vídeo se limitan a una modalidad lineal. La idea principal es que todo está ahí, de modo que sí, lo que elijas observar ahora mismo marca la diferencia. Si sigues eligiendo el guion del ego, te sientes más culpable, lo que significa que tu dedo, por así decirlo, se queda casi congelado en el botón del ego. Simplemente, sigues reproduciendo el mismo guion de culpa una y otra vez.

Hace muchos años, el psicólogo y fisiólogo Donald Hebb de la Universidad McGill propuso la teoría de que el aprendizaje se produce cuando ciertas rutas neuronales del cerebro quedan fijadas. Estas rutas se convierten en una especie de canal: cuanto más se usan de manera habitual, más profundas se vuelven, y tanto más difícil es salir de ellas. Algo análogo a esto es el ciclo de culpa-ataque, en el que cuanto más atacamos a las personas, más culpa sentimos, lo que nos lleva a atacar todavía más. De modo que con cuánta frecuencia elegimos ver sueños de venganza, asesinato, celos, depresión y culpa sí marca la diferencia, pues tales elecciones nos enraízan todavía más en el sistema de pensamiento del ego, y así solo estamos eligiendo ser más y más desdichados. Al final, desde la perspectiva del Nivel Uno, no hay ninguna diferencia, como veremos cuando examinemos el cuadro 4. Pero ciertamente marca la diferencia en términos de lo que experimentamos mientras estamos sentados en la silla mirándolo todo. Esto es evidente en la pregunta que se plantea en el Libro de ejercicios: «¿Por qué esperar a llegar al Cielo?» (L-pI.188.1:1). ¿Por qué retrasarlo cuando podríamos estar en perfecta paz, y por qué cambiar esa paz por ansiedad y conflicto? En otras palabras, ¿por qué permanecer dormidos, torturados por pesadillas, cuando podemos simplemente despertar a la paz de Dios?

Pregunta: Cuando se estudió el cerebro de Einstein, se descubrió que tenía más hendiduras y rutas más profundas. No era más pesado, ni tenía un tamaño distinto del de cualquier otra persona. ¿Es esto un ejemplo de lo que estás diciendo?

Respuesta: Sí, y esto implica que él usaba más su cerebro. Creo que sería posible encontrar una contraparte de esto en términos del pensamiento de la mente correcta; no estamos hablando de cerebro izquierdo y cerebro derecho, sino del pensamiento de la mente correcta: por ejemplo, del perdón en lugar de la culpa y el ataque.

Resulta interesante darse cuenta de las expresiones fisiológicas de las dinámicas de la mente, tal como hemos venido considerando. Dado que estas dinámicas representan los pensamientos que hay en nuestras mentes, tiene sentido que sean proyectadas externamente a nuestros cuerpos. Asimismo, encontramos estas dinámicas mentales expresadas en la tecnología actual, como en las películas, las cintas de vídeo y los ordenadores: en todos ellos encontramos la expresión externa de lo que ya ha ocurrido en nuestras mentes.

Volviendo a la pregunta original, déjame advertirte de nuevo en contra de adoptar una actitud de *laissez faire*, fatalista o pasiva hacia nuestra experiencia aquí. De hecho, ese planteamiento es una trampa del ego para mantenernos aquí. *Un curso de milagros* enseña que somos responsables de lo que experimentamos (T-21.II.2:3-5); en cualquier caso, de lo que somos responsables es de elegir revisar esta experiencia, que ya ha ocurrido, en nuestras mentes. En otras palabras, somos responsables de lo que estamos viendo: de a qué cinta de vídeo o a qué archivo del ordenador vamos a acceder.

Y aquí hay otro punto relevante. Si uno trata de usar estos principios metafísicos como una justificación para no hacer nada, entonces está comprendiendo erróneamente los distintos niveles. En el nivel que dice que todo ya ha ocurrido, y que, de hecho, no ha ocurrido nada —y con la palabra «todo» me refiero al pensamiento—, entonces ni siquiera hay ningún cuerpo que pueda hacer nada, o incluso tener ese pensamiento. Pero, una vez que creo que estoy aquí, planteándome una pregunta como esta, entonces ya estoy creyendo que el tiempo y el espacio son reales. Por lo tanto, tratar de justificar una conducta (o su ausencia) sobre la base de que es una ilusión es no ser honesto, puesto que yo ya he elegido creer que estoy aquí. Así, debemos mantenernos fieles al contexto de nuestro sistema de pensamiento subyacente si queremos cambiarlo en último término.

Pregunta: ¿Sería preciso decir que cuando nuestros egos están atascados en el botón del control remoto que corresponde al ego, puesto que estamos haciendo elecciones del ego, y a continuación decidimos cambiar al botón del Espíritu Santo, ese canal todavía mostraría la misma acción, pero sería vista de otra manera? ¿Y no es cierto también que si hubiéramos escuchado al Espíritu Santo anteriormente, no tendríamos que haber pasado todo este tiempo extra, no tendríamos que habernos quedado atascados en el botón del ego?

Respuesta: Esto es completamente correcto. Lo trataremos cuando hablemos del milagro en la Segunda parte. La lección contenida en todo esto es que no tenemos que sentarnos y observar los mismos patrones o temas una vez más en nuestras películas durante dos horas, cinco horas, cinco años o cinco vidas. Esta es una de las ideas básicas del Curso: ahorrar tiempo. No tenemos que estar sentados contemplado todas estas terribles repeticiones, las cuales en realidad son lo que es nuestra experiencia en el mundo. *Todas* las experiencias son repeticiones. Esto significa que aunque estamos experimentándonos hablando de cosas por primera vez, e interactuando con otros por primera vez, en realidad, en los términos de la analogía que estamos usando, estamos sentados delante de la pantalla viéndonos a nosotros mismos pasar por estas experiencias. Sin embargo, hemos reprimido tanto la dimensión del observador que parece que estuviéramos sentados en una habitación hablando, a lo largo de un periodo de tiempo, y nuestra experiencia es que estamos haciendo esto por primera vez. No obstante, en realidad, estamos observando algo que ya ha ocurrido. Este es el aspecto asombroso de esta idea. Nuestra libertad no reside en elegir lo que está en el guion, o en la cinta de vídeo, en el programa de ordenador o en los trocitos de cristal del caleidoscopio; más bien, nuestra libertad consiste en elegir *cuándo* vamos a ver algo, y lo rápido que vamos a soltar la culpa eligiendo la versión del Espíritu Santo.

Además, como comentario añadido a tu pregunta, si al comienzo hubiéramos escuchado únicamente al Espíritu Santo, no habría habido guion del ego que deshacer. *Un curso de milagros* hace énfasis en que el ego habla primero, está equivocado, y en que el Espíritu Santo es la Respuesta (T-5.VI.3:5–4:3; T-6.IV.1:1-2). Si no hubiera habido error, no habría habido necesidad de Respuesta. En otro contexto, el «Exultet», un himno litúrgico para la Vigilia de

Semana Santa que se atribuye a San Ambrosio, un santo del siglo xv, exclama la bendición de la presencia de Jesús: «¡Oh, feliz falta, oh, necesario pecado de Adán, que nos ganó un Redentor tan grande!». Así, si no hubiera habido pecado original (feliz falta), no habría habido Redentor.

Pregunta: Volviendo a los libros de Seth, había un relato interesante de Jane Roberts y su marido sentados en un restaurante. Al mirarse uno al otro desde ambos lados de la mesa, ambos reconocieron que lo que estaban viendo eran sus «realidades probables». En otras palabras, vieron un aspecto de lo que ellos podrían haber sido, lo cual entendían como algo negativo en sus vidas. Reconocieron que podrían haber hecho esa elección que les habría llevado a esas experiencias negativas. Eran conscientes de que estaban viendo el otro canal, por así decirlo, y se sentían muy agradecidos de estar donde estaban. ¿Se corresponde esto con la idea que estás explicando?

Respuesta: Sí, ese es un buen ejemplo de cómo funciona este fenómeno. Hay muchos otros ejemplos como ese en la literatura esotérica, los cuales, si se contemplan desde este punto de vista, tienen mucho sentido. Cuando comentemos la noción de milagro, veremos que el verdadero poder de *Un curso de milagros* reside en que nos habla de manera muy práctica dentro de este contexto metafísico; es decir, nos enseña a apretar el botón del Espíritu Santo, y en último término apagar el televisor y salir completamente de la silla del observador.

CAPÍTULO 2:

Comentarios sobre diversos textos

Ahora vamos a comenzar el estudio de los pasajes de *Un curso de milagros* relacionados con el origen y la naturaleza del tiempo. Con muy pocas excepciones, vamos a examinar solo porciones de secciones. Empezamos en el Manual para el maestro, en la sección llamada «¿Quiénes son sus alumnos?» (M-2); empezamos en el segundo párrafo y vamos hasta el cuarto. Este fragmento comienza con una idea que he mencionado justo al comienzo:

Para entender el plan de enseñanza-aprendizaje de la salvación, es necesario entender el concepto de tiempo que expone el curso.

Este es el único lugar del material en el que se afirma que es necesario que entendamos la idea del tiempo que el Curso presenta. En muchos otros lugares Jesús indica que no podríamos entenderlo (T-25.I.7; L-pI.169.10; L-pI.194.4). A pesar de esto, vamos a morder el anzuelo y a tratar de entender lo que nuestros cerebros programados por el ego nos impiden entender: que el tiempo es ilusorio. Sin embargo, *somos* capaces de entender cuál es el *propósito* del tiempo de acuerdo con el ego y con el Espíritu Santo, y este será el tema principal de la Segunda parte. Curiosamente, encontramos un planteamiento similar a la «comprensión» del sistema de pensamiento del ego en el párrafo que introduce las cinco leyes del caos. Allí Jesús nos dice:

Puedes llevar las «leyes» del caos ante la luz, pero nunca las podrás entender. Las leyes caóticas no tienen sentido, por lo tanto, se encuentran fuera de la esfera de la razón. No obstante, aparentan ser un obstáculo para la razón y para la Verdad. Contemplémoslas, pues, detenidamente, para poder ver más allá de ellas y entender lo que son y no lo que quieren probar. *Es esencial que se entienda cuál es su propósito* porque su fin es crear caos y atacar la Verdad (T-23.II.1:1-5, la cursiva es mía).

La Expiación corrige las ilusiones, no lo que es verdad.

Esta es una idea conocida con la que a estas alturas todos estamos familiarizados. Significa que la Expiación no tiene nada que ver con la eternidad o con la verdad de Dios; tiene que ver con la corrección del sueño de separación, en el tiempo, no con la unidad de la realidad. Esta es la razón por la que «Expiación» no debería leerse erróneamente como «Aunamiento».[4] Este último término sería correcto si tuviera que ver con el Cielo, el estado de *unidad* para el cual ciertamente no se necesita corrección. En el cuadro 2, la Expiación se aplica *únicamente* a lo que queda a la derecha de la línea vertical que separa el Cielo de la alfombra del tiempo. Tal como Jesús nos instruye en un importante pasaje que se encuentra en una sección sobre las relaciones especiales:

Tu tarea no es ir en busca del amor, sino simplemente buscar y encontrar todas las barreras dentro de ti que has levantado contra él. No es necesario que busques lo que es verdad, pero sí es necesario que busques todo lo que es falso (T-16.IV.6:1-2).

Por lo tanto, el enfoque de la Expiación no está en el amor, sino en retirar los obstáculos que nos impiden tomar conciencia de la presencia del amor. El amor y la verdad simplemente *son*, y no necesitan que los busquemos; simplemente los recordamos cuando retiramos las barreras de la culpabilidad.

[La Expiación] **corrige, por lo tanto, lo que nunca existió. Lo que es más, el plan para esa corrección se estableció y se completó simultáneamente,**

4   En el original inglés: «Atonement» (Expiación) y «At-one-ment» (Aunamiento). (N. del t.)

puesto que la Voluntad de Dios es enteramente ajena al tiempo. La realidad es también ajena al tiempo, al ser algo propio de Él. En el instante en que la idea de la separación se adentró en la mente del Hijo de Dios, en ese mismo instante Dios dio Su Respuesta. En el tiempo, esto ocurrió hace mucho. En la realidad, nunca ocurrió.

En el mismo instante en que la idea de separación pareció ocurrir, en ese mismo instante Dios creó el Espíritu Santo, se extendió a Sí Mismo al sueño, y en ese mismo instante el guion entero quedó corregido. Si bien *Un curso de milagros* habla del Espíritu Santo como de una persona a quien Dios creó en respuesta a la separación, esto no puede tomarse literalmente. Jesús nos recuerda que ni siquiera podemos pensar en Dios sin un cuerpo (T-18.VIII.1:7), y así el Curso habla de Dios y del Espíritu Santo como si ellos fueran cuerpos, para que tengamos medios de relacionarnos con ellos. Además, ¿cómo podría Dios haber dado respuesta a un error que el Curso enseña que Él ni siquiera reconoce, puesto que nunca ocurrió? Así, el tratamiento que hace *Un curso de milagros* de la creación del Espíritu Santo debe tomarse metafóricamente como un modo de describir un proceso que nosotros, con nuestro limitado entendimiento, podamos comprender. Volveremos a este importante punto en la Segunda parte, cuando comentemos el «plan» del Espíritu Santo.

En realidad, sería mejor hablar del Espíritu Santo como un pensamiento o recuerdo del Amor de Dios que llevamos con nosotros al sueño cuando nos quedamos dormidos. Entonces, este recuerdo —el Espíritu Santo— deshizo todos los errores dentro del sueño, puesto que nos recuerda que nunca abandonamos a Dios. Y de esta manera, en ese único instante en el que creímos que nos habíamos quedado dormidos, fueron deshechos todos los pensamientos que abarcan a todo el ámbito de la evolución; el pensamiento de perfecto amor desalojó el pensamiento de miedo. Volviendo al cuadro 2, cuando se escribió el guion del ego (la parte superior de la alfombra), al mismo tiempo se escribió el guion del Espíritu Santo (la parte inferior). La realidad está totalmente aparte del tiempo, y por lo tanto no puede haber reconciliación entre el mundo del tiempo y el mundo de la eternidad, el mundo de la ilusión y el mundo de la verdad. Refiriéndonos al cuadro 4, también podemos hablar de dos hologramas, el holograma de odio del ego, y el holograma de corrección del Espíritu Santo.

Por lo tanto, dentro del mundo de la ilusión, el mundo del tiempo, todo ocurrió hace miles de millones de años, justo en el momento del «Big Bang». En realidad, por supuesto, nada de esto ocurrió en absoluto; el sueño solo es un sueño imposible.

El mundo del tiempo es el mundo de lo ilusorio. Lo que ocurrió hace mucho parece estar ocurriendo ahora. Las decisiones que se tomaron en aquel entonces parecen como si aún estuvieran pendientes; como si aún hubiera que tomarlas.

En realidad, estamos viendo algo que ya ha ocurrido. Pareció ocurrir hace mucho, y en ese instante la totalidad del guion quedó escrita, todas las cintas de vídeo quedaron grabadas, y todo lo que hay dentro del caleidoscopio pareció aparecer dentro de él. Sin embargo, en nuestra experiencia, parece estar ocurriendo ahora mismo. Como hemos venido diciendo, nuestra experiencia es la de estar sentados en esta sala juntos, en un tiempo y espacio particulares de la historia, pasando por algo que parece nuevo y fresco. Yo estoy diciendo algo, uno de vosotros puede estar diciendo algo, y todo esto parece estar ocurriendo ahora mismo; en realidad, lo digo una vez más, ya ha ocurrido. La declaración frecuentemente repetida del Eclesiastés: «No hay nada nuevo bajo el sol» (Eclesiastés 1.9) es ciertamente una declaración sabia. No estoy seguro de qué sentido quiso darle el autor bíblico, probablemente no coincide del todo con el nuestro, pero la idea de que no hay literalmente nada nuevo bajo el sol es exactamente lo que dice *Un curso de milagros*.

Lo que hace mucho que se aprendió, se entendió y se dejó a un lado, se considera ahora un pensamiento nuevo, una idea reciente, un enfoque diferente.

Todo lo que hemos aprendido y entendido a lo largo de toda la extensión de la evolución ocurrió dentro de ese instante de tiempo, dentro de ese pequeño «tic». Nosotros no experimentamos los sucesos de esta manera, por supuesto, y sin embargo ya hemos visto que nuestras experiencias —en las que median nuestros órganos sensoriales y nuestros cerebros programados por la mente— distorsionan y esconden la verdad. Por ejemplo, es posible que de repente tenga una idea ingeniosa: voy a inventar la rueda, resolver una ecuación química que revolucionará la ciencia, o voy a dividir el átomo. Cuando surgen estas ideas, parecen ser totalmente nuevas. Sin embargo, siguen siendo repeticiones de lo que ya ha ocurrido en el holograma del tiempo.

Puesto que tu voluntad es libre, puedes aceptar —en cualquier momento que así lo decidas— lo que ya ha ocurrido y solo entonces te darás cuenta de que siempre había estado ahí. Tal como el curso subraya, no eres libre de escoger el programa de estudios, ni siquiera la forma en que lo vas a aprender. Eres libre, no obstante, de decidir cuándo quieres aprenderlo. Y al aceptarlo, ya lo habrás aprendido.

Cuando aceptamos la Expiación para nosotros mismos, deshaciendo así la culpa que limitaba la conciencia de quiénes somos en verdad, nos convertimos en soñadores lúcidos: nos damos cuenta dentro del sueño de que estamos soñando. De modo que yo puedo aceptar en cualquier momento lo que ya está allí, en el holograma de corrección del cuadro 4.

Dejadme leer las primeras líneas de la introducción al Texto, a las que se refiere la segunda parte de este pasaje:

> Este es un curso de milagros. Es un curso obligatorio. Solo el momento en que decides tomarlo es voluntario. Tener libre albedrío no quiere decir que tú mismo puedas establecer el plan de estudios. Significa únicamente que puedes elegir lo que quieres aprender en cualquier momento dado (T-in.1:1-5).

No podemos establecer el programa de estudios ahora porque ya ha sido establecido para nosotros. Sin embargo, podemos elegir qué estación, película, cinta de vídeo o parte del caleidoscopio vamos a observar y re-experimentar en cualquier momento dado. No obstante, lo que vamos a observar ya ha ocurrido. Las formas en que vamos a aprender el programa de estudios también ya han sido elegidas, como indica este pasaje. Esto significa que nosotros elegimos (en el pasado) todos los errores (relaciones de odio especial y de amor especial), y ahora podemos elegir aceptar todas sus correcciones (relaciones santas). «Y al aceptarlo, ya lo habrás aprendido», porque ya ha sido aprendido. El error, habiendo sido corregido, ahora espera que elijamos aceptar y reexperimentar su amorosa corrección.

El tiempo, entonces, se remonta a un instante tan antiguo que está más allá de toda memoria, e incluso más allá de la posibilidad de recordarlo. Sin embargo, debido a que es un instante que se revive una y otra vez, y de nuevo otra vez, parece como si estuviera ocurriendo ahora.

Nosotros experimentamos lo que ya ha ocurrido como si estuviera ocurriendo ahora, precisamente porque estamos eligiendo continuamente vernos a nosotros mismos como [si estuviéramos] separados. Este «instante tan antiguo» es ese segundo en el que todo el sistema de pensamiento del ego pareció venir a la existencia. Sin embargo, ha habido tanta defensa contra ese instante que nunca puede ser recordado. Y tampoco debe serlo. Sin embargo, lo que puede ser recordado es nuestra decisión de ser culpables ahora —los efectos de este instante— y es esto lo que deshacemos.

Pregunta: Estas líneas son muy difíciles de comprender. La comprensión intelectual es una cosa, pero es otra cosa completamente distinta entrar en todas las implicaciones de lo que estas líneas significan a nivel de la experiencia.

Respuesta: Es ciertamente verdad que la totalidad del sistema de pensamiento de *Un curso de milagros* está construido sobre esta idea, pero, tal como dice el propio curso, y por fortuna para nosotros, practicarlo no requiere entender la metafísica del tiempo. Sin embargo, este ciertamente es el fundamento metafísico del Curso. Esto quedará todavía más claro cuando comentemos la Expiación y la función del milagro en la Segunda parte. Cuando un poco más adelante comentemos «El pequeño obstáculo», encontraremos la misma idea: que revivimos ese antiguo instante una y otra vez. Y es ese revivir el que enraíza al observador o tomador de decisiones en la silla y en el botón del ego. Debe mencionarse que a pesar de que yo antropomorfizo una parte de la mente dividida como el tomador de decisiones y/o el observador, estos no han de equipararse con una forma o cerebro humanos, puesto que la mente es inmaterial, intangible e invisible.

Pregunta: Parece haber algunas similitudes, pero también algunas diferencias, entre esta enseñanza particular del Curso y lo que implica la ley del karma. Por ejemplo, la tradición kármica enseña que si eres un victimario en una de tus vidas, podrías volver como víctima. Sin embargo, *Un curso de milagros* parece implicar algo distinto: que volverás con el mismo rol porque estás reviviendo la misma cosa. Por otra parte, quizá se puede comprender que la ley del karma implica que en un instante de separación elegiste ser una víctima o un victimario, y que vas a seguir desempeñando ese papel de forma diferente en cada ciclo de vida. Esta interpretación parece encajar mejor con la idea del Curso de que «[...] incluso la forma en que vas a aprenderlo [ya ha sido elegida]».

Respuesta: Una interpretación actual y común de la ley del karma es que vas cambiando de roles: como víctima y victimario, perseguidor y perseguido. Se podría entender que *Un curso de milagros* dice que podrías elegir un guion en el que eres una víctima a lo largo de toda la extensión del tiempo. Sin embargo, pienso que esto no impediría intercambiar ocasionalmente los roles. En otras palabras, aunque puedes haber incluido en el guion una forma principal de desempeñar tu drama del ego, como por ejemplo la de ser una víctima, es posible que también podrías alternar; también podrías tener el papel de victimario. Esto se basa en la dinámica psicológica de que en realidad no podrías verte a ti mismo como un victimario a menos que te experimentases también como víctima. Si uno de estos roles está en tu mente, el otro también debe estar: todos los victimarios sienten que sus palabras o acciones están justificadas porque, en su percepción, ellos mismos han sido víctimas.

Un ejemplo clínico común es el del niño maltratado que el mundo considera una víctima, y después crece y se convierte en un padre maltratador. Asimismo, una persona podría haber sido un victimario en un campo de concentración nazi, y sin embargo haber sido víctima en su casa. Es interesante indicar que, en las tradiciones esotéricas, algunas personas han visto a Jesús siendo siempre una víctima en sus encarnaciones anteriores. Se pensaba que era el José bíblico, Sócrates y otras personas «victimizadas», cuyos papeles siempre eran el de ser el maestro de la verdad perseguido hasta el final. El problema de esta línea de pensamiento es que resulta imposible entender cómo funciona todo esto, puesto que siempre se entiende dentro de un marco lineal, que para empezar es ilusorio. La esencia de la enseñanza de *Un curso de milagros* es que estamos reviviendo constantemente la separación original. No debemos perder de vista este punto al tratar de entender y aplicar sus enseñanzas.

Y así es como el alumno y el maestro parecen reunirse en el presente, encontrándose el uno con el otro como si nunca antes se hubiesen conocido.

Esto no significa simplemente que se hayan conocido antes en vidas anteriores, sino que se conocieron antes, en el instante en que la alfombra entera se desplegó. Por lo tanto, no se trata de la típica experiencia de *déjà vu*, como la de recordar cuando pasamos tiempo juntos en la Edad Media, o en los tiempos de Jesús, o de la Atlántida, o cuando sea. Esto implicaría una visión lineal del tiempo, que pasaría por alto el punto principal que estamos indicando aquí. Más bien, *Un curso de milagros* habla de ese instante original en el que ocurrieron todas las relaciones, y que ahora volvemos a evocar en nuestras mentes.

Pregunta: Esa parece ser la única explicación satisfactoria del *déjà vu*; por ejemplo: este encuentro, esta situación o circunstancia me resulta muy familiar. ¿Es esto correcto?

Respuesta: Es exactamente correcto. Y las palabras *déjà vu* significan «ya visto». No solo ya ha sido visto, sino que ya ha sido vivido en el nivel de la mente, y meramente estamos volviendo a experimentarlo. La idea crucial aquí es ese revivir.

Pregunta: ¿Ayuda este planteamiento a explicar por qué las personas con poderes psíquicos predicen que va a ocurrir algo —por ejemplo, que en 1986 California se va a separar del continente— y después no ocurre? ¿Es preciso decir que a un nivel ese suceso ha ocurrido y que la persona con poderes psíquicos ha sintonizado con eso?

Respuesta: Sí. Es importante tener esto en mente, como hemos venido comentando: incluso si todos los sucesos ya han ocurrido, nosotros no sabemos cuáles de ellos van a elegir re-experimentar las personas, qué cinta de vídeo van a escoger. Hay miríadas de elecciones posibles. Además, conviene considerar por qué no nos chocamos con edificios que van a ser construidos en el futuro, mientras que ciertamente podemos entrar en estructuras que fueron construidas en el pasado. Un edificio propuesto que todavía está en la mente del arquitecto no existe para nosotros, mientras que las pirámides del Antiguo Egipto son muy reales en nuestra experiencia. Si todo ha ocurrido simultáneamente en un instante, uno bien podría preguntarse por qué ocurre este fenómeno.

La respuesta está en reconocer que nuestras mentes han programado a nuestros cerebros para pensar y experimentar solo el tiempo lineal. Y así, como nosotros creemos que es imposible chocarnos con algo que todavía no está allí, no lo hacemos. No podemos violar lo que ya hemos hecho real para nosotros mismos. Pero, si cambiamos nuestro sistema de creencias, nuestra experiencia debe cambiar en consecuencia. Por supuesto, para nosotros aquí, estando atados a la linealidad, es casi imposible concebir cómo podría continuar la vida de ese modo. Imagínate ver una película en la que toda la secuencia temporal estuviera mal: ¿qué placer o entendimiento podríamos derivar de una película si las últimas escenas aparecieran interpuestas al principio y en el medio?, ¿y si algunas escenas de la película estuvieran cabeza abajo, y otras de lado? Está claro que la película no tendría sentido para nosotros, la experiencia sería completamente desconcertante y violaría todas las nociones de la realidad. Así es como serían las cosas si las figuras y los eventos del pasado o del futuro aparecieran de repente frente a nosotros.

El alumno llega en el momento oportuno al lugar oportuno. Esto es inevitable, pues tomó la decisión correcta en aquel viejo instante que ahora revive. El maestro hizo asimismo una elección ineludible en ese pasado remoto. Lo que la Voluntad de Dios dispone solo da la impresión de que toma tiempo para cumplirse. Pues ¿qué podría demorar el poder de la eternidad?

La «decisión correcta» hace referencia a la mitad inferior de la alfombra en el cuadro 2: el guion del Espíritu Santo, la visión de la mente correcta. Así, en términos de mi relación especial con otra persona, la decisión de plantearme esa relación de otra manera también está incorporada en el sistema: su archivo ya está programado en el ordenador y simplemente espera ser llamado a salir a la pantalla, por así decirlo.

Esta decisión correcta solo parece tomar tiempo porque hemos hecho que el tiempo lineal sea real para nosotros. Y así, parece que tenemos que interpretar todo este guion —la alfombra del tiempo— de principio a fin. El «poder de la eternidad» en este mundo se está manifestando a través del plan de Expiación del Espíritu Santo; y, una vez más, este plan ya se ha completado. En el instante en que la separación pareció ocurrir, en ese mismo instante fue corregida y deshecha: «¿Qué podría retrasar el poder de la eternidad?».

Pregunta: ¿Podría la relación profesor-estudiante referirse a una relación con cualquiera a quien elijamos ver como nuestro profesor, por ejemplo, las personas con las que estamos que están pidiendo amor o ayudándonos a darnos cuenta de que el amor es nuestra naturaleza, o se refiere más a la configuración formal profesor-estudiante?

Respuesta: No, no se refiere únicamente a la configuración formal de profesor-estudiante. Un profesor sería cualquiera que te enseñe que estás perdonado. Puede haber momentos en los que eso ocurra dentro del contexto formal profesor-alumno, pero el significado principal es que un profesor es cualquiera que te provea un aula de perdón. A su vez, esto significa que el profesor también es un alumno, porque él o ella está aprendiendo la misma lección de ti. Por ejemplo, como nos experimentamos separados de Dios y unos de otros, y esta es la causa de toda nuestra culpa y sufrimiento, unirse con otro que percibimos distinto de nosotros —profesor y alumno— sana este pensamiento del ego.

Vamos a pasar al Libro de ejercicios y examinar porciones de cuatro lecciones. Empezaremos con la Lección 7, «Solo veo el pasado», en el segundo párrafo:

Cambiar las viejas ideas que se tienen acerca del tiempo es muy difícil porque todo lo que crees está arraigado en el tiempo y depende de que no aprendas estas nuevas ideas acerca de él.

Esta lección, como todas las lecciones iniciales, no habla directamente de las ideas que hemos venido comentando hasta ahora, pero se basa en ellas. El Libro de ejercicios comienza a un nivel práctico y aparentemente libre de sofisticación, y aborda nuestra experiencia cotidiana, uno de cuyos principales elementos es que interpretamos todas las cosas en términos del pasado. Esto significa que lo contemplamos todo en términos de una visión lineal del tiempo. Como estamos tan enraizados en esta linealidad y tenemos nuestros cerebros tan programados, resulta muy difícil aceptar esta visión diferente del tiempo que hemos venido comentando. A continuación, la lección afirma: «Sin embargo, esa es precisamente la razón por la que necesitas nuevas ideas acerca del tiempo». El proceso mediante el cual el Libro de ejercicios nos enseña estas «nuevas ideas» es diferente del proceso del Texto. El Libro de ejercicios nos da ejercicios muy específicos para realizar; nos lleva a considerar las cosas ordinarias, una taza por ejemplo, y reconocer que lo que sabemos de ella está completamente basado en aprendizajes pasados. A medida que practicamos estos ejercicios, nuestras mentes están más abiertas a ver el tiempo de manera diferente.

La extensión lógica de estas primeras ideas puede verse en los importantes pasajes que vamos a considerar a continuación. El primero está en la Lección 158, párrafo dos (L-pI.158.2:8).

La revelación de que el Padre y el Hijo son uno alboreará en toda mente a su debido tiempo.

Esta declaración refleja una visión lineal. Y más adelante veremos que hay muchos pasajes en *Un curso de milagros* que hablan de nuestras experiencias *como* si estuvieran ocurriendo dentro de un marco lineal. Debido a ello, estos pasajes podrían ser malinterpretados, pero eso se puede evitar teniendo en mente que, puesto que creemos estar en el tiempo, y creemos que el tiempo es lineal, el lenguaje tiene que estar de acuerdo con estas creencias. Ahora bien, a veces el Curso cambia repentinamente de enfoque a la otra visión, como hace en las dos líneas siguientes:

Sin embargo, ese momento lo determina la mente misma, pues es algo que no se puede enseñar.

Ese momento ya ha sido fijado.

Aquí encontramos la misma idea: lo que ya está fijado es el momento (refiriéndose a la cinta de vídeo) en el que elegimos aceptar la Expiación para nosotros mismos, expresado aquí como el reconocimiento de que el Padre y el Hijo son uno. Ese fragmento ya está incorporado al guion, en términos de la alfombra del cuadro 2, de las diferentes piezas del caleidoscopio en el cuadro 3, o de la corrección del holograma en el cuadro 4. El deshacimiento ya ha ocurrido. Y esa parte del guion ya fue determinada por la mente, o aún mejor, por el tomador de decisiones en la mente. Por lo tanto, esta aceptación de la Expiación no está determinada por algo por lo que estamos pasando ahora en el mundo de tiempo y espacio, puesto que nuestra «presencia» en el mundo del tiempo y del espacio solo es el efecto de la decisión de la mente: en realidad no estamos aquí en absoluto.

Esto parece ser bastante arbitrario. No obstante, no hay nadie que dé ni un solo paso al azar a lo largo del camino. Ya lo dio, aunque todavía no haya emprendido la jornada.

Este tipo de pensamiento del Curso es el que a muchos de sus estudiantes les resulta más difícil comprender. Ya hemos tomado el camino de la Expiación; ya hemos realizado este viaje. Sin embargo, nuestra experiencia es que todavía no lo hemos comenzado, y *Un curso de milagros* enseña que va a ser como si hiciéramos el viaje por primera vez. Sin embargo, este viaje ya se ha completado. Una de mis líneas favoritas de este material, que guarda relación con no haber comenzado todavía nuestro viaje, viene en el anexo al Curso llamado *Psicoterapia: propósito, proceso y práctica.*[5] Generalmente, leo esto a los psicoterapeutas que asisten a mis talleres sobre psicoterapia y *Un curso de milagros* para animarles a ser humildes: «La mayoría de los psicoterapeutas profesionales apenas se encuentran al comienzo de la fase inicial de la primera jornada» (P-3.II.8:5; la cursiva es mía).

La declaración anterior de que nada es arbitrario significa claramente que en nuestras vidas no hay nada accidental. *Parece* que tengo la elección de levantar el brazo derecho o el izquierdo, pero ya he hecho ambas cosas. La razón es, como hemos mencionado antes, que si todo pensamiento produce

---

5   El Grano de Mostaza Ediciones, Barcelona, 2011.

forma en algún nivel, entonces simplemente tener el pensamiento de levantar cualquiera de los brazos ya ha producido una respuesta conductual (una cinta de vídeo) en algún lugar del holograma de mi mente. Sin embargo, tengo la elección de si reexperimento que levanto el brazo derecho o el izquierdo.

Pues el tiempo tan solo da la impresión de que se mueve en una sola dirección. No hacemos sino emprender una jornada que ya terminó. No obstante, parece como si tuviera un futuro que todavía nos es desconocido.

Ciertamente nos experimentamos en un viaje lineal a través del tiempo, y hay muchos, muchos pasajes en el Curso que hablan del proceso de nuestro aprendizaje. En el Manual para el maestro se mencionan las seis etapas del desarrollo de la confianza (M-4.I.3-8), por ejemplo, y en una de las secciones del Texto sobre las relaciones especiales y las relaciones santas Jesús dice que el único periodo difícil ocurre al principio (T-17.V.2:5), y después las cosas mejoran, lo que implica claramente un proceso que ocurre a lo largo del tiempo. En otro lugar se nos dice que estamos en un «viaje sin distancia» (T-8.VI.9:7). Y aquí, en el Libro de ejercicios, Jesús nos dice que el viaje ya terminó, que ya hemos aceptado la Expiación, y que todas las ilusiones han sido deshechas. La última línea nos devuelve a la visión lineal del tiempo, reconociendo nuestra experiencia de que no conocemos el futuro, que parece no haber ocurrido todavía.

Ahora llegamos a una línea muy importante que explica cómo parece ocurrir el tiempo:

El tiempo es un truco, un juego de manos, una gigantesca ilusión en la que las figuras parecen ir y venir como por arte de magia.

Esta es una declaración crucial en cuanto a por qué tenemos tantos problemas con estos conceptos, y por qué las viejas ideas con respecto al tiempo están tan profundamente enraizadas en nosotros. Es todo un truco; un espectáculo de magia. Por definición, los magos son personas que producen ilusiones, que hacen parecer que realmente están serrando por la mitad a una mujer metida en una caja, o sacando un conejo de una chistera. Pero, como sabemos, todo es un truco realizado mediante un juego de manos: «La mano es más rápida que el ojo». Esta es la analogía aquí. La magia del ego es tan habilidosa que estamos convencidos, tal como lo estamos en presencia de un mago experto, de que lo que hemos percibido ha ocurrido realmente. En verdad, no obstante, la mujer está entera, el conejo no ha salido de la chistera y nosotros no estamos aquí en un cuerpo y en el mundo.

No obstante, tras las apariencias hay un plan que no cambia. El guion ya está escrito. El momento en el que ha de llegar la experiencia que pone fin a todas tus dudas ya se ha fijado.

Ambos guiones están escritos: el guion de la mente errada del ego y el guion de la mente correcta del Espíritu Santo. Estos guiones no cambian. Todos los sucesos y experiencias ya están incorporados al sistema, que en cierto sentido está cerrado. Las imágenes del holograma, las videotecas y el caleidoscopio reflejan este sistema cerrado. Por lo tanto, no hay nada que podamos ver ahí que sea nuevo, ninguna elección que podamos hacer que no haya sido hecha ya. Y, por supuesto, esto incluye el momento en el que aceptaremos la revelación de que el Padre y el Hijo son uno.

En nuestras experiencias nos parece que podemos elegir. Parece que podemos elegir perdonarnos o condenarnos mutuamente, y que *nosotros* tenemos el control de esa elección. Sin embargo, *Un curso de milagros* nos enseña que esto no es así en absoluto. El momento de la decisión y de la elección es en realidad algo muy diferente. Volvamos a la imagen de nosotros mismos como observadores: nos sentamos aquí (en nuestras mentes) frente a la pantalla, y nuestra *única* elección es qué botones vamos a pulsar. Esa es nuestra única elección. Y los botones que pulsamos nos muestran lo que ya ha ocurrido, qué parte del guion elegimos volver a experimentar. Esto no es diferente de encontrarse en el estado de ánimo adecuado para ver una película triste, y después decidir ponerla en el aparato reproductor. A continuación, lloramos durante dos horas porque esa fue la elección que hicimos *antes* de ver la película. Asimismo, si estamos en el estado de ánimo adecuado para reírnos a carcajadas, seleccionamos una comedia. Todo lo que creemos estar experimentando aquí, en el mundo, solo refleja una decisión realizada desde ese punto fuera del tiempo, cuando el tomador de decisiones en nuestra mente realizó la elección que hemos olvidado, creyendo que está siendo tomada aquí y ahora, donde creemos estar.

Pues la jornada solo se puede ver desde el punto donde terminó, desde donde podemos mirar hacia atrás e imaginarnos que la emprendemos otra vez y repasar mentalmente lo que sucedió.

A pesar de que nuestra experiencia nos dice lo contrario, lo único que estamos haciendo es repasar mentalmente lo que ya ha ocurrido. Y estamos examinando el viaje desde el punto en el que acabó. Ya estamos fuera de él; ya ha acabado. Sin embargo, por la demente razón de la culpa que todos compartimos, todavía estamos eligiendo castigarnos a nosotros mismos mediante la revisión mental de las pesadillas ilusorias del ego. Y así seguimos viendo una película que nos disgusta y nos produce dolor. Hacemos esto debido a nuestra identificación con el sistema de pensamiento del ego, que nos enseña que ciertamente hemos establecido una voluntad y un yo que están separados de Dios. Y una vez que creemos haber logrado lo imposible, debemos creer que Dios se ha convertido en el enemigo que exige que seamos castigados mediante el dolor y la muerte. Así, la voz del ego exige que sigamos reexperimentando dolor, el cual sirve al propósito de hacer que nuestra culpa y nuestro pecado sean reales (pues son ellos los que exigen que seamos castigados). Y esto, a su vez, asegura la supervivencia del ego. Como explica *Un curso de milagros*:

> Las alucinaciones desaparecen cuando se reconocen como lo que son. [...] Pero de esto no hay duda: las alucinaciones tienen un propósito, mas cuando dejan de tenerlo, desaparecen (T-20.VIII.8:1,6).

Y:

> La curación se logra en el instante en que el que sufre deja de atribuirle valor al dolor. ¿Quién elegiría sufrir a menos que pensase que ello le va a aportar algo, y algo que tiene valor para él? [...] La enfermedad es un método, concebido en la locura, para sentar al Hijo de Dios en el trono de su Padre (M-5.I.1:1-2,7):

Pregunta: ¿Te importaría repasar esto dando un ejemplo concreto? No me ha quedado completamente claro. Estoy aquí en Crompond, Nueva York, en 1985, sentado a esta mesa. ¿Estás diciendo que yo, como observador, tengo que hacer la elección ahora mismo de si enfocarme en actos de perdón o de condenación, y que ya he hecho ambos tipos de actos con respecto a la misma situación?

Respuesta: Parece como si el «tú» que está haciendo la elección fuera el «tú» que está sentado ante esta mesa ahora mismo. Pero no es así. Citando la pregunta del Texto: «¿Quién es el 'tú' que vive en este mundo?» (T-4.II.11:8). El «tú» que es el observador está fuera del tiempo y del espacio, y por lo tanto está fuera de Crompond, Nueva York, 1985. En otras palabras, el «tú» que es el observador en la mente no es idéntico al «tú» que está sentado a esta mesa. Esta es una distinción crucial. Se puede pensar que el «tú» que está sentado aquí es una marioneta que está re-experimentando lo que ha sido elegido por el marionetista, el tú-observador (una vez más, en la mente). Sin embargo, no nos parece que esté ocurriendo así. Más bien, parece que el «tú» que está en esta mesa es el verdadero «tú» que está tomando las decisiones. Lo experimentamos así porque creemos que realmente estamos en este mundo como un yo físico y psicológico. *Un curso de milagros* apela a nosotros en este nivel precisamente porque creemos que ese es nuestro yo real. Cuando se ve esta distinción con claridad, podemos entender más plenamente por qué el Curso describe el tiempo como «un truco» y «un juego de manos». Verdaderamente, es un espectáculo de magia.

Por decirlo de otra manera, el observador en la mente es la causa, mientras que el «tú» que está en el mundo es el efecto. Aunque causa y efecto son en verdad simultáneos, y por lo tanto permanecen juntos, sin embargo no son lo mismo, tal como Dios como Causa no es idéntico a Cristo, el Efecto, aunque ellos son uno. Esto es similar a entender que las figuras percibidas en la pantalla del cine son el efecto de la película que está discurriendo por el proyector, la cual es su causa. Volveremos a considerar causa y efecto en el Capítulo 4.

Pasemos ahora al noveno párrafo de la Lección 167 (L-pI.167.9).

Lo que parece ser lo opuesto a la vida es meramente un sueño. Cuando la mente elige ser lo que no es y asumir un poder que le es ajeno y que no posee, un estado foráneo al que no puede acceder o una condición falsa que no forma parte de su Fuente, simplemente parece que se va a dormir por un rato.

Esta es una declaración clara de que el ego y su mundo son un sueño, y de que nosotros simplemente nos hemos quedado dormidos. En el sueño, creímos que teníamos el poder de oponernos a Dios y derrotarLe, usurpando Su autoridad, construyendo un cuerpo al que llamamos nuestro ser para habitar un mundo material de dualidad y fragmentación. Y sin embargo, todo esto no es más que un sueño. Esto se elucida más en el Texto, en un pasaje importante que describe lo que pareció ocurrir en la separación:

> Primero: Crees que tu mente puede cambiar lo que Dios creó.
> Segundo: Crees que lo que es perfecto puede volverse imperfecto o deficiente.
> Tercero: Crees que puedes distorsionar las Creaciones de Dios, incluido tú.
> Cuarto: Crees que puedes ser tu propio creador y que estás a cargo de la dirección de tu propia creación.
> Estas distorsiones, relacionadas entre sí, son un fiel reflejo de lo que realmente ocurrió en la separación o «desvío hacia el miedo» (T-2.I.1:9–2:1).

Más adelante en el Texto, hay un poderoso pasaje que también describe el demente contenido del sueño del ego que nunca podría ocurrir en la realidad.

> Esto es lo que es el anti-Cristo: la extraña idea de que hay un poder más allá de la omnipotencia, un lugar más allá del infinito y un tiempo que transciende lo eterno. Ahí el mundo de los ídolos ha sido establecido por la idea de que ese poder, lugar y tiempo tienen forma, y de que configuran el mundo en el que lo imposible ha ocurrido. Ahí lo inmortal viene a morir, lo que abarca todo a sufrir pérdidas y lo eterno a convertirse en esclavo del tiempo. Ahí lo inmutable cambia, y

la Paz de Dios que Él otorgó para siempre a todo ser vivo
da paso al caos. Y el Hijo de Dios, tan perfecto, impecable
y amoroso como su Padre viene a odiar por un tiempo, a
padecer y finalmente a morir (T-29.VIII.6:2-6).

Volvemos ahora a la Lección 167, párrafo nueve, del Libro de ejercicios:

[La mente] **sueña con el tiempo: un intervalo en el que lo que parece
acontecer en realidad nunca sucedió, los cambios ocurridos son
insubstanciales y los acontecimientos no han tenido lugar en ninguna
parte. Cuando la mente despierta, sencillamente sigue siendo tal
como siempre fue.**

Estas ideas se muestran en el cuadro 5, donde, como recordarás, la línea
recta etiquetada como «eternidad» representa el Cielo, donde realmente estamos, y la pequeña muesca etiquetada como «tiempo» representa
el sueño. Cuando despertamos, el sueño desaparece y nosotros seguimos
estando en la línea que nunca abandonamos. Como el Curso dice en otra
parte: «En Dios estás en tu hogar, soñando con el exilio [...]» (T-10.I.2:1).

En una ocasión, Helen Schucman, la escriba del Curso, tuvo una experiencia
que reflejó esta enseñanza. Una mañana, mientras se cepillaba el pelo, se vio
a sí misma sobre esta línea de la eternidad. En esta línea sin brechas había
una mínima, mínima muesca, a la que el Texto se refiere como el «brevísimo lapso de tiempo» (T-26.V.3:5). Joel Goldsmith tituló uno de sus libros *A
Parenthesis in Eternity* [Un paréntesis en la eternidad], una frase maravillosa
que describe la aparente duración del tiempo de manera muy parecida. La
muesca es una cosita de nada. Cuando se la compara con la inmensidad e
infinitud de la eternidad, parece motivo de risa concebir que tenga algún significado. Volviendo a citar este importante pasaje:

Juntos [Jesús y nosotros] podemos hacer desaparecer ambas
cosas [los logros y los efectos reales de la pequeña idea loca]
riéndonos de ellas, y darnos cuenta de que el tiempo no puede
afectar a la eternidad (T-27.VIII.6:4).

Anteriormente, el Texto emplea las imágenes del mínimo rayo de sol que cree que es el sol, o de la pequeña ola imperceptible que declara ser el océano (T-18.VIII.3:3-4). El mundo pareció ocurrir dentro de esta «pequeña idea loca», que en realidad no es nada más que el sueño de una mente dormida que un día despertará a la eternidad que ha continuado siendo como es siempre.

Pasemos ahora a la Lección 169, que contiene otra declaración muy clara de la visión del tiempo de *Un curso de milagros*. Empezamos en el párrafo 4, que hace referencia a lo que se dijo en la Lección 158 sobre que ya ha sido establecido el momento en el que aceptaremos la revelación de que el Padre y el Hijo son uno.

Tal vez parezca que estamos contradiciendo nuestra afirmación de que el momento en que la revelación de que el Padre y el Hijo son Uno ya se ha fijado. Pero hemos dicho también que la mente es la que determina cuándo ha de ocurrir ese momento, y que ya lo ha hecho. Te exhortamos, no obstante, a que des testimonio de la Palabra de Dios para que la experiencia de la verdad llegue cuanto antes y para acelerar su advenimiento a toda mente que reconozca los efectos de la verdad en ti.

Los diferentes niveles que comentamos anteriormente son evidentes en estos pasajes. La idea del Nivel Uno expresada aquí es que la Expiación ya ha sido aceptada. Las afirmaciones del Nivel Dos reflejan nuestras creencias de que en realidad estamos aquí, y por lo tanto a lo que se está apelando es a la parte de nuestras mentes que puede elegir presionar botones (la analogía del vídeo o del ordenador), es decir, elegir buscar el perdón en lugar de la condenación. Esta es la base sobre la que Jesús nos apremia a «dar testimonio de la Palabra de Dios», presionar el botón correcto y despertar del sueño, aunque a otro nivel esto ya ha ocurrido. Este es el tipo de paradoja que encontramos aquí. Así, a un nivel, nuestra experiencia es que todavía tenemos que elegir ese momento. A otro nivel, ya lo hemos elegido y «no hay nada nuevo bajo el sol»: ese momento ya ha ocurrido.

La unicidad es simplemente la idea de que Dios es. Y en Su Ser, Él abarca todas las cosas. Ninguna mente contiene nada que no sea Él.

Por supuesto, nosotros pensamos que contenemos todo tipo de otras cosas. Esta es la creencia que se transmite en la imagen del caleidoscopio del cuadro 3. En realidad, el caleidoscopio (la mente dividida) no es nada porque está fuera de Dios, y también lo están todos sus contenidos, que representan *todas* nuestras experiencias como yoes individualizados. Son igualmente irreales, y por lo tanto no están verdaderamente ahí.

Decimos «Dios es» y luego guardamos silencio, pues en ese conocimiento las palabras carecen de sentido. No hay labios que las puedan pronunciar, y ninguna parte de la mente es lo suficientemente diferente del resto como para poder sentir que ahora es consciente de algo que no sea ella misma. Se ha unido a su Fuente y, al igual que Esta, simplemente es.

No podemos hablar, escribir, y ni siquiera pensar en esto en absoluto. Pues aflorará en toda mente cuando el reconocimiento de que su voluntad es la de Dios se haya dado y recibido por completo.

La Unidad es el estado que está más allá de todas las cosas de este mundo. De hecho, el cuerpo fue fabricado específicamente para mantener la conciencia de esta simple verdad escondida de nosotros. Por eso Jesús dice que no podemos hablar de ella ni entenderla en absoluto, ya que todavía creemos estar en nuestros cuerpos. Esta también es la razón por la que hay relativamente pocos pasajes en *Un curso de milagros* que hablen de este estado de unidad, pues ¿cómo se puede hablar de lo que está más allá de las palabras? Además, el Manual dice, en el contexto de un comentario sobre el papel de las palabras en la curación:

> Dios no entiende de palabras, pues fueron hechas por mentes separadas para que las mantuvieran en la ilusión de la separación (M-21.1:7).

Si no se ve que *Un curso de milagros* se expresa a diferentes niveles, las implicaciones de esta última frase del párrafo anterior del Libro de ejercicios —el reconocimiento se producirá en algún momento futuro— pueden resultar confusas, e incluso puede parecer que contradicen otros pasajes que hablan de la irrealidad del tiempo. Debemos recordar que el Curso mismo ha sido dado dentro de un mundo ilusorio; y puesto que creemos que vivimos en un mundo de tiempo lineal, el Curso se dirige a nosotros dentro de ese contexto. Asimismo, *Un curso de milagros* ha sido dado en un contexto cristiano porque está tratando de corregir los errores del cristianismo, que han tenido un efecto tan grande en la historia occidental. Por tanto, está operando dentro de las formas en las que creemos estar. Este importante punto se comentará de nuevo en otros pasajes que consideraremos en el Capítulo 3.

Esta experiencia [el reconocimiento total de nuestra unidad] **hace que la mente retorne al eterno presente, donde el pasado y el futuro son inconcebibles. Yace más allá de la salvación; más allá de todo pensamiento de tiempo, del perdón y de la santa faz de Cristo. El Hijo de Dios simplemente ha desaparecido en su Padre, tal como su Padre ha desaparecido en él. El mundo nunca existió. La eternidad sigue siendo un estado constante.**

Este es el momento de la aceptación total de la Expiación, lo que significa que el yo y la voluntad ya no se experimentan como si estuvieran separados de nuestro Creador y Fuente. En esa revelación, que transciende la totalidad del tiempo, nos encontramos en la eternidad, donde la individualidad y la personalidad han desaparecido. Esta experiencia es el momento en que despertamos totalmente del sueño del tiempo y estamos de vuelta en la eternidad. Ahora todo lo que creíamos que era real se ha ido, y estamos de vuelta en el hogar que nunca abandonamos.

Esto está más allá de la experiencia que estamos tratando de acelerar.

La idea de *Un curso de milagros* es ahorrar tiempo o colapsarlo, o acelerar la llegada del momento que está «más allá de la experiencia»; sin embargo, aquello hacia lo que estamos acelerando está más allá de cualquier cosa que podamos entender. La experiencia a la que nos lleva el Curso es la del sueño feliz. Esta finalmente nos llevará enteramente más allá del mundo, y eso no se puede explicar con palabras. La Lección 107 lo expresa de este modo:

¿Puedes imaginarte lo que sería un estado mental en el que no hubiese ilusiones? ¿Qué sensación te produciría? Trata de recordar algún momento —quizá un minuto o incluso menos— en el que nada vino a perturbar tu paz; en el que te sentiste seguro de ser amado y de estar a salvo. Trata entonces de imaginarte cómo sería si ese momento se pudiera extender hasta el final del tiempo y hasta la eternidad. Luego deja que la sensación de quietud que sentiste se multiplique cien veces, y luego cien veces más.

Entonces tendrás un atisbo, que no es más que un leve indicio del estado en el que tu mente descansará una vez que haya llegado la verdad (L-pI.107.2:1–3:1).

Y a continuación leemos este precioso pasaje que concluye la Lección 157:

En la Presencia de Cristo hemos de estar ahora, serenamente inconscientes de todo excepto de Su radiante faz y de Su Amor perfecto. La visión de Su faz permanecerá contigo, pero llegará un instante que transcenderá toda visión, incluida esta, la más sagrada. Esto es algo que jamás podrás enseñar porque no lo adquiriste mediante el aprendizaje. No obstante, la visión habla del recuerdo de lo que supiste en ese instante y de lo que, sin duda, habrás de saber de nuevo (L-pI.157.9).

No obstante, cuando se enseña y se aprende lo que es el perdón, se obtienen experiencias que dan testimonio de que el momento que la mente misma determinó para abandonar todo excepto esto, está por llegar [a tu alcance].

Los dos niveles de los que hemos estado hablando vuelven a estar presentes aquí, en la misma frase. Las cintas de vídeo en las que la mente ha determinado abandonar el mundo del tiempo y del ego (Nivel Uno) ya están presentes, y sin embargo la experiencia sigue siendo algo que nosotros tenemos que elegir a través de nuestro aprendizaje del perdón (Nivel Dos).

Pregunta: En términos de la analogía de las cintas de vídeo, ¿estás diciendo que cuando nosotros, desde la perspectiva del observador, empezamos a elegir perdonar, enfocarnos en esa cinta de vídeo particular, acabamos enfocándonos en ese marco exacto de tiempo y espacio en el que ya hemos decidido abrirnos a la revelación de que el Padre y el Hijo son uno? ¿Y que esa elección está completamente fuera del tiempo, y esa es la razón por la que aparentemente podemos holgazanear eternamente? ¿Podemos seguir mirando a esos otros vídeos, y seguir viéndonos a nosotros mismos haciendo de todo excepto estar iluminados en 1985 en Crompond, Nueva York?

Respuesta: Eso es correcto. El ego nos ha enseñado que «ese marco exacto de tiempo y espacio» —la aceptación de la Expiación— significa ciertamente nuestra muerte. Y así es, por supuesto, pero esta «muerte» es simplemente la desaparición del ego, que vuelve «a la nada de donde provino» (M-13.1:2). Pero mientras sigamos identificándonos con el ego, tendremos miedo del Amor de Dios, que disipa la oscuridad del temor del ego. Y este miedo hace que las cintas de vídeo de temor del ego nos resulten atractivas. Esto es análogo a la atracción de la culpa, el dolor y la muerte que se describen en los comentarios sobre los obstáculos para la paz en el Capítulo 19 del Texto.

No vamos a apresurar este momento como si lo que vas a ofrecer se hubiese ocultado de Aquel que enseña el significado del perdón.

Todo aprendizaje ya se encontraba en Su Mente, consumado y completo.

Cuando hablas de acelerar algo, eso implica que ahora no lo tienes, y por tanto tienes que alcanzarlo en el futuro. A pesar del hecho de que una parte de nosotros está tratando de retrasar el regalo que el Espíritu Santo nos da —y lo que nosotros Le «ofrecemos» sería nuestra buena disposición para aceptar su Regalo—, nada de esto establece ninguna diferencia porque ya ha ocurrido. Esto se explica en el párrafo siguiente de esta lección.

Pero antes de pasar a ese párrafo, quiero hacer algunos comentarios más sobre estas líneas. En primer lugar, son un poco confusas porque están en verso, y así se han omitido un par de palabras que habrían aclarado más el significado. También son difíciles de entender porque la forma de dividir los párrafos fue incorrecta. Cuando Helen anotó esto originalmente, no dividió el párrafo tal como está aquí. Posteriormente, por algún motivo, probablemente relacionado con cierta preocupación estilística, lo hizo. Cuando repasamos esta lección en nuestro proceso de corrección, la mantuvimos tal como está ahora; pero hubiera tenido sentido que la frase siguiente —Todo aprendizaje ya se encontraba en Su Mente, consumado y completo— fuera una continuación del párrafo precedente. Por tanto, con estas palabras añadidas o cambiadas, el párrafo podría leerse así:

No vamos a apresurar este momento [el momento en que aceptaremos lo que es el perdón y reconoceremos que somos uno con Dios], como si fuera necesario que lo hagamos, como si lo que tú ofrecerás estuviera oculto de Aquel que enseña el significado del perdón.

En otras palabras, realmente esta es una declaración en subjuntivo, y por eso cambié «se hubiese ocultado» [«estaba oculto» en el original inglés] por «estuviera oculto»; es lo que los filólogos llaman una situación «contraria al hecho». Nosotros no apresuramos ese momento como si lo que ofreceremos estuviera oculto (lo que ofreceremos al Espíritu Santo es la aceptación del perdón).

Y finalmente, la Expiación no tiene que ser lograda porque ya se completó. Todos los errores de la mente errada, así como todas las correcciones de la mente correcta, ya han ocurrido. Así, nuestro aprendizaje se logra en la Mente del Espíritu Santo, que ahora está en nuestra mente. No solo está escrito el guion del ego, también está escrito el guion de Expiación del Espíritu Santo.

Él reconoció todo lo que el tiempo encierra y se lo dio a todas las mentes para que cada una de ellas pudiera determinar —desde una perspectiva en la que el tiempo ha terminado— cuándo ha de ser liberada para la revelación y la eternidad. Hemos repetido en varias ocasiones que no haces sino emprender una jornada que ya concluyó.

Esa «perspectiva en la que el tiempo ha terminado» es el lugar donde está el observador en el cuadro 3. Juntando estos párrafos podemos ver cuánto énfasis hace *Un curso de milagros* en que el viaje ya ha acabado. El viaje se nos da desde el punto de vista del observador que está sentado delante de la pantalla, donde elegiremos sintonizar con esa parte del guion. Así, este es el punto en el que ya hemos aceptado el final.

Pues la unicidad no puede sino encontrarse aquí.

En otras palabras, la unicidad (unidad) no está en el pasado ni en el futuro. No tiene que ser acelerada porque la unidad es un estado de ser constante. No está en el futuro, sino aquí, *ahora*. El error de que la unidad no existe ya ha sido corregido. Esto es difícil de entender porque «está más allá de la experiencia que tratamos de acelerar» (dos párrafos antes en esta misma lección). De modo que a un nivel, *Un curso de milagros* está tratando de ahorrarnos tiempo y, a otro nivel, nos dice que el tiempo es una ilusión. Por lo tanto, no hay nada que ahorrar, porque nunca se perdió nada. La unidad siempre está aquí; la unidad *es*. Uno de los poemas de Helen expresa esta idea de manera muy bella. Se llama «El regalo del Cielo». Permitidme leerlo ahora:

Nadie puede robar del infinito. Porque cuando
se toma algo, los ángeles juntan sus alas
y cierran el espacio tan rápidamente que parece
ser una ilusión; no ha ocurrido, ha quedado deshecho.
Nadie puede tomar del todo.
Su totalidad misma es una garantía
de que está completo para siempre. No puede haber
pérdida que quede sin restaurar antes de haber ocurrido.
Nadie puede disminuir el amor. Él mismo es
el Gran Restaurador. No puede sino retornar
a sí mismo todo lo que ha sido tomado. Él no conoce
pérdidas, ni límites ni disminuciones.
El Cielo solo puede dar. Esta es la señal
de que perder es imposible. Parecía
que se había ido. Sin embargo, los ángeles vinieron rápidamente
y prometieron que te lo devolverían.

(*The Gifts of God*, p. 80)

Sea cual sea el momento que la mente haya fijado para la revelación, es completamente irrelevante para lo que no puede sino ser un estado constante, eternamente como siempre ha sido y como ha de ser eternamente. Nosotros simplemente asumimos el papel que se nos asignó hace mucho, y que Aquel que escribió el guion de la salvación en el Nombre de Su Creador y en el Nombre del Hijo de Su Creador reconoció como perfectamente realizado.

Refiriéndonos al cuadro 5, dentro del pequeño «tic» de tiempo ya hemos elegido cuándo ocurrirá esa revelación, que es la aceptación de la Expiación. Pero todo eso todavía sigue siendo irrelevante con respeto a la línea sólida que representa la eternidad, «un estado constante». La parte que nos ha sido «asignada» es el deshacimiento del guion del ego. Ese es el camino de la Expiación, y ha sido «perfectamente realizado» porque esa es la función del Espíritu Santo, y lo que Él dispone ya está realizado.

Ahora viene ese pasaje maravillosamente enfurecedor:

No hay necesidad de clarificar más lo que nadie en el mundo puede comprender. Cuando la revelación de tu unicidad tenga lugar, lo sabrás y lo comprenderás plenamente. Pero por ahora es mucho lo que aún nos queda por hacer, pues aquellos que se encuentran en el tiempo pueden hablar de cosas que están más allá de él y escuchar palabras que explican que lo que ha de venir ya sucedió. Mas ¿qué significado pueden tener estas palabras para los que todavía se rigen por el reloj, y se levantan, trabajan y se van a dormir de acuerdo con él?

Jesús nos está diciendo que estamos tan enraizados en la creencia en la linealidad del tiempo que nos resulta imposible concebir un estado que esté más allá de esa experiencia. Por eso, a todos nosotros, estos pasajes nos resultan tan frustrantes y difíciles de entender. Sin embargo, está claro que no están aquí para confundirnos ni para molestarnos. A pesar de nuestra incapacidad para comprender el estado de intemporalidad, podemos entender que nuestra experiencia del tiempo es ilusoria, y que nos aferramos a ella como un medio de mantener el Amor del Espíritu Santo —el reflejo de la eternidad— lejos de nosotros. Asimismo, el Curso explica que mientras que el ego no entiende a Dios, entiende que hay un poder mayor que él mismo

(T-4.II.8:8). Uno de los grandes objetivos del Curso es deshacer nuestra inversión en la verdad de nuestro sistema de creencias: «Aprender este curso requiere que estés dispuesto a cuestionar cada uno de los valores que abrigas» (T-24.in.2:1). Y estos asombrosos pasajes sobre el tiempo sirven a este propósito.

La Lección 169 continúa diciendo —aunque no lo vamos a revisar aquí— que nosotros tenemos que hacer nuestra parte, que es perdonar. El perdón no tiene nada que ver con la eternidad, sino más bien está enraizado en el mundo de tiempo y espacio, y es el medio que nos permite empezar a cambiar de mentalidad y finalmente reconocer que somos el soñador del sueño. Esas secciones del Texto que tratan del soñador y del sueño, y de causa y efecto (T-27.VII-VIII; T-28.II), hacen referencia a estos principios metafísicos de que no estamos en el cuerpo en absoluto, sino que más bien estamos *observando* este sueño, «repasando mentalmente lo que sucedió» (L-pI.158.4:5). El perdón, practicado en el momento presente, nos permite empezar a aceptar y experimentar esa verdad. La culpa que hemos hecho real en nuestras mentes hace real el tiempo —pasado, presente y futuro— y esa ilusión es la que en último término interfiere con nuestra aceptación del tiempo como holográfico y no lineal.

Pregunta: En esta lección parece haber una contradicción intrínseca porque, al principio mismo, se hace de la gracia un sinónimo de la revelación. La gracia es algo que está más allá de todo aprendizaje; parece ser ese momento en el que elegimos reconocer que el Padre y el Hijo son uno. Después, al final de la lección, se habla de la gracia como si estuviera un paso antes que eso. Dice que «pedimos que se nos conceda la gracia, y la experiencia que la acompaña. Damos la bienvenida a la liberación que ofrece a todos. No estamos pidiendo lo que no se puede pedir». Después habla de ello como si estuviera un paso más allá de la gracia.

Respuesta: Al principio de la lección, en realidad la gracia no se equipara con la revelación, o al menos no con el Cielo. En cierto sentido, a la gracia se la considera el aspecto final del mundo real, donde está Jesús. No es del todo la eternidad. La lección comienza con estas líneas:

La gracia es el aspecto del Amor de Dios que más se asemeja al estado que prevalece en la Unidad de la Verdad. Es la aspiración más elevada que se puede tener en este mundo, pues conduce más allá de él (L-pI.169.1:1-2).

Por tanto, la gracia es como una frontera entre este mundo y el Cielo. Está justo en la línea de llegada, por así decirlo, más allá del mundo de la ilusión y la culpa, del pecado y el ataque, pero no es la unidad del Cielo. En este sentido diríamos que alguien como Jesús está en estado de gracia.

Pregunta: Parece como si la gracia fuera el objetivo al que aspira el Curso; y sin embargo dice que la gracia no es el objetivo.

Respuesta: El objetivo del Curso es el perdón y la paz en este mundo. En realidad no se dice mucho de la gracia, puesto que hace referencia al final mismo del mundo real, el resultado inevitable de la paz que la precede. Así, cuando aprendemos a perdonar verdaderamente, la gracia viene de manera automática, por así decirlo, pues siempre ha estado ahí. Cuando cada uno de los Hijos que quedaban alcanza el estado de gracia, entramos en la Segunda Venida, en el Juicio Final, y en el último paso de Dios. En realidad no ocurre así, por supuesto, porque, como veremos en la Tercera parte, las denominadas etapas no son sino formas metafóricas de describir un proceso no lineal.

Ahora pasamos a dos secciones del Texto: «El pequeño obstáculo» (T-26.V) y «El recuerdo del presente» (T-28.I). Estas son las únicas dos secciones del Texto que están dedicadas enteramente a hablar del tiempo. El estudio de estas dos secciones completará la Primera parte.

CAPÍTULO 3:

Comentario sobre «El pequeño obstáculo»

En esta Primera parte del libro, que trata sobre el origen y la naturaleza del tiempo, nos ocupamos principalmente de pasajes que presentan la metafísica básica sobre el tiempo de *Un curso de milagros*. Las dos secciones que estamos a punto de estudiar hacen eso, pero también sirven de puente a la Segunda parte, que tratará más sobre la visión que el Curso tiene del tiempo con relación al plan de la Expiación, y su relevancia directa para la enseñanza central sobre el colapso del tiempo que produce el milagro a través del perdón.

A medida que continuamos con esta exposición de la metafísica del tiempo, es importante mantener en mente nuestra declaración anterior de que *Un curso de milagros* está escrito a dos niveles distintos (véase el cuadro 1). Repitiéndolo brevemente, el Nivel Uno refleja la metafísica básica del Curso y es esencialmente lo que hemos expuesto hasta ahora. El tratamiento del tiempo del Nivel Uno incorpora las ideas de que todas las cosas ya han ocurrido, pues todas ocurrieron en una milésima de segundo,[6] y que en realidad no estamos experimentando nada por primera vez. Estamos, en efecto, sentados frente a la pantalla del televisor, caleidoscopio u ordenador, y simplemente elegimos «repasar mentalmente lo que sucedió». Esto solo es inteligible cuando el tiempo se considera no-lineal, puesto que la experiencia de pasado, presente y futuro solo forma parte de los trucos del ego.

No obstante, el punto en el que quiero hacer énfasis ahora es que *Un curso de milagros* habla frecuentemente del tiempo como si fuera lineal.

---

6   Aquí decimos «milésima» en sentido figurado, para denotar un brevísimo lapso de tiempo. (N. del t.)

Por ejemplo, la Lección 194 se titula: «Pongo el futuro en Manos de Dios». Aquí está claro que se contempla el tiempo dentro de un contexto lineal. Sin embargo, el cuarto párrafo de esta lección comienza con lo que llamaríamos una declaración del Nivel Uno. Indica que el tiempo no es secuencial, que pasado y presente son lo mismo:

> Tu futuro está en Manos de Dios, así como tu pasado y tu presente. Para Él son lo mismo y, por lo tanto, deberían ser lo mismo para ti también (L-pI.194.4:1-2).

Pero a continuación se produce un cambio al Nivel Dos:

> Sin embargo, en este mundo la progresión temporal todavía parece ser algo real. No se te pide, pues, que entiendas que el tiempo no tiene realmente una secuencia lineal. Solo se te pide que te desentiendas del futuro y lo pongas en Manos de Dios (L-pI.194.4:3-5).

Así, Jesús está diciendo que aunque el tiempo es una ilusión y no hay pasado, presente y futuro, nos hablará del tiempo *como* si fuera lineal, porque eso es lo que nosotros creemos. Una declaración todavía más explícita de esto se halla en el Texto, y viene dentro del contexto de un comentario sobre la unidad de Cristo que está dentro de nuestras mentes divididas bajo la forma del Espíritu Santo. Esta unidad nos enseña la verdad, aunque creamos que estamos en un lugar donde no estamos.

> De acuerdo con esto, se considera al tiempo y al espacio como si fueran distintos, pues mientras pienses que una parte de ti está separada, el concepto de una unicidad unida cual una sola no tendrá sentido. [...] [Y así esta Unidad] necesita, no obstante, utilizar el idioma que dicha mente entiende, debido a la condición en que cree encontrarse. Y tiene que valerse de todo lo que esta mente ha aprendido para transformar las ilusiones en verdad y eliminar todas tus falsas ideas acerca de lo que eres, a fin de conducirte hasta la verdad que *se encuentra* más allá de ellas (T-25.I.7:1,4-5).

En una referencia que por desgracia no puedo encontrar, el santo indio Sai Baba mencionó que el *Bhagavad Gita* está escrito a dos niveles diferentes. Explicó esto en términos de la capacidad del *Gita* para apelar a muchas, muchas personas que están en distintas etapas de su desarrollo espiritual. Lo mismo es válido para *Un curso de milagros*: a medida que retiremos nuestra culpa por medio del perdón, entenderemos el Curso a niveles cada vez más profundos. Uno de los niveles de comprensión que se hará más profundo está relacionado con el tiempo. A lo largo del material se han introducido muchas frases a las que, si realmente prestamos atención, nos catapultan hacia una dimensión de entendimiento completamente distinta. Sin embargo, la orientación principal del Curso no es esa comprensión, sino más bien ayudarnos con los problemas muy prácticos que creemos tener, todos los cuales guardan relación con nuestra experiencia de la linealidad del tiempo. Tal como *Un curso de milagros* dice de sí mismo:

> Este no es un curso de especulación filosófica ni está interesado en una terminología precisa. Se orienta únicamente hacia la Expiación o corrección de la percepción (C-in.1:1-2).

Finalmente, en otra parte, lo que el Curso dice con respecto al uso que el ego hace del tiempo es que toma la culpa del pasado, la proyecta en el miedo al futuro, y así pasa por alto completamente el presente (T-13.IV.4:2-5).

Por lo tanto, puesto que es así como vivimos, siendo esto lo que creemos, la manera de hablar de *Un curso de milagros* estará en consonancia con este nivel de entendimiento (Nivel Dos). Sin embargo, de vez en cuando Jesús se desliza hacia el otro reino (Nivel Uno), diciendo que el mundo del tiempo ya ha ocurrido, y que el tiempo es irreal. En esto podemos ver la integración que hace el Curso de su planteamiento muy práctico con respecto a donde creemos estar, con el marco metafísico mayor que ve el mundo de manera completamente diferente.

Ahora vamos al comienzo de «El pequeño obstáculo» en el Capítulo 26 del Texto (T-26.V), después de lo cual volveremos a «El recuerdo del presente». Ambas secciones se estudiarán enteras.

Un pequeño obstáculo les puede parecer muy grande a los que aún no comprenden que los milagros son todos el mismo milagro. Mas

enseñar esto es la finalidad de este curso. Ese es su único propósito, pues es lo único que hay que aprender. Y lo puedes aprender de muchas maneras.

En la sección anterior del Texto, «El lugar que el pecado dejó vacante», se hace referencia a «El pequeño obstáculo», y en esa sección se habla de «esa pequeña mácula de pecado» que aún nos separa del Cielo (T-26.IV.6:1). El pequeño obstáculo ciertamente parece grande mientras creamos que el pecado de la separación es real, pues nuestra culpa nos hace creer que realmente destruimos el Amor de Dios y fragmentamos la unidad del Cielo. Así, el mundo de la separación se hace real, junto con una cantidad aparentemente infinita de problemas por resolver. De ahí que el primer principio de los milagros —no hay grados de dificultad en los milagros— parezca imposible y más allá de nuestro alcance. El propósito de *Un curso de milagros* es enseñarnos que no solo es posible, sino perfectamente natural: «Los milagros son naturales. Cuando no ocurren es que algo anda mal» (T-1.I.6). Esta declaración refleja la orientación muy práctica del Curso. No nos está enseñando simplemente el concepto teórico de que el tiempo es una ilusión; nos está enseñando a reconocer que todos nuestros problemas son lo mismo. La comprensión última de por qué esto es así descansa en la idea de que el tiempo es una ilusión; pero la plena comprensión de este concepto no es necesaria a fin de practicar el perdón que es el objetivo del Curso.

Por lo tanto, no tenemos que comprender completamente la visión metafísica del tiempo. Más bien, aprendemos la necesidad de reconocer que todos nuestros problemas no son sino diferentes formas de falta de perdón, y así, si llevamos estos problemas al Espíritu Santo, que es lo que conlleva el milagro, entonces el problema de la culpa, que es nuestro único problema, desaparecerá. La forma en que habíamos identificado nuestro problema no desaparecerá necesariamente, pero lo que sí desaparecerá es el problema que hemos creado dentro de nosotros mismos. Este principio puede aprenderse de muchas formas distintas, puesto que el Espíritu Santo utiliza distintas formas que nosotros hemos hecho reales en nuestras mentes para enseñarnos que todas ellas son fundamentalmente ilusorias.

Todo aprendizaje o bien es una ayuda para llegar a las puertas del Cielo o bien un obstáculo. No hay nada entremedias. Hay solamente dos

maestros y cada uno de ellos señala caminos diferentes. Y tú seguirás el camino que te señale el maestro que hayas elegido. Solo hay dos direcciones que puedes seguir, mientras perdure el tiempo y elegir tenga sentido.

Esto refleja uno de los temas prevalecientes en *Un curso de milagros*, que todo se reduce a una de dos elecciones básicas. Usando la analogía de sentarnos frente al televisor, solo hay dos botones que podemos elegir pulsar: el ego y el del Espíritu Santo. Como el Texto dijo anteriormente y se reiterará en breve:

> Cada día, cada hora y cada minuto e incluso cada segundo estás decidiendo entre la crucifixión y la resurrección; entre el ego y Espíritu Santo. El ego es la elección en favor de la culpabilidad; el Espíritu Santo, la elección en favor de la inocencia. De lo único que dispones es del poder de decidir. Aquello entre lo que puedes elegir ya se ha fijado porque aparte de la verdad y de la ilusión no hay más alternativas. Ni la verdad ni la ilusión traspasan los límites la una de la otra, ya que son alternativas irreconciliables entre sí y ambas no pueden ser verdad. Eres culpable o inocente, prisionero o libre, infeliz o feliz (T-14.III.4).

Pues jamás se podrá construir otro camino, salvo el que conduce al Cielo. Tú solo eliges entre ir al Cielo o no ir a ninguna parte. No hay más alternativas que estas.

Cerca del final del Texto se presenta el mismo tema

> La verdadera elección no es algo ilusorio. Mas el mundo no la puede ofrecer. Todos sus caminos no hacen sino conducir a la desilusión, a la nada y a la muerte. Sus alternativas no constituyen una verdadera elección. No intentes escaparte de tus problemas aquí, pues el mundo fue concebido precisamente para que no se pudiese escapar de ellos. No te dejes engañar por los diferentes nombres que se les han dado a

sus caminos. Todos tienen la misma finalidad. Y cada uno es tan solo un medio para alcanzar ese fin, pues es ahí adonde todos ellos conducen, por muy diferentes que parezcan ser sus orígenes y por muy diferentes que parezcan ser sus trayectorias. Su final es inescapable, pues no hay elección posible entre ellos. Todos te conducen a la muerte. [...] No hay senda en el mundo que te pueda conducir a Él ni objetivo mundano que pueda ser uno con el Suyo. [...] No hay camino que pueda alejarte de Él ni jornada que pueda llevarte más allá de ti mismo. [...] No puedes dejar de ser lo que eres. Pues Dios es misericordioso y no permitió que Su Hijo lo abandonara. [...] No puedes estar en ningún lugar excepto donde Él está. Y no *hay* camino que no conduzca a Él. (T-31.IV.2:1-11; 9:3; 10:4-5; 11:3-4,6-7).

Esta elección entre el Cielo y el mundo también es una ilusión, porque, de las dos opciones, solo una es verdad. Y por tanto, en realidad, no hay elección en absoluto. Pero dentro de nuestra experiencia en este mundo parecemos tener dos opciones. Elegimos si estaremos enfadados o si perdonaremos, si nos separaremos de los demás o nos uniremos a ellos. El pasaje continúa:

Todas las alternativas que el mundo ofrece se basan en esto: que eliges entre tu hermano y tú; que ganas en la misma medida en que él pierde y que lo que pierdes se le da a él. ¡Cuán rotundamente opuesto a la verdad es esto, toda vez que el único propósito de la lección es enseñarte que lo que tu hermano pierde, tú lo pierdes también y que lo que él gana es lo que se te da a ti! (T-31.IV.8:4-5).

Lo único que se puede perder es el tiempo, el cual, en última instancia, no tiene ningún sentido.

Así, en contra de lo que dicen nuestros egos, no podemos perder el Cielo. No podemos perder la inocencia con la que Dios nos creó. Esta es la enseñanza central de la metafísica del Curso, y es el principio de la Expiación. En el panfleto que acompaña al Curso, Psicoterapia: propósito, proceso y práctica, Jesús declara: «¿Y por qué sollozaría alguien sino por su inocencia?» (P-2.IV.1:7), lo que significa que todo nuestro dolor viene de la creencia de que nos hemos deshecho de la inocencia de Cristo, nuestra verdadera Identidad, y ahora, según nos dice el ego, nunca podremos recuperarla. Por otra parte, el Espíritu Santo nos recuerda que aunque podemos bloquear esta inocencia de nuestra conciencia, eligiendo permanecer dormidos y soñar con el tiempo, esto no tiene efecto en la realidad de que estamos despiertos en Dios. Todo lo que parecemos perder es el tiempo, ese tiempo durante el cual elegimos permanecer dormidos y soñar las pesadillas ilusorias del ego. Sin embargo, en todo momento hemos permanecido dentro de la casa de nuestro Padre, despiertos en el Amor. El momento en que elijamos despertar de este sueño es elección nuestra, pero no tenemos elección en cuanto a dónde estamos verdaderamente.

Pues [el tiempo] solo supone un pequeño obstáculo para la eternidad y no significa nada para el verdadero maestro del mundo. Sin embargo, dado que crees en el tiempo, ¿por qué desperdiciarlo no yendo a ninguna parte, cuando lo puedes utilizar para alcanzar la meta más elevada que se puede lograr mediante el aprendizaje? No pienses que el camino que te conduce a las puertas del Cielo es difícil. Nada que emprendas con un propósito firme, con absoluta determinación y lleno de una feliz confianza, llevando a tu hermano de la mano y en armonía con el himno del Cielo, puede ser difícil. Lo que en verdad es difícil es vagar solo y afligido, por un camino que no conduce a ninguna parte ni tiene ningún propósito.

Puesto que creemos en el tiempo, el Espíritu Santo nos ayudará a usarlo para aprender que en último término el tiempo no existe. Hay un dicho que se cita a menudo: «Es mucho más difícil fruncir el ceño que sonreír», indicando que tenemos que usar muchos más músculos para fruncir el ceño. Así, *Un curso de milagros* nos dice que es mucho más difícil ir en contra del Espíritu Santo y elegir el ego, que seguir al Espíritu Santo. Sin embargo, nuestra experiencia es la opuesta. Nos parece que aferrarnos a nuestro enfado es fácil, y en realidad es lo que queremos, y que lo más difícil sería soltarlo. Este es otro ejemplo de cómo el ego pone todas las cosas patas arriba.

Dios te dio su Maestro para que reemplazara al que tú inventaste, no para que estuviese en conflicto con él.

La experiencia consciente de algunas personas es que, de algún modo, el Espíritu Santo les amenaza. Inconscientemente, cualquiera que se identifique con el sistema de pensamiento del ego, y esto incluiría a prácticamente todos los que caminan sobre la tierra, debe sentir este conflicto, cuyo resultado solo puede ser la destrucción del yo pecador: «Su final es inevitable, pues su desenlace no puede ser otro que la muerte» (M-17.6:2). Un poema clásico cristiano, *El sabueso del Cielo* de Francis Thompson, expresa esta noción de que Jesús nos persigue, acosándonos hasta que volvamos a él. En realidad, por supuesto, él no hace nada excepto llamarnos con amabilidad a retornar al hogar que en verdad nunca abandonamos.

Y lo que Él ha dispuesto reemplazar ya ha sido reemplazado. El tiempo tan solo duró un instante en tu mente y no afectó a la eternidad en absoluto.

Volvemos de nuevo al marco metafísico. «Lo que Él ha dispuesto reemplazar» —la culpa del ego y el miedo reemplazados por el Amor de Dios— ya ha sido reemplazado; es decir, el holograma de odio del ego ya ha sido reemplazado por el holograma de corrección del Espíritu Santo. El cuadro 5 ilustra esto en términos de esa pequeña muesca en la línea de la eternidad. Así es cómo Helen vio el tiempo, reconociendo que no duró más que el instante infinitesimal que, en primer lugar, en realidad nunca ocurrió.

Y así es con todo el tiempo que ha pasado; y todo permanece exactamente como era antes de que se construyese el camino que no lleva a ninguna parte.

«Todo es exactamente como era» hace referencia al estado de unidad del Cielo, y «el camino que no lleva a ninguna parte» representa al mundo, que a pesar de su ruido y furia sigue sin significar nada. Además, el mundo, y el sistema de pensamiento del ego que lo engendró, no tienen el poder de cambiar la perfección del Cielo. Al final, un mal sueño sigue siendo lo que siempre fue: un mal sueño.

El brevísimo lapso de tiempo en el que se cometió el primer error —en el que todos los demás errores están contenidos— encerraba también la Corrección de ese primer error y de todos los demás que partieron de él. Y en ese breve instante el tiempo desapareció, pues eso es lo único que siempre fue. Aquello a lo que Dios dio respuesta ha sido resuelto y ha desaparecido.

No se trata únicamente del error inicial que ocurrió en ese instante en que nosotros creimos que podíamos separarnos de Dios, sino también de todas las consecuencias de ese error. La proyección hacia fuera del error que fabricó el mundo, y toda la fragmentación subsiguiente que vino de esa proyección, ocurrió —una y otra vez— dentro de ese mínimo lapso de tiempo. Sin embargo, «ese mínimo lapso de tiempo» también contenía la corrección del error, y de ahí todas las expresiones de perdón que vinieron dentro de ese primer instante. Esto se representa en el cuadro 2: el guion del ego y la corrección del Espíritu Santo; las proyecciones de nuestra culpa así como su deshacimiento mediante el perdón. Y en el cuadro 3, el caleidoscopio, las pequeñas marcas en el círculo del tiempo y de la memoria hacen referencia a los errores del ego, así como a su corrección. Todo ocurrió dentro de ese instante.

El problema sigue siendo que mientras nos sentamos delante de la pantalla, revisando mentalmente lo que está en nuestras mentes, creemos y experimentamos que las cosas han ocurrido, que están realmente ocurriendo ahora, y que continuarán ocurriendo en el futuro. Todos hemos caído en la trampa del ego al comprar su truco mágico del tiempo.

A ti que aún crees vivir en el tiempo sin saber que ya desapareció, el Espíritu Santo te sigue guiando a través del laberinto infinitamente pequeño e insensato que todavía percibes en el tiempo a pesar de que ya hace mucho que desapareció.

El Espíritu Santo nos guiará a través no solo de lo que creemos que ha ocurrido, sino de lo que creemos que está ocurriendo ahora. Esta es la idea central de *Un curso de milagros*. Aunque el tiempo es una ilusión y el mundo nunca ha ocurrido, la presencia amorosa del Espíritu Santo en nuestras mentes separadas nos guía como si Le estuviéramos oyendo por primera vez, como si estuviéramos experimentando el perdón por primera vez, como si realmente estuviéramos aquí. En otras palabras, Él se une a las ilusiones de nuestras mentes para poder enseñarnos lo que es la realidad. Así, podemos volver a ver que aunque el tiempo es ilusorio, Jesús nos habla como si fuera real. Vuelvo a llamar la atención sobre este punto para advertir de la posibilidad de tomar literalmente como verdad muchas de las declaraciones del Curso, cuando en realidad tienen un sentido metafórico.

Crees estar viviendo en lo que ya pasó. Cada cosa que ves la viste solo por un instante, hace mucho, antes de que su irrealidad sucumbiera ante la Verdad.

Nos experimentamos viviendo en este cuerpo y en este mundo temporal porque *creemos* que estamos realmente aquí. Es nuestro pensamiento el que da realidad a la ilusión. La segunda frase hace eco a la idea que comentamos antes del Manual para el maestro y del Libro de ejercicios: parece que estamos mirando las cosas y experimentándolas por primera vez, pero, en realidad, simplemente estamos, una vez más, «repasando mentalmente lo que sucedió». Recuerda que no somos nosotros, nuestros yoes físicos y psicológicos, los que están percibiendo y experimentando el mundo. Como nos dice *Un curso de milagros*, nuestros ojos no ven y nuestros oídos no oyen: la percepción es una mentira. La mente dividida que existe fuera del tiempo es la que proyecta sus pensamientos dualistas de separación al cuerpo, el cual, siguiendo órdenes, ve y oye de acuerdo a ello. Leemos en el Texto:

> No permitas que tus ojos se posen en un sueño ni que tus oídos den testimonio de una ilusión. Pues los ojos fueron concebidos para que vieran un mundo que no existe, y los oídos, para que oyesen voces insonoras. [...] Pues los ojos y los oídos son sentidos sin sentido, y lo único que hacen es informar de lo que ven y de lo que oyen. Mas no son ellos los que ven y oyen, sino tú, quien ensambló cada pieza irregular, cada fragmento absurdo y la más mínima evidencia para que diera testimonio del mundo que deseas. [...] Atribuir la responsabilidad de lo que ves a aquello que no puede ver y culparlo por los sonidos que te disgustan cuando no puede

oír, es ciertamente una perspectiva absurda
(T-28.V.5:3-4,6-7; T-28.VI.2:1).

No hay ni una sola ilusión en tu mente que no haya recibido respuesta. La incertidumbre se llevó ante la certeza hace tanto tiempo que es ciertamente difícil seguir abrigándola en tu corazón como si aún estuviera ante ti.

Aunque esta no es nuestra experiencia, ciertamente es un trabajo duro mantener la «realidad» de la naturaleza ilusoria del tiempo, porque, en realidad, ya ha sido corregida. Y es esta tensión constante de tratar de negar la realidad y de hacer real lo irreal la verdadera fuente de tensión y fatiga, que son nuestra experiencia de vivir en este cuerpo.

Ese **ínfimo instante que deseas conservar y hacer eterno se extinguió tan fugazmente en el Cielo que ni siquiera se notó. Lo que desapareció tan rápidamente que no pudo afectar el conocimiento del Hijo de Dios, no puede estar aún ahí para que lo puedas elegir como maestro. Solo en el pasado —un pasado inmemorial, demasiado breve como para poder erigir un mundo en respuesta a la Creación— pareció surgir este mundo. Ocurrió hace tanto tiempo y por un intervalo tan breve que no se perdió ni una sola nota del himno celestial.**

Aunque las palabras concretas parecerían sugerir que el pequeño instante de separación de hecho ocurrió, Jesús ciertamente no le da este significado. De otro modo, sus palabras estarían en contradicción con el principio de Expiación del Espíritu Santo. Más bien, el significado de la declaración es que aunque nosotros creemos que este mundo es una realidad monumental y una creación magnífica, en verdad el Cielo ni siquiera sabe de su existencia. Usando la analogía del sol y el océano (Dios), y del más pequeño de los rayos y una olita imperceptible (ego), el Curso declara en un pasaje al que hemos aludido anteriormente:

Mas ni el sol ni el océano se dan cuenta de toda esta absurda e insensata actividad. Ellos sencillamente continúan existiendo, sin saber que son temidos y odiados por un ínfimo fragmento de sí mismos (T-18.VIII.4:1-2).

Y en un pasaje particularmente poético:

Lo que Dios no conoce no existe. Y lo que Él conoce existe para siempre y es inmutable. [...] Y la Mente de Dios no tiene fin ni puede haber un instante en que Sus Pensamientos puedan estar ausentes o cambiar. [...] Más allá de todo ídolo se encuentra el Pensamiento que Dios abriga de ti. Este Pensamiento no se ve afectado en modo alguno por la confusión y el terror del mundo, por los sueños de nacimiento y muerte que aquí se tienen ni por las innumerables formas que el miedo puede adoptar, sino que, sin perturbarse en lo más mínimo, sigue siendo tal como siempre fue (T-30.III.6:1-2; 10:1-2).

Sin embargo, en cada acto o pensamiento que aún no hayas perdonado, en cada juicio y en cada creencia en el pecado, se evoca ese instante, como si se pudiera volver a reconstruir en el tiempo.

Cuando sentimos una falta de perdón en nosotros mismos, lo único que estamos haciendo es evocar ese antiguo instante, que ya ha sido deshecho. Parece como si nuestro disgusto se debiera a lo que otro nos ha hecho, aquí y ahora, pero en realidad es el resultado de nuestra decisión, *aquí y ahora*, de seguir haciendo real para nosotros ese antiguo instante de aparente separación, el juicio original en contra de nosotros mismos y de nuestro Creador.

Lo que tienes ante tus ojos es una memoria ancestral. Y quien vive solo de recuerdos no puede saber dónde se encuentra.

El perdón es lo que nos libera totalmente del tiempo y lo que nos permite aprender que el pasado ya pasó. Ya no se oye hablar a la locura. No hay ningún otro maestro ni ningún otro camino. Pues lo que ha sido erradicado ha dejado de «existir». ¿Y quién puede encontrarse en una ribera lejana, soñando que está al otro lado del océano en un

lugar y en un tiempo que hace mucho que desaparecieron? ¿Cómo iba a poder impedir ese sueño que él esté donde realmente se encuentra? Pues donde él está es un hecho, y sus sueños, de la clase que sean, no pueden cambiarlo. Con todo, puede imaginarse que está en otro lugar y en otro tiempo. Lo que a lo sumo puede hacer es engañarse a sí mismo creyendo que eso es verdad, y convertirlo de meras imaginaciones en creencias y en locura, completamente convencido de que donde prefiere estar es donde está.

Mas ¿podría eso impedirle estar donde está? ¿Es cualquier eco del pasado que pueda oír un hecho en comparación con lo que se puede oír donde él está ahora?

Helen recibió un mensaje para ayudarla a entender esta idea en el que se comentaba que nos habíamos quedado dormidos y soñábamos que estábamos al otro lado del océano, en una costa muy distante. Nosotros creímos que era allí donde realmente estábamos, aunque como dice el Curso, y esto es algo que ya hemos citado anteriormente, estamos «en nuestro hogar en Dios, soñando con el exilio» (T-10.I.2:1). Nuestra verdadera realidad permanece en el Cielo, aunque estamos soñando que nos encontramos a miles de kilómetros al otro lado del mar en una costa lejana y nos hemos olvidado de dónde estamos realmente. En «El recuerdo del presente», que comentaremos seguidamente, hay una referencia a esta analogía de la costa lejana.

Así, el hecho de que estemos soñando que estamos en una costa lejana no es un obstáculo para la realidad de que estamos en esta costa presente —en nuestro hogar en Dios— teniendo este mal sueño de que estamos en el exilio; el hecho de que creamos que estamos en esa pequeña muesca de tiempo no cambia el hecho de que en realidad somos uno con Dios en la eternidad. Todo lo que creemos que ha ocurrido, está ocurriendo ahora u ocurrirá, todo ello no tiene realidad en absoluto fuera de nuestra mente soñadora, y por tanto no tiene efecto. Los ecos del pasado, que en nuestra experiencia personal reflejan algún aspecto del especialismo, no tienen efecto en cuanto a donde estamos verdaderamente.

¿Y en qué medida pueden sus propias ilusiones con respecto al tiempo y al espacio cambiar el lugar donde él realmente está?

Lo que no se ha perdonado es una voz que llama desde un pasado que ya pasó para siempre. Y lo único que la considera real es el deseo de que lo que ya pasó pueda volver a ser real y verse aquí y ahora, en lugar de lo que realmente se encuentra aquí y ahora.

En esa preciosa sección del Texto llamada «La canción olvidada» (T-21.I) se habla de una antigua melodía que oímos, y que nos recuerda nuestro verdadero hogar. Sin embargo, soñamos con un lugar lejano y oímos una canción diferente, los estridentes chillidos del ego. Pero ninguna de estas ilusiones con respecto a dónde estamos pueden tener ningún efecto en el «ahora y aquí» de nuestro hogar en Dios. Lo que vemos como «aquí y ahora» es el mundo en el que creemos estar. Una vez más, es como si estuviéramos sentados frente a la pantalla del televisor creyendo que lo que estamos observando está ocurriendo realmente, y nos olvidamos del hecho de que simplemente estamos viéndolo en nuestras mentes. Así, el «ahora y aquí» es el instante santo en nuestras mentes en el que experimentamos el Amor de Dios; el «aquí y ahora» es la ilusión de que estamos en un mundo de tiempo y espacio, sobre el que están siendo proyectados los pensamientos de ese aparente instante de separación.

¿Supone esto acaso un obstáculo para la verdad de que el pasado ya pasó y de que no se te puede devolver? ¿Y querrías conservar ese temible instante en el que el Cielo pareció desaparecer y a Dios se le temió y se le convirtió en el símbolo de tu odio?

Desde aquí hasta el final de esta sección Jesús habla de ese antiguo instante en el que creímos que habíamos atacado a Dios y nos habíamos separado de Él, y después creímos, con temor, que Dios estaba devolviéndonos el ataque. Este instante de terror alberga nuestro pecado, culpa y miedo, que subyacen a *todas* nuestras experiencias. Cada pensamiento de miedo y odio tiene su origen aquí, pero cada pensamiento de perdón y curación también tiene su origen en este instante.

Pregunta: ¿Cuál es la relación entre el observador en el cuadro 3 y eso que elige dentro de cada ciclo de vida aquello en lo que nos queremos enfocar?

Según el Texto, aparentemente este elemento de elección no es de la mente correcta ni de la mente errada.

Respuesta: El observador o tomador de decisiones (en la mente dividida) no es el tú que está aquí, sino que existe fuera del tiempo. No está en el Cielo, no es Cristo, más bien está fuera de las experiencias que están grabadas y se ven en la pantalla del televisor, por así decirlo. Recuerda que la mente no está en el cuerpo. En otras palabras, cuando nos experimentamos a nosotros mismos haciendo la elección de si vivir en un lugar u otro, tomar un trabajo u otro, atacar o perdonar, lo que en realidad ha ocurrido es que el observador ha elegido que se va a reproducir esa cinta.

Pregunta: De modo que es este observador del que yo no soy consciente quien ha elegido que yo esté en este lugar, en este momento. ¿Es esto correcto?

Respuesta: Sí. Tu observador, por así decirlo, ha elegido reproducir una cinta concreta en la que tienes este cuerpo particular y esta personalidad, y estás viviendo en el siglo xx. Pero podría haber otra parte de la mente de tu observador sintonizando con otra vida que has tenido o que tendrás.

Pregunta: ¿Qué hay de las elecciones individuales que hago durante esta vida, cómo es ese aspecto del elegir?

Respuesta: El punto es que ahora no estás eligiendo en absoluto. En verdad, lo que parece ser una elección aquí es simplemente una cinta de vídeo que refleja una elección realizada en el nivel de la mente, que está fuera del tiempo y del espacio. El problema que tenemos a la hora de entender estos conceptos es que esto no es nuestra experiencia. Por eso, *Un curso de milagros* se dirige al yo que creemos ser, a esta estructura cuerpo/personalidad particular que está en este mundo y que realiza elecciones. Antes mencioné la historia de Basílides sobre Jesús riéndose de la crucifixión, sabiendo que él no era el cuerpo crucificado en la cruz. Él sabía que lo que aparecía ante los ojos de la gente era un sueño. Ese conocimiento o despertar es a lo que el Curso denomina resurrección.

Pregunta: Entonces, ¿es el observador una mente que ha sido sanada?

Respuesta: No, no en absoluto. Cuando la mente del observador ha sido sanada y la mentalidad correcta ha sustituido a la errónea —los vídeos del Espíritu Santo han corregido a los del ego—, entonces ya no hay nada más que observar o elegir. Eso es alcanzar el mundo real, en el que no hay más vídeos. En otras palabras, usando nuestra analogía del aparato de televisión, a medida que nos sentamos delante de la pantalla, podemos elegir oír la voz del ego, y después pasar por todo lo que está encima de la línea de puntos del cuadro 2, que representa la miríada de formas en las que nos vemos a nosotros mismos como víctimas o victimarios; o podemos elegir la corrección de las anteriores, que están debajo de la línea de puntos del cuadro 2.

Por lo tanto, el observador no pertenece ni a la mente correcta ni a la mente errada, sino que elige identificarse o bien con la mente correcta (el Espíritu Santo) o con la mente errada (el ego). Lo que se cura es la elección errónea del observador, corrigiendo la identificación original con el sistema de pensamiento de separación del ego.

Pregunta: ¿Podríamos nosotros ser el director al mismo tiempo y cambiar algo que no nos guste de la película que hicimos originalmente?

Respuesta: No podemos hacer nada nuevo porque todo ya ha ocurrido. No puedes cambiar el guion, pero puedes elegir qué parte del guion vas a re-experimentar. Básicamente, y esto implica simplificarlo en exceso en algún sentido, podrías elegir pasar por una situación con el perdón o pasarla con la ira y el resentimiento. Dentro del caleidoscopio situado en el lado derecho del cuadro 3 no existe el concepto de elección; la única elección está en el observador situado en la mente. Por lo tanto, en el contexto de tu pregunta, el cambio para una película que no nos gustó sería otra película, que también ocurrió en ese instante original.

El primer párrafo de esta sección, «El pequeño obstáculo», dice que solo hay dos elecciones que podemos llegar a hacer alguna vez. En este mundo parece haber elecciones porque es ahí donde estamos atascados, pero lo cierto es que la elección se hace a otro nivel totalmente distinto. La práctica de *Un curso de milagros* y su impulso original de deshacer el ego acabará llevándonos de vuelta a ese punto de darnos cuenta de que todo es un sueño;

pero nuestro mundo no está cerca de esa toma de conciencia y por eso el mensaje tenía que darse de esta manera.

A la vista de esto, en cierto sentido es un error trágico cuando la gente que lee el Curso cae en la trampa de negar este mundo diciendo «el mundo entero en una ilusión; por lo tanto, lo que yo haga no importa». La orientación de *Un curso de milagros* es justo la opuesta. Aunque dice que el mundo es una ilusión y que todo ya ha ocurrido, lo que elijamos sí que marca la diferencia aquí, porque refleja una elección realizada por el observador. Son estas elecciones las que nos desatascarán del lugar donde estamos ahora mismo, o bien nos enraizarán más profundamente en el mundo.

En otras ocasiones he dicho que *Un curso de milagros* no es la última palabra de Jesús, sino el mensaje perfecto para el mundo tal como es ahora: un mensaje escrito a un nivel que podemos entender, y que en cualquier caso nos lleva hacia niveles más y más profundos de entendimiento, y en último término más allá del mensaje mismo. Como todos sabemos, el mundo está fuertemente basado en el ego, y por eso el Curso se da a este nivel. Cuando el mundo aprenda la lección del Curso, lo cual probablemente llevará muchos, muchos siglos, ya no lo necesitaremos. Entonces, yo creo que el amor de Jesús nos proveerá de un mensaje que estará a «un nivel superior», en el sentido de que ya no necesitaremos un curso que hable con tanta profundidad del sistema de pensamiento del ego. Por eso sería un error terrible que la gente tratara *Un curso de milagros* como se ha tratado a la Biblia, como la palabra final de Dios. Si cambiamos de un contexto lineal de sucesos, donde estos ocurren uno después de otro, a un contexto holográfico, podemos decir que ya existe un mensaje superior con el que cualquiera puede sintonizar. El amor del Espíritu Santo dentro de nuestras mentes es perfecto. A medida que se caen los velos de nuestro miedo y de nuestra culpa, somos capaces de oír Su Voz con mayor claridad. La famosa cita de la Biblia es relevante aquí: «¡Quien tenga oídos, que oiga!» (Mateo 11:15). En este momento, el mundo no está preparado para oír ese nivel superior de verdad.

Retornando al Texto, el punto importante aquí es que todo lo que hacemos teniendo al ego como base es un recuerdo de ese único error, ese antiguo instante en que creímos que habíamos atacado a Dios y estábamos convencidos de que Él nos atacaría de vuelta.

Olvídate de ese momento de terror que ya hace tanto tiempo que se corrigió y se deshizo. ¿Podría acaso el pecado resistir la Voluntad de Dios? ¿Podría estar en tus manos poder ver el pasado y ubicarlo en el presente? *No* puedes volver a él.

Sin embargo, eso es lo que siempre intentamos hacer: «volver». Este tema se expresa de manera muy aguda y poderosa en la Lección 182, «Permaneceré muy quedo por un instante e iré a mi hogar». Aquí vemos que se describe la búsqueda fútil de un hogar terrenal que creemos haber tenido una vez, defendiéndonos del verdadero hogar que está dentro de nuestras mentes en el presente:

Hoy hablamos en nombre de todo aquel que vaga por este mundo, pues en él no está su hogar. Camina a la deriva enfrascado en una búsqueda interminable, buscando en la oscuridad lo que no puede hallar, y sin saber qué es lo que anda buscando. Construye miles de casas, pero ninguna de ellas satisface a su agitada mente. No se da cuenta de que las construye en vano. El hogar que anda buscando, él no lo puede construir. El Cielo no tiene sustituto. Lo único que construyó fue un infierno.

Tal vez pienses que lo que quieres encontrar es el hogar de tu infancia. La infancia de tu cuerpo y el lugar que le dio cobijo son ahora recuerdos tan distorsionados que lo que guardas es simplemente una imagen de un pasado que nunca tuvo lugar. Mas en ti hay un Niño que anda buscando la casa de Su Padre, pues sabe que él es un extraño aquí. Su infancia es eterna, llena de una inocencia que ha de perdurar para siempre. Por dondequiera que este Niño camina es tierra santa. Su santidad es lo que ilumina al Cielo y lo que trae a la tierra el puro reflejo de la luz que brilla en lo alto, en el que el Cielo y la tierra se encuentran unidos cual uno solo (L-pI.182.3-4).

Este tema de no poder volver al hogar también nos recuerda la famosa novela de Thomas Wolfe, *No puedes volver a casa*. En este sentido, no podemos retornar a la casa del ego. Nosotros creemos que podemos, pero vivimos en esa casa solo por un aparente instante, y ese error quedó corregido. Sin embargo, lo que tratamos de hacer en este mundo es elegir re-experimentar todas esas dimensiones del ego en nuestras mentes, reflejando la declaración original del ego de que yo *no soy* tal como Dios me creó. En todo momento, por supuesto, creemos estar en dimensiones situadas fuera del Cielo.

Y todo lo que señala hacia él no hace sino embarcarte en una misión cuya consecución solo podría ser irreal. Tal es la justicia que tu Amoroso Padre se aseguró de que se hiciera contigo. Y te ha protegido de tu propia injusticia contra ti mismo. No puedes extraviarte porque no hay otro camino que el Suyo y no puedes ir a ninguna parte excepto hacia Él.

¿Cómo iba a permitir Dios que Su Hijo se extraviase por un camino que es solo la memoria de un instante que hace mucho que pasó?

Esta declaración nos recuerda que nuestra experiencia como individuos separados en este mundo solo parece ser real; pero la creencia en el mundo es simplemente un error que ya ha sido corregido y deshecho. Solo en ilusiones parece que podemos tener una voluntad opuesta a la Voluntad de Dios. Por lo tanto, la protección de Dios hacia nosotros no viene de un mágico caballero blanco que nos vigila. Más bien, su protección es simplemente Su Ser, y por extensión el Ser de Su Hijo (Cristo), que asegura que nuestra injusticia hacia nosotros mismos no ha tenido efecto, puesto que nunca ocurrió. Nada existe fuera de Su Ser; *no puede* haber otro camino sino Dios, como ya hemos visto. Así, es imposible que una parte de Dios pueda abandonar a su Fuente y «perderse». La presencia del Espíritu Santo en la mente del observador, que es el recuerdo del Ser de Dios, es la protección de la verdad que no «permite» que el Hijo haga real lo irreal, ni que haya ocurrido lo que nunca podría ocurrir.

Un terrible instante de un pasado lejano que ha sido completamente corregido no es motivo de preocupación ni tiene valor alguno. Deja que lo muerto y lo pasado descansen en el olvido. La resurrección ha

venido a ocupar su lugar. Y ahora eres parte de la resurrección, no de la muerte.

Esto refleja la conocida afirmación de Jesús en el evangelio: «Dejad que los muertos entierren a sus muertos» (Mateo 8:22, Versión Rey Jacobo). Prestar atención a lo que nunca ocurrió y por lo tanto no existe —es decir, a lo que está muerto— simplemente da realidad al error, impidiéndonos reconocer su naturaleza ilusoria y despertar del sueño. Una vez más, el Curso usa el término «resurrección» para el despertar del sueño de la muerte. Por lo tanto, no tiene nada que ver con la resurrección del cuerpo. En el nivel de la mente, simplemente nos damos cuenta de que todo el mundo es un sueño y de que lo que estamos viendo ya ha ocurrido. Puesto que el Espíritu Santo ya está presente en nuestras mentes como el pensamiento de Expiación que refleja el Amor de Dios, y como nosotros también somos un pensamiento, también debemos ser parte de ese pensamiento de Expiación o resurrección. Asimismo, el Curso nos dice que estábamos con Jesús cuando se elevó:

> Él [el Espíritu Santo] os da las gracias a ti y a tu hermano, pues os elevasteis con él cuando empezó a salvar al mundo (C-6.5:5).

Así, la resurrección *ya* ha ocurrido dentro de nosotros; simplemente espera nuestra aceptación de este hecho.

Ninguna ilusión del pasado tiene el poder de retenerte en un lugar de muerte; una bóveda en la que el Hijo de Dios entró por un instante, para ser restaurado instantáneamente al perfecto Amor de su Padre. ¿Y cómo podría mantenérsele encadenado cuando hace tanto tiempo que se le liberó de las cadenas, las cuales desaparecieron de su mente para siempre?
El Hijo que Dios creó sigue siendo tan libre como Dios lo creó. Renació en el mismo instante en que eligió morir en vez de vivir. ¿Y te negarías ahora a perdonarlo porque cometió un error en un pasado que Dios ni siquiera recuerda y que no existe?

La creencia en la separación es el «lugar de muerte», la «bóveda». En el mismo instante en que entramos en esa bóveda, Dios nos restauró a Sí Mismo. Este es uno de los temas clave que vuelve una y otra vez en *Un curso de milagros*: todavía estamos en Dios, y seguimos siendo tal como Él nos creó. Cada vez que nos descubrimos atacando a otra persona o a nosotros mismos, es porque todavía estamos aferrándonos a ese antiguo recuerdo de que atacamos a Dios, y por lo tanto no merecemos ser perdonados.

El uso que hace el Curso de la frase «nacido de nuevo» no debe confundirse con el significado que le dan los fundamentalistas cristianos. Puesto que el tiempo lineal no existe, cada aparente instante dentro de la mente del observador ofrece la oportunidad de liberarse de la prisión del pasado. En verdad no hay pasado; no tenemos historia, personal o colectiva. Y así, a cada instante estamos eligiendo el relato del ego de un pasado pecaminoso y sin perdón, o la verdad del Espíritu Santo de un presente perdonador en el que ningún pecado ocurrió nunca.

Estás ahora oscilando entre el pasado y el presente. A veces el pasado te parece real, como si *fuera* el presente. Oyes voces del pasado [del ego] y luego dudas de haberlas oído.

Esto suena como la descripción que un libro de texto de psiquiatría clínica haría de una persona psicótica que está oyendo voces. El Curso usa este paralelismo con mucha frecuencia, y lo hace en las líneas que siguen. Es verdad que somos dementes, no clínicamente dementes tal como se define habitualmente, sino dementes porque todavía seguimos escuchando una voz del pasado que ya ha desaparecido. En muchos casos la persona psicótica oye voces del pasado. Esa persona podría estar en una situación y, de repente, oír la voz cruel de un padre, profesor o amigo de hace cuarenta o cincuenta años, y experimentarla como que está ocurriendo ahora mismo. Pero, a otro nivel, todos hacemos esto, porque todavía estamos oyendo esa voz del antiguo instante que dice que atacamos a Dios, y que Dios nos atacará de vuelta.

Pregunta: Por tanto, ¿la cuestión aquí es que nosotros oímos esas voces y creemos en ellas, y después empezamos a dudar de ellas porque estamos aprendiendo que hay otra Voz que se puede oír?

Respuesta: Correcto. Jesús está diciendo aquí que vamos y venimos. Anteriormente, el Texto nos dice de manera repetida que no estamos totalmente locos (T-16.VI.8:8; T-17.V.7:9; T-17.VII.10:2), lo que significa que oímos esas voces del pasado y empezamos a dudar de ellas, pero a veces pueden sonar muy reales y convincentes, como todos sabemos.

Eres como alguien que aún tiene alucinaciones, pero que no está seguro de lo que percibe.

Un buen amigo mío de la escuela de graduados tuvo un brote paranoico hace muchos años, y todavía está en el hospital. Su psicosis es inusual en el sentido de que él siempre es consciente de que está alucinando, de que está teniendo ideas paranoicas, y sin embargo no puede cambiar lo que hace. En realidad, eso es todavía más doloroso que no darse cuenta de ello. Él sabe exactamente lo que está ocurriendo y lo dementes que son sus pensamientos, pero se siente impotente para cambiarlos. Este es el mismo tipo de situación en la que nosotros nos encontramos, solo que ahora no estamos hablando de la paranoia clínica. Nuestra posición es diferente en el sentido de que nosotros sabemos que la voz es la del ego, y que en último término tenemos control sobre ella.

Estos pasajes del Texto nos están diciendo que podemos hacer otra elección. Estamos en la posición de empezar a entender las enseñanzas de *Un curso de milagros*, y darnos cuenta de que lo que parece ser real no lo es. A medida que esta comprensión se desarrolla, empezamos a tener la sensación de que las cosas no son lo que parecen. Así, por ejemplo, incluso si nos enfadamos mucho, hay una parte de nosotros que no está del todo convencida, como lo estuvo en el pasado, de que nuestra ira está justificada.

Esta es la zona fronteriza entre los dos mundos, el puente entre el pasado y el presente. Aquí todavía ronda la sombra del pasado; sin embargo, se vislumbra ya la luz del presente. Una vez que esta luz se ve, es imposible olvidarse de ella. Y esa luz te rescatará del pasado y te conducirá al presente, donde realmente te encuentras.

En «la zona fronteriza entre los dos mundos» todavía oímos la voz del ego y tenemos reacciones del ego ante los sucesos, pero también somos conscientes de que hay otra cosa en nuestras mentes, la presencia amorosa del Espíritu Santo. Incluso es posible que estemos preparados para entender esta enseñanza presente, no solo a nivel conceptual sino también a nivel experiencial: entender desde dentro que la totalidad del mundo es un sueño, que literalmente nos estamos observando a nosotros mismos pasar por todo lo que hacemos cada día: despertar por la mañana, vestirnos, comer, pelearnos, sentirnos felices y pacíficos o en conflicto, y hacer nuestras tareas cotidianas. A medida que empezamos a experimentar la naturaleza ilusoria de este mundo, nunca podemos volver a perder completamente esa sensación. Podemos intentar negarla con todas nuestras fuerzas, pero hay una parte de nosotros que, una vez que hemos visto más allá de las sombras del ego, ya nunca volverá a ser la misma. Una vez que hemos visto la luz de esta verdad, nos sirve como ancla en medio de los tormentosos mares del ego, y nos impide desviarnos completamente; o, usando otra analogía del mar, la verdad entra en nuestras mentes como la luz de un faro, llamándonos a volver de la oscuridad de la culpa y el miedo del ego al perdón y el Amor del Espíritu Santo.

Las sombrías voces no alteran las leyes del tiempo ni las de la eternidad. Proceden de lo que ya pasó y dejó de ser, y no suponen ningún obstáculo para la verdadera existencia del aquí y del ahora. El mundo real es la contrapartida a la alucinación de que el tiempo y la muerte son reales y de que tienen una existencia que puede ser percibida. Esta terrible ilusión fue negada en el mismo lapso de tiempo que Dios tardó en responder a ella para siempre y en toda circunstancia. Y entonces desapareció y dejó de experimentarse como algo que estaba ahí.

Esta es la idea central que ya hemos visto varias veces. Refiriéndonos al cuadro 5, ese mínimo lapso de tiempo, el pequeño instante no ha tenido ningún efecto en absoluto en la sólida línea de la eternidad, cuya canción permanece totalmente inafectada por la aparente interferencia de los disonantes acordes del ego. El mundo real también forma parte del mundo ilusorio, pero está libre de todo el *dolor* de la ilusión: ¿cómo puede algo que no está ahí causar dolor, y a qué? El mundo real está libre de todas las proyecciones de culpa de la ilusión. Por lo tanto, la Primera parte de la alucinación es el sistema de pensamiento del ego, la creencia equivocada de que el tiempo y la muerte son reales. La Segunda parte, que también está dentro del marco de la ilusión, deshace la creencia en la realidad del tiempo y la muerte. Esto es similar al comentario del Curso sobre que el perdón solo es una ilusión que no genera más ilusiones. Como afirma el Manual:

> El perdón, entonces, es una ilusión, pero debido a su propó-
> sito, que es el del Espíritu Santo, hay algo que la hace dife-
> rente. A diferencia de las demás ilusiones, nos aleja del error
> en vez de acercarnos a él (C-3.1:3-4).

Y así, aunque continuamos en el sueño para experimentarnos a nosotros mismos como reales, viviendo en un mundo que creemos que realmente está ahí fuera, el sueño no es la realidad. Sin embargo, en nuestra mente permanece el pensamiento feliz del despertar que es la Respuesta de Dios, y que ya ha deshecho todo el sistema de pensamiento del ego. En la Tercera parte volveremos al mundo real, cuyo logro es el objetivo del Curso.

Cada día, y cada minuto de cada día, y en cada instante de cada minuto, no haces sino revivir ese instante en el que la hora del terror ocupó el lugar del amor. Y así mueres cada día para vivir otra vez, hasta que cruces la brecha entre el pasado y el presente, la cual en realidad no existe. Esto es lo que es toda vida: un aparente intervalo entre nacimiento y muerte y de nuevo a la vida; la repetición de un instante que hace mucho que desapareció y que no puede ser revivido. Y el tiempo no es otra cosa que la creencia demente de que lo que ya pasó todavía está aquí y ahora.

Esto expresa la misma idea que acabamos de mencionar; a saber, que a cada instante que experimentamos que es nuestra vida, percibiéndonos a nosotros mismos como seres separados, no hacemos sino revivir aquel antiguo instante. Curiosamente, la primera frase del párrafo que acabamos de citar se escribió de manera errónea en la primera edición del Curso. Esa última frase se imprimió originalmente como «el terror fue reemplazado por el amor». La versión corregida, en impresiones posteriores, es: «el terror tomó el lugar del amor». En realidad, la versión equivocada también es correcta, solo que esa no es la cuestión que se está exponiendo aquí. Pareció haber un único instante en que el terror tomó el lugar del amor y el ego sustituyó al Cielo; sin embargo, en aquel mismo instante aparente, el terror fue reemplazado por el amor mediante la presencia del Espíritu Santo en nuestras mentes.

Este pasaje también contiene una referencia a la idea anteriormente citada de que a cada momento estamos eligiendo entre crucifixión y resurrección (T-14.III.4:1). Este «morir» no hace referencia a la muerte física, por supuesto, sino más bien a la muerte como símbolo del ego. En este sentido, cada vez que elegimos identificarnos con cualquier aspecto del sistema de pensamiento del ego —bien sea ira, culpa, especialismo o dolor— estamos, en efecto, muriendo, pues creemos que en esa elección hemos vuelto a matar a Dios y a Cristo, y por lo tanto merecemos morir. Sin embargo, a cada instante, también tenemos el poder de elegir vivir mediante la elección de identificarnos con la Voz que habla a favor de la Vida.

Perdona el pasado y olvídate de él, pues *ya* pasó. Ya no te encuentras en el espacio que hay entre los dos mundos. Has seguido adelante y has llegado hasta el mundo que yace ante las puertas del Cielo.

Aquí Jesús está siendo optimista, pero recuerda que dentro del instante santo —fuera del tiempo y del espacio— la Respuesta ya ha sido dada, y, por tanto, sí que nos encontramos ante las puertas del Cielo. Generalmente, esta no es la experiencia que tenemos, pero Jesús nos recuerda que hay otra parte de nosotros, otra cinta de vídeo que podríamos elegir en la que realmente estaríamos ante la puerta del Cielo. Ya hemos completado este viaje.

Pregunta: ¿Cómo encaja esto con la declaración de que el tiempo en que cada mente aceptará la revelación de que el Padre y el Hijo son uno ya se ha fijado?

Respuesta: Ya hay una cinta de vídeo que podemos elegir que nos haría re-experimentar ese momento en el que despertamos al hecho de que nunca nos separamos; ya hemos experimentado ese despertar. Pero el observador todavía tiene el poder de elegir cuándo reproducir esa cinta de vídeo.

Pregunta: ¿Cuál es el propósito último de estar en el camino espiritual ahora si el tiempo ya se ha establecido, si yo elegí en ese instante cuándo iba a aceptar esa revelación?

Respuesta: El propósito del camino espiritual es que provee los medios para llevarnos al momento en el que elegiremos revisar mentalmente lo que ya ha ocurrido, reexperimentar ese estado total de mentalidad correcta. En eso consiste el camino espiritual. Parecer ser un camino lineal, pero nuestro sendero nos entrena a apartar los dedos del botón equivocado y ponerlos en el botón de la mente correcta. Pero recuerda también que, en realidad, no estamos en un camino espiritual en absoluto, puesto que no estamos aquí. Lo que experimentamos como estar en un camino es simplemente el reflejo de una decisión tomada en la mente del observador.

Anteriormente, he aludido al trabajo de Donald Hebb, un psicólogo y fisió-logo de la Universidad McGill que enseñó que el aprendizaje ocurre a medida que las personas hacen conexiones sinápticas en sus cerebros. A medida que las personas repiten la misma acción, se produce un surco en el cerebro que después se hace más y más profundo. Así, si haces algo como atarte los zapatos una y otra vez, te haces bueno en ello y se forma un hábito; por tanto, incluso si se trata de un mal hábito, como por ejemplo atarte mal una y otra vez los cordones de los zapatos, se va construyendo lo que Hebb llama una asamblea de células, que es muy difícil de romper. Esta es una analogía útil en el sentido siguiente: si seguimos eligiendo atacar y separarnos, que es lo que pueden ser nuestras experiencias actuales, la mano que tenemos en los botones equivocados se hace más y más fuerte, más apegada a esos botones, lo que hace más difícil que los suelte. En otras palabras, se ha vuelto más difícil despertar del sueño. Por lo tanto, necesitamos experiencias que nos ayuden a romper el hábito de la mano que siempre está pulsando el botón equivocado, para poder empezar a reforzar la elección a favor de la mente correcta. Esto significa que elegimos reproducir cada vez más las cintas rela-cionadas con el perdón y la unión, en lugar de las relacionadas con la sepa-ración.

Pregunta: En definitiva, ¿significa esto que hay una parte de mí que ha elegido aceptar plenamente la revelación en alguna secuencia espacio-temporal, y que a medida que elijo el perdón, las otras secuencias espacio-temporales por las que voy pasando acabarán disolviéndose, y entonces solo quedará ese momento de mi aceptación de la revelación?

Respuesta: Sí, eso es exactamente lo que se está diciendo. Es un modo de practicar el perdón que en realidad es un desaprender: un modo de desaprender lo que nos hemos enseñado a nosotros mismos. Hemos hecho surcos muy profundos en términos de nuestra experiencia, surcos de separación, ansiedad, culpa e ira. Y por tanto necesitamos cambiarlos, lo que en realidad significa aprender a elegir mejores cintas de vídeo, cintas de sueños felices, cintas de perdón más que de ataque.

Nada se opone a la voluntad de Dios ni hay necesidad de que repitas una jornada que hace mucho que concluyó.

Nosotros creemos que tenemos que repetir el viaje, pero en realidad no es así. Esto es lo que *Un curso de milagros* quiere decir en la sección anterior, «No tengo que hacer nada» (T-18.VII). La salvación no tiene que ser lograda o alcanzada, sino solo aceptada. A esto se refiere también el Curso cuando describe el perdón no como un «hacer», sino como un «deshacer». Y, como hemos visto, también está la declaración en el Texto: «Es un viaje sin distancia hacia una meta que nunca ha cambiado» (T-8.VI.9:7).

Mira a tu hermano dulcemente, y contempla el mundo donde la percepción de tu odio ha sido transformada en un mundo de amor.

Este es uno de esos momentos maravillosos en el Curso cuando de repente cambia a nuestra experiencia individual. El enfoque aquí es el mismo que en «Los obstáculos a la paz», cuando el comentario sobre el último obstáculo se enfoca en el perdón de nuestro compañero de amor/odio especial (T-19.IV-D.8-21). Aquí también vemos que lo que cura este terrible instante que revivimos una y otra vez es mirar con amabilidad a esta persona particular a la que tenemos que perdonar. El Curso hace énfasis en esto de manera muy poderosa y práctica: no tenemos que preocuparnos por los conceptos metafísicos, como la naturaleza ilusoria del tiempo. En realidad, lo único que tenemos que hacer es perdonar. En ese momento, nuestro mundo se transformará del odio al amor; ese es el lugar más santo de la tierra del que se habla más adelante en el Texto (T-26.IX.6:1). Realmente, cuando perdonamos totalmente a una persona, la totalidad de la Filiación se cura. Una vez más, este es el significado de la declaración de que estábamos con Jesús cuando él se elevó (C-6.5:5). Puesto que las mentes están unidas, un pensamiento sanador dentro de cualquier parte de la Filiación sana a la totalidad. Este también es el significado de la lección del Libro de ejercicios: «Cuando me curo no soy el único que se cura» (L-pl.137).

CAPÍTULO 4:

Comentario sobre «El recuerdo del presente»

Esta sección abre el Capítulo 28, y así se sitúa entre las dos últimas secciones del Capítulo 27: «El soñador del sueño» y «El héroe del sueño», y la sección que sigue inmediatamente «La inversión de efecto y causa». Estas secciones forman una unidad en la que se comenta la relación de causa y efecto, y cómo el ego las invierte de modo que la causa (la mente del soñador) se convierte en el efecto, y el efecto (el sueño del mundo) se convierte en la causa. Así, la función del milagro (que comentaremos detenidamente en la Segunda Parte) es devolver «a la Causa la función de ser causa y no efecto» (T-28.II.9:3). Esto requiere tomar conciencia de que todo está en nuestra mente, de que la realidad no está ahí fuera en el mundo. Debido a la importancia del tema de causa y efecto para nuestro comentario de esta sección, comenzaré con una breve explicación de él.[7]

En el Cielo, la Causa (Dios el Creador-Padre) está totalmente unificada con Su Efecto (Cristo, el Hijo creado). Como ya hemos visto, no hay un lugar donde el Padre acabe y el Hijo comience. Aunque hay una distinción entre Causa y Efecto, Creador y creado, Padre e Hijo, en el Cielo no hay dualidad de conciencia para percibirla. La unidad indivisa de Dios y Cristo está más allá de

---

7   Para acceder a un comentario más completo de este importante principio, el lector interesado puede consultar mi serie de cintas «Causa y Efecto», basada en las secciones y pasajes relevantes de *Un curso de milagros*. Las páginas 66-77 de El perdón y Jesús, sexta edición en inglés, también resumen esta enseñanza.

la capacidad de una mente separada (y por lo tanto, cerebro) de entender o conocer.

En la separación pareció como si el Efecto hubiera sido escindido de la Causa, de modo que ahora el efecto, el Hijo de Dios, era independiente de su Causa, Dios. Este fue el comienzo del sueño de muerte, pecado, culpa y castigo del ego. El principio de Expiación del Espíritu Santo deshace este sueño expresando que Causa y Efecto nunca podrían estar separados —una parte de Dios nunca podría separarse de Él—, y por lo tanto lo imposible nunca ocurrió. Pero, por supuesto, al identificarnos con el sistema de pensamiento del ego, nosotros creímos que la separación sí había ocurrido, lo que puso en marcha el complot cósmico del ego de sustentar su propia existencia ilusoria.

De forma sucinta, así es como el ego logró su propósito: el ego dice al Hijo que no solo se ha separado de Dios, sino que ha cometido un crimen horrendo por el que se debe sentir culpable, una culpa que merece inevitablemente castigo a manos de un Padre vengativo. Así, en primer lugar el ego establece que el pecado y la culpa son reales, y después lleva al incauto Hijo a creer que necesita una defensa contra el castigo inevitable. Esta defensa es la proyección del pensamiento de separación fuera de la mente, que da como resultado un mundo físico separado (¡el nacimiento del universo!). El Hijo cree que en este mundo se puede esconder de Dios:

> El mundo se fabricó como un acto de agresión contra Dios. Es el símbolo del miedo. Mas ¿qué es el miedo sino la ausencia de amor? El mundo, por lo tanto, se fabricó con la intención de que fuera un lugar en el que Dios no pudiese entrar y en el que Su Hijo pudiera estar separado de Él (L-pII.3.2:1-4).

Finalmente, para que el engaño funcione, el Hijo debe olvidar que él fabricó el mundo, de modo que el mundo parece objetivamente real, externo e independiente de su mente. Así, la dinámica de creación (o fabricación) errónea del ego queda «olvidada», negada en un golpe maestro de táctica y estrategia. Ahora, dentro de la experiencia del Hijo, parece que el mundo externo (incluyendo el propio cuerpo de uno) es la causa de su dolor y sufrimiento, en lugar de que su dolor (es decir, su culpa) sea la causa del mundo.

Si ahora renunciamos a esto en términos de causa y efecto, observamos que la mente separada es la causa y el mundo físico, el efecto. Como causa y efecto siguen estando unificados, en la tierra así como en el Cielo, el pensamiento del mundo separado nunca ha abandonado su fuente dentro de la mente separada: lo externo y lo interno son uno y lo mismo, como lo son el observador y lo observado. Sin embargo, primero el ego separa el efecto de la causa —el mundo de la mente— y después los invierte, de modo que ahora el mundo parece ser la causa del dolor que experimentamos dentro. Como vamos a ver a continuación, el milagro es el dispositivo mediante el cual causa y efecto son devueltos a sus posiciones correctas. Así, la causa de mi inquietud no es externa a mí, sino más bien una decisión tomada en mi mente: mi mente es la *causa* del dolor de mi cuerpo; mi inquietud es el *efecto* inevitable de mi elección errónea.

Para desarrollar este principio todavía más, vemos que una causa no podría ser lo que es a menos que estuviera causando un efecto, y un efecto no podría ser lo que es a menos que estuviera siendo causado por algo. Además, como el tiempo lineal es ilusorio, causa y efecto son simultáneos, como comentamos en la Primera parte. Por tanto, como causa y efecto están entrelazados inextricablemente, si uno existe, el otro también debe existir y, al contrario, si uno no existe, el otro tampoco. Los efectos del pecado son no solo el cuerpo mismo, sino específicamente el dolor, el sufrimiento y la muerte que experimentamos en el cuerpo. La creencia en la causa (pecado) exige creer en su efecto (la realidad del cuerpo, bien a través del placer o del dolor), puesto que la creencia en el efecto exige creer en la causa. Por lo tanto, no hacer la causa (pecado) real mediante el recuerdo de nuestra Identidad en Cristo elimina la experiencia de que el placer y el dolor corporal son reales. La consecuencia es que no hacer el efecto real (el placer o el dolor del cuerpo) retira la creencia en la causa (el pecado de separación).

Ahora vamos a «El recuerdo del presente» y recordamos a la mente que el tiempo no es lineal. Los sucesos no están ocurriendo ahora, ni todavía están por ocurrir. Todo ha ocurrido ya, y vemos el tiempo siguiendo un modelo holográfico más que lineal. El uso que hace el Espíritu Santo de la memoria, el «recuerdo del presente», hace referencia a recordar aquí y ahora, con la ayuda del Espíritu Santo, que nunca hemos salida de la Casa de nuestro Padre. Por otra parte, el ego usa la memoria para recordarnos nuestros pecados pasados a fin de reforzar nuestra culpa, haciendo que tengamos miedo del futuro. Pero el Espíritu Santo utiliza la facultad del recuerdo para deshacer nuestra creencia en el pasado, de modo que podamos recordar esa antigua memoria —«la canción olvidada», a la que se hace referencia en la sección del mismo nombre (véase página...)— y recordar que nunca abandonamos a Dios. Ahora comencemos con «El recuerdo del presente» (T-28.I).

El milagro no hace nada. Lo único que hace es des-hacer. Y de este modo, cancela la interferencia a lo que se ha hecho. No añade nada, sino que simplemente elimina. Y lo que elimina hace mucho que desapareció, pero puesto que se conserva en la memoria, sus efectos parecen estar teniendo lugar ahora. Hace mucho que este mundo desapareció. Los pensamientos que lo originaron ya no se encuentran en la mente que los concibió y los amó por un breve lapso de tiempo. El milagro no hace sino mostrar que el pasado ya pasó y que lo que realmente ya pasó no puede tener efectos. Recordar la causa de algo tan solo puede dar lugar a ilusiones de su presencia, pero no puede producir efectos.

Como *Un curso de milagros* resalta frecuentemente, el milagro (así como la Expiación, el perdón o la salvación) no hace nada, pues no hay nada que tenga que hacerse. Más bien corrige (o deshace) la creencia del ego de que hay un problema (es decir, nuestra culpabilidad) que necesita de defensa (el mundo y el cuerpo) y expiación (sacrificio y sufrimiento). El ego se aferra a ese antiguo recuerdo de nuestra creencia de que nos hemos separado de Dios, y fue ese pensamiento de separación el que se convirtió en la causa del mundo del cuerpo, del sufrimiento y de la muerte. En nuestra experiencia de tener vidas individuales, cuando sentimos dolor, o acusamos a alguien de victimizarnos, en realidad estamos reviviendo aquel antiguo momento, diciendo: «Mira la desdicha de mi vida; mi pecado contra Dios ha tenido unos efectos muy reales». Y, aunque no seamos conscientes de ello, el ego nos dice que en último término este dolor es nuestro castigo por lo que le hicimos a Dios.

«Lo que elimina hace mucho que desapareció»: el milagro retira la conexión entre causa y efecto. Nos ayuda a darnos cuenta de que estos terribles efectos que creemos reales no lo son, y si no son reales —si no son efectos—, no pueden tener causa. Si algo no es una causa no existe, y esta es la manera que tiene el Espíritu Santo de enseñarnos que el pecado es una ilusión: en realidad nunca ocurrió. Por eso, cuando trabajamos con *Un curso de milagros*, es imperativo reconocer que enseña que el mundo es una ilusión. Si nosotros reconocemos al mundo, y por lo tanto al cuerpo, como reales, estamos diciendo que el pecado ha tenido efectos. Si creemos que el cuerpo es eterno, o que resucita y por lo tanto ha muerto (lo que por supuesto significa que una vez vivió), estamos diciendo que el cuerpo tiene realidad, y por lo tanto que el pecado ha tenido un efecto y también debe ser real.

Un curso de milagros nos enseña que el cuerpo no es real porque el mundo no es real. Ambos son ilusorios porque vinieron de la creencia ilusoria que hemos pecado contra Dios. «Los pensamientos que lo originaron ya no se encuentran en la mente que los concibió y los amó por un breve lapso de tiempo»: el Espíritu Santo ya ha deshecho el pensamiento ilusorio que fabricó el mundo; los errores ya han sido corregidos.

Todos los efectos de la culpabilidad han desaparecido, pues ya no existe. Con su partida desaparecieron sus consecuencias, pues se quedaron sin causa.

Esta es otra manera de decir lo que hemos comentado más arriba. La culpa ha acabado porque el pecado ha sido deshecho. La aparente separación de Dios, que condujo a nuestra culpa, fue corregida en aquel mismo instante, lo que significó que no tuvo ningún efecto. Y por tanto el mundo, que es el efecto de la culpa, también ha acabado, junto con todas las aparentes consecuencias del dolor, el sufrimiento y la muerte. Sin embargo, seguimos sentados delante de la pantalla reproduciendo los antiguos guiones, como si todo ello estuviera ocurriendo hoy, como si nuestro pecado y culpa fueran reales y tuvieran efectos reales.

¿Por qué querrías conservarla en tu memoria, a no ser que desearas sus efectos?

El pensamiento que se expresa aquí tiene implicaciones importantes para la teoría psicológica y la psicoterapia. El pasado tiene efecto en nosotros si elegimos aferrarnos a él en el presente. Hablando estrictamente, si continúo creyendo que mis padres abusaron de mí y no me amaron, veré mis sufrimientos de adulto como una consecuencia directa de dicho abuso. Y entonces podré decir: «Sí, la razón por la que soy así es que fui maltratado de niño». Todo esto es verdad dentro de la naturaleza ilusoria del mundo del ego, una creencia sostenida por muchos teóricos de la personalidad. Sin embargo, la verdad real es que estoy eligiendo aferrarme a esa memoria en el *presente*. Si cambio de mentalidad en el presente, entonces, no importaría lo que mis padres hicieran o dejaran de hacer, pues no tendría efecto. Y elijo aferrarme al recuerdo amargo porque deseo sus efectos de dolor ahora, pero deseo negar mi responsabilidad por elegirlo. En cambio, la responsabilidad se proyecta sobre el pasado y las figuras específicas que hubo en él, y por lo tanto pongo la «cara de inocencia» (T-31.V.2:6).

Lo mismo es válido para la imagen mayor. Creemos que nuestro sufrimiento en este mundo es una consecuencia directa de nuestro pecado contra Dios, y así nos aferramos al pasado como si todavía estuviera aquí. Y esto solo se produce porque estamos eligiendo aferrarnos al pasado *ahora*; el dolor perteneciente al pasado es lo que sustenta la existencia del ego. Como observador, estamos eligiendo oír la voz del ego. De modo que reproducimos las cintas del ego, que son cintas de separación, desdicha, sufrimiento, ansiedad, culpa, depresión, enfermedad y muerte. Además, estamos eligiendo reproducir esas cintas porque eso nos lleva a revivir la aparente realidad del momento de la separación. No somos en absoluto conscientes de que el problema no es el que creemos estar experimentando u observando; el problema es que estamos eligiendo, desde el punto de vista del observador, hacerlo real para nosotros ahora, aunque ese «ahora» ya no exista, y sea una defensa contra el verdadero ahora del instante santo. Como dice el Texto:

> Hubo un tiempo en que no eras consciente de cuál era la causa de todo lo que el mundo parecía hacerte sin tú haberlo pedido o provocado. De lo único que estabas seguro era de que entre las numerosas causas que percibías como responsables de tu dolor y sufrimiento, tu culpabilidad no era una de ellas (T-27.VII.7:3-4).

Recordar es un proceso tan selectivo como percibir, al ser su tiempo pasado. Es percibir el pasado como si estuviera ocurriendo ahora y aún se pudiese ver.

La percepción, como el Curso nos enseña una y otra vez, es una elección. La sección llamada «Percepción y elección» (T-25.III) enseña que lo que vemos viene de nuestro deseo de ver una cosa específica, un deseo que a continuación se proyecta afuera. En consecuencia, vemos algo, pero no porque esté verdaderamente allí, sino porque nosotros *deseamos* verlo allí. Recordar funciona exactamente de la misma manera; la única diferencia es que la percepción, tal como nosotros la experimentamos, ocurre en el presente. Yo te estoy percibiendo a ti ahora mismo. Si recuerdo algo que hiciste ayer, entonces evidentemente eso es el pasado. Pero, en la mente dividida, el presente y el pasado son distintas formas de la misma ilusión.

Pregunta: ¿Qué pasa con el tipo de situación en la que no has sido amoroso y después sientes contrición, o lo que se denomina «culpa saludable»? Si entonces piensas que, de algún modo, tienes que compensar por lo que has hecho, ¿no es eso también una manera de aferrarse al pasado?

Respuesta: Sí, de hecho es un ejemplo de expiar nuestros pecados del pasado, y eso, por supuesto, hace el pasado real.

Pregunta: Así, ¿la idea es que la curación no te pide que hagas nada, sino más bien que simplemente reconozcas que se cometió un error, que pidas al Espíritu Santo una percepción corregida, y después que lo sueltes, confiando en que al dejarlo ir los «errores» que tuvieron lugar quedarán sanados?

Respuesta: Esa es exactamente la idea. Si a continuación nos sentimos guiados por el Espíritu Santo a ir a hablar con esa persona, esto se tendría que hacer desde una percepción corregida, que llevaría a tener una actitud diferente si la curación fuera a ocurrir. Pero lo que la mayoría de nosotros hacemos es sentirnos culpables de algo, y a continuación sentimos que tenemos que compensar a la persona por ello; o bien negamos la culpa completamente, y seguimos delante como si no hubiera pasado nada, pero la culpa del pasado permanece en lo profundo de nosotros. Así, en cualquier caso, la expiación o la negación del ego sirven a su propósito de dar realidad al pasado.

La memoria, al igual que la percepción, es una facultad que tú inventaste para que ocupara el lugar de lo que Dios te dio en tu creación. Y al igual

que todas las cosas que inventaste, se puede emplear para otros fines [el propósito del Espíritu Santo] y como un medio para obtener algo distinto. Se puede utilizar para sanar y no para herir, si ese es tu deseo.

Fabricamos la memoria porque, evidentemente, esta implica un visión lineal del tiempo, pasado y presente, y así el tiempo se convierte en el sustituto del eterno presente, que es lo más cerca que podemos llegar del estado de realidad. Sin embargo, a pesar de que el propósito del ego es atacar, el Espíritu Santo puede usar el tiempo para ayudarnos. En una declaración encantadora, *Un curso de milagros* enseña:

El cuerpo no es el fruto del amor. Aun así, el amor no lo condena y puede emplearlo amorosamente, respetando lo que el Hijo de Dios engendró y utilizándolo para salvarlo de sus propias ilusiones (T-18.VI.4:7-8).

Esta enseñanza es una de las más importantes del Curso, y es la base de nuestros ejemplos de las cintas de video del Espíritu Santo o del holograma de corrección: el uso que hace el Espíritu Santo de aquello que nosotros hicimos con el propósito de separar o atacar como un medio para unir y curar.

Pregunta: ¿Cómo aplicarías esta idea del Texto al caso de alguien que tiene recuerdos de haber recibido palizas de niño, por ejemplo? ¿Cómo se puede usar la memoria en el sentido de la mente correcta?

Respuesta: Como el Curso menciona en un par de lugares, un modo podría ser pensar en las cosas positivas que esa persona hizo por ti, en lugar de enfocarte solo en lo negativo. Veamos, por ejemplo, esta declaración del Texto:

¿Has apreciado sistemáticamente sus meritorios esfuerzos y pasado por alto sus errores? ¿O tu aprecio ha fluctuado y menguado a la luz de sus errores? (T-17.V.11:7-8).

Este es un primer paso. Es como decir: «Mis padres no fueron del todo malos». Esto no va a ser la curación definitiva, pero si lo único que hacemos es enfocarnos en lo negativo, puede ser de ayuda ver que nuestros padres también hicieron algunas cosas buenas. En términos de terapia, podría ser útil hacer que la persona viera que él o ella se está enfocando únicamente en las cosas malas, pero que también hubo cosas buenas. Esto sería el comienzo de un cambio en la actitud de la persona hacia el pasado.

Otra manera más sofisticada de hacerlo sería «recordar» las heridas del pasado, pero darles una interpretación diferente, diciendo, por ejemplo: «Pero esta fue la petición de ayuda de mis padres, y también la mía». Estos pasos nos llevarían al estado último —el recuerdo de Dios—, que es de lo que esta sección, «El recuerdo del presente», está realmente hablando.

Sin embargo, hay que mencionar que en una situación que involucra a un niño que ha recibido palizas, por ejemplo, hay un verdadero peligro en saltarse estos pasos que casi siempre son necesarios para aprender las lecciones de ese aula escolar particular. Generalmente, estos pasos incluyen traer a la mente el recuerdo del abuso y permitirse sentir el dolor, la vergüenza y el enfado antes de poder hacer el cambio a una percepción verdaderamente perdonadora del adulto que propinaba las palizas. Así es como acaba una de las lecciones del Libro de ejercicios, hablando en el contexto de que el último paso lo da Dios:

> Dios Mismo dará este paso final. No te niegues a dar los pequeños pasos que te pide que des para que puedas llegar hasta Él (L-pI.193.13:6-7).

Con demasiada frecuencia las personas pueden negar el dolor de estos recuerdos que han hecho reales, pero sienten que los han dejado ir como parte de su proceso espiritual de perdón. En realidad, lo único que han hecho es poner una tapadera espiritual sobre el dolor, creyendo como el avestruz que como no ven (o sienten) el problema, este no está ahí. Helen Schucman, la escriba del Curso, se oyó decir estas palabras a sí misma al despertar una mañana: «Nunca subestimes el poder de la negación». En las circunstancias que involucran sucesos dolorosos, tales como el abuso infantil, una buena regla intuitiva que podemos aplicar es que la persona no habría elegido este video particular si no hubiera lecciones que aprender en términos de perdonar la victimización (en uno mismo como «víctima» y en el adulto como «victimario»). Así, una lección tan dolorosa casi siempre evocará recuerdos dolorosos, y por lo tanto un doloroso proceso de perdón. Dentro de nuestro mundo onírico dicho proceso requiere inevitablemente algo de tiempo. Si el «dejar ir» ocurre con demasiada rapidez, es probable que no hayamos soltado verdaderamente la culpa y el enfado —que ya hemos hecho reales— y que simplemente los hayamos reprimido. Así, volverán a salir a la superficie bajo otras formas. Como dice el Texto con relación al pecado:

A veces un pecado se comete una y otra vez, con resultados obviamente angustiosos, pero sin perder su atractivo. Mas de pronto cambias su condición, de modo que de ser un pecado pase a ser simplemente un error. Ahora ya no lo seguirás cometiendo; simplemente no lo volverás a hacer y te desprenderás de él, a menos que todavía te sigas sintiendo culpable. Y en ese caso no harás sino cambiar una forma de pecado por otra, reconociendo que era un error, pero impidiendo su corrección. Eso no supone realmente un cambio en tu percepción, pues es el pecado, y no el error, el que exige castigo (T-19.III.3:3-7).

Nada que se utilice con el propósito de sanar conlleva esfuerzo alguno.

En otras palabras, en nuestra mente correcta (que es el único lugar donde puede ocurrir la curación) no hacemos nada, puesto que no hay nada que hacer; un milagro no hace nada, simplemente deshace: así es como comenzó la sección. Cuandoquiera que nos encontramos realizando un esfuerzo —lo cual es diferente de que nuestros *cuerpos* se comporten de cierta manera—, sabemos que nuestro ego se ha metido por medio. Cuando la Lección 155 nos dice «Me haré a un lado y dejaré que Él me muestre el camino» (L-pl.155), está estableciendo el mismo principio que cuando, en otra parte, el Curso nos dice que deshagamos las interferencias que impiden que el Amor y la curación del Espíritu Santo se extiendan a través de nosotros. El Amor simplemente es; no hace nada en absoluto.

Es el reconocimiento de que no tienes necesidades que requieran que hagas algo al respecto.

Si yo creo que tengo una necesidad, entonces, obviamente, tengo que hacer algo al respecto; la idea que está detrás del milagro (o de la curación) es que no hay que hacer nada. Esto, por supuesto, no significa que nuestros cuerpos no hagan cosas en este mundo, sino simplemente que reconocemos que es el Amor del Espíritu Santo el que está «haciéndolas» a través de nosotros. Por lo tanto, nuestra única necesidad es recordar que no tenemos necesidades. El Curso afirma:

> Mas la única oración que tiene sentido es la del perdón porque los que han sido perdonados lo tienen todo. [...] La oración del perdón no es más que una petición para que puedas reconocer lo que ya posees (T-3.V.6:3,5).

Y así, diciéndolo una vez más, el milagro simplemente deshace nuestro sistema de pensamiento erróneo, lo cual a continuación nos conduce inevitablemente al recuerdo de nuestra única necesidad: el Amor de Dios.

No es una memoria selectiva ni se utiliza para obstruir la Verdad.

Puedo tener recuerdos del pasado, pero no necesito juzgarlos. No pienso: «Esta es una buena cosa, o una mala cosa; esta es una buena persona, o una mala persona». Como dice una de las primeras lecciones del Libro de ejercicios, en el contexto de elegir los pensamientos a los que aplicaríamos la idea del día de que nuestros pensamientos no significan nada:

> Si ya eres consciente de pensamientos que no te hacen feliz, úsalos como sujetos para la idea. No obstante, no selecciones solo los pensamientos que a tu parecer son «malos». Si te acostumbras a observar tus pensamientos, descubrirás que representan una mezcla tal, que en cierto sentido ninguno de ellos puede calificarse de «bueno» o de «malo». Por eso es por lo que no significan nada. [...] Ninguno de ellos constituye tus pensamientos reales, los cuales se encuentran ocultos tras ellos. Los «buenos» no son sino sombras de lo que está más allá, y las sombras dificultan la visión. Los «malos» son

obstáculos para la visión y, por lo tanto, te impiden ver. No te interesan ni unos ni otros. (L-pI.4.1:4-7; 2:3-6).

Por lo tanto, en lugar de juzgar lo que contiene mi memoria, he de darme cuenta de que estas fueron lecciones por aprender que *yo* elegí re-experimentar, para así poder aprender la lección última de aceptar la Expiación.

Todas las cosas de las que el Espíritu Santo puede valerse para sanar le han sido entregadas libres del contenido y los propósitos para las que fueron concebidas. Son sencillamente facultades que aún no tienen una aplicación concreta y que solo esperan a que se haga uso de ellas. No han sido consagradas a nada en particular ni tienen ningún objetivo.

Ahora volvemos a nuestro guion dual: todo lo que el Espíritu Santo usará ya ha ocurrido. Específicamente, si hay una relación que ha sido realmente terrible, se la entrega al Espíritu Santo, pero sin el propósito de especialismo del ego para el que se concibió. Así, la relación se convierte en un instrumento de salvación. Este tema se vuelve a enunciar más adelante en el Texto, en un poderoso pasaje que expresa la reinterpretación de nuestro especialismo que hace el Espíritu Santo:

> Esta es la percepción benévola que el Espíritu Santo tiene del deseo de ser especial: valerse de lo que tú hiciste para sanar en vez de para hacer daño. [...] Dios dispuso que el especialismo que Su Hijo eligió para hacerse daño a sí mismo fuera igualmente el medio para su salvación desde el preciso instante en que tomó esa decisión (T-25.VI.4:1; 6:6).

La forma —la relación en sí— sigue siendo la misma, pero el contenido ha cambiado pasando del especialismo de la culpa, el asesinato y la separación, al contenido santo de perdón, amor y unión. Todas las cosas del mundo son neutras —«Mi cuerpo es algo completamente neutro» (L-pII.294)— y están esperando que se les asigne un propósito. Como dice el Curso: «La prueba a la que puedes someter todas las cosas en esta tierra es simplemente esta:

'¿Para qué es?'*»* (T-24.VII.6:1). Las cosas sirven o bien al propósito del ego o al del Espíritu Santo, tal como la mente elija.

El Espíritu Santo puede ciertamente hacer uso de la memoria, pues Dios Mismo se encuentra en ella. Mas no es esta una memoria de sucesos pasados, sino únicamente de un estado presente. Has estado acostumbrado por tanto tiempo a creer que la memoria contiene solo el pasado, que te resulta difícil darte cuenta de que es una facultad que puede recordar el *ahora*.

Esta es una visión totalmente distinta de la memoria, y apunta básicamente a esa noción tan importante del observador a la que nos hemos referido en el cuadro 3. No puede haber memoria de sucesos pasados, puesto que *no hay* sucesos pasados. Lo único que hay es una decisión que el observador toma en el presente de aferrarse al recuerdo del pensamiento de separación que ya no está allí. La memoria es una facultad que en último término nos ayudará a recordar que nuestra verdadera realidad es esa que nunca hemos abandonado. Por tanto, ahora el Espíritu Santo puede usar la capacidad de recordar —que el ego fabricó con el fin de aprisionarnos en el recuerdo de nuestro pecado de separación— para recordar nuestro estado presente en Dios, en el que el pecado de separación nunca ocurrió.

Las limitaciones que el mundo le impone a ese recordar son tan vastas como las que permites que el mundo te imponga a ti. No existe vínculo alguno entre la memoria y el pasado. Si quieres que haya un vínculo, lo habrá. Mas es solo tu deseo lo que lo establece y solo tú quien lo limita a una parte del tiempo donde la culpabilidad aún parece persistir.

Estamos tan completamente identificados con la visión que tiene el mundo del tiempo lineal, que nos parece imposible creer que el tiempo pueda ser alguna otra cosa. En verdad, por supuesto, el mundo ilusorio es impotente para imponernos nada, puesto que es simplemente el poder de nuestras mentes el que nos pone tales limitaciones. La declaración de que no hay un vínculo de memoria con el pasado hace referencia a lo que se ha mencionado antes sobre aferrarse a los recuerdos dolorosos. Lo que recordamos en el presente no tiene nada que ver con el pasado. En realidad, no es sino una elección en el presente de aferrarnos a la culpa y a la creencia de que la separación es real. Recordar las cosas malas que mis padres me hicieron hace treinta o cuarenta años solo es una excusa que el ego emplea para conseguir su objetivo de ocultar de la conciencia su pensamiento fundamental de separación.

El uso que el Espíritu Santo hace de la memoria no tiene nada que ver con el tiempo. El Espíritu Santo no la utiliza como un medio para conservar el pasado, sino como una manera de renunciar a él. La memoria retiene los mensajes que recibe y hace lo que se le encomienda hacer. No escribe el mensaje ni establece su propósito. Al igual que el cuerpo, no tiene un propósito intrínseco.

Esta es una idea importante en *Un curso de milagros*, y aparece bastantes veces. El cuerpo no hace nada; simplemente lleva los mensajes que la mente le ha dado. También encontramos este tema de los mensajes y los mensajeros en «La atracción de la culpabilidad», en el Capítulo 19, donde se hace énfasis en que el problema son los mensajeros que enviamos afuera, no los mensajes que se traen de vuelta. Los mensajeros simplemente hacen lo que se les dice que hagan. Asimismo, con relación al mundo, el Curso afirma:

El mundo que ves no es sino el testigo fútil de que tenías razón. Es un testigo demente. Le enseñaste cuál tenía que ser su testimonio, y cuando te lo repitió, lo escuchaste y te convenciste a ti mismo de que lo que decía haber visto era verdad. Has sido tú quien se ha causado todo esto a sí mismo. Solo con que comprendieras esto, comprenderías también cuán circular es el razonamiento en que se basa tu «visión» (T-21.II.5:1-5).

El mismo principio está operativo en la memoria. Podemos usar la memoria para aferrarnos a la culpa y al pecado del pasado, de aquel antiguo pasado que estamos reviviendo, o podemos usar la memoria para soltar el pasado y hacer que el recuerdo de Dios amanezca sobre nosotros. Asimismo, al principio del Texto, Jesús comenta los dos usos de la negación: la necesidad del ego de negar la culpa que previamente ha hecho real, en oposición a la negación del Espíritu Santo de la negación de la verdad que hace el ego. El Espíritu Santo niega la realidad de la historia de pecado, culpa y miedo del ego, y niega que el ego haya cambiado nuestra realidad de ser el Hijo de Dios:

> Dicha paz no permite que nada que no proceda de Dios te afecte. Este es el uso correcto de la negación. No se usa para ocultar nada, sino para corregir el error. [...] La auténtica negación es un poderoso mecanismo protector. Puedes y debes negar toda creencia de que el error puede hacerte daño. Esta clase de negación no oculta sino que corrige. [...] Negar el error es una sólida defensa en favor de la verdad, pero negar la verdad da lugar a creaciones falsas: las proyecciones del ego (T-2.II.1:11-13; 2:1-3,5).

Y si [la memoria] parece servir para abrigar un viejo odio y presentarte escenas de injusticias y de resentimientos que has estado guardando, eso fue lo que le pediste que fuera su mensaje, y ese fue el que te dio.

El problema no es la forma específica de las heridas del pasado que estamos trayendo a la mente, sino que hemos elegido en el *presente* mirar únicamente a esas heridas pasadas, a esos antiguos odios. Así, no es el evento o la persona específicos los que son la causa de nuestra inquietud, sino más bien la mente dividida (o más propiamente, el tomador de decisiones) que eligió sentirse molesto originalmente. Una vez que se hace esa elección de estar molesto, la mente usa las «imágenes de injusticias» para justificar un sentimiento por el cual no quiere aceptar responsabilidad. Es una forma insidiosa y particularmente despiadada de relacionarse con los demás, aunque nunca se reconoce como tal debido a que nuestra culpa nos impide mirar a lo que el ego nos dice que es la terrible verdad con respecto a nosotros mismos. Ciertamente, como hemos visto, cuando finalmente somos capaces de mirar, vemos que el emperador del ego está desnudo, que su «verdad» es simplemente inexistente. No hay palabras que el ego deteste más oír que esta simple declaración de la verdad que sigue a una descripción del Curso de la guerra que el ego mantiene con Dios: «Y Dios piensa de otra manera» (T-23.I.2:7).[8]

---

8   En esta ocasión hemos elegido una traducción distinta de (T-23.I.2:7) a la que da la Fundación para la

La historia de todo el pasado del cuerpo se encuentra oculta en la memoria, confinada en sus bóvedas. Todas las extrañas asociaciones que se han hecho para mantener vivo el pasado y el presente muerto están depositadas ahí, esperando tu orden de que se te traigan y vuelvan a revivirse.

Si tomamos esto dentro de un contexto más amplio, las bóvedas de la memoria del ego están representadas por el caleidoscopio situado en la parte derecha del cuadro 3. El pasado del cuerpo está oculto, no en el cuerpo o en su cerebro, sino en la *mente* del tomador de decisiones. Recordando nuestra imagen del observador sentado frente a la pantalla del televisor con el mando a distancia, apretamos un botón y eso es lo que vemos, lo que hemos recuperado de la videoteca, de nuestros «bancos de memoria». El ego vive únicamente en el pasado, porque es ahí donde cree que está el pecado, mientras que el amor del Espíritu Santo, que contiene el recuerdo de Dios, solo vive en el presente, sin ser tocado por el pecado, la culpa y el miedo que constituyen la «vida» del ego. Así, este presente no puede ser experimentado por un cuerpo (cerebro), sino solo por la mente que ha elegido recordar a Dios, en lo que *Un curso de milagros* denomina el instante santo.

Y de este modo, sus efectos parecen haber aumentado con el tiempo, el cual eliminó su causa.

En esta frase, «efectos» hace referencia a los cuerpos, cuyo número ciertamente parece incrementarse a medida que pasa el tiempo. Y el mundo de tiempo y espacio, con el que tanto nos identificamos, ha realizado eficazmente su trabajo de ocultar de nosotros la causa del mundo: el pensamiento de separación que ahora está enterrado en las bóvedas de nuestra mente.

Este esquema conceptual no-lineal es total y radicalmente diferente del que generalmente se nos presenta. En su mayor parte, el modelo de mundo usado por los científicos ha sido lineal. Los físicos cuánticos se están distanciando de él progresivamente, aunque probablemente no aceptarían el tipo de declaraciones que hace el Curso. La teoría de la relatividad de Einstein supuso un gran cambio en términos de cómo contemplamos el tiempo. En cualquier caso, yo no creo que estos físicos aprehendan el nivel de compren-

---

Paz Interior para que el relato tenga pleno sentido. (N. del t.)

sión de *Un curso de milagros* de que el pensamiento que está detrás del universo de tiempo y espacio, del que fue su aparente causa, es también ilusorio, al ser un pensamiento de culpa.

El tiempo, no obstante, no es sino otra fase de lo que no hace nada. Colabora estrechamente con todos los demás atributos con los que intentas mantener oculta la verdad acerca de ti.

Esto hace referencia al ego, el pensamiento de separación que contiene la antigua causa del pecado. No obstante, este pensamiento no hace nada; no ha tenido efecto. Por lo tanto, puesto que el pensamiento de separación no es nada, todo lo que resulta de él, como el tiempo, también es nada: «Las ideas no abandonan su fuente». Así, el tiempo solo es otro dispositivo que el ego usa —obviamente un dispositivo muy poderoso, tal como lo son la muerte, el espacio y el cuerpo— para mantener oculta la verdad con respecto a nosotros mismos. Esta verdad es que nosotros somos espíritu eterno. El ego quiere hacernos creer que nuestra identidad es nuestro cuerpo limitado en tiempo y espacio. Así, este cuerpo sirve como un cortina de humo muy eficaz que distrae nuestra atención de la mente, donde realmente estamos.

El tiempo ni quita ni restituye. Sin embargo, lo utilizas de una manera extraña, como si el pasado hubiera causado el presente y este no fuera más que una consecuencia en la que no se puede hacer cambio alguno, toda vez que su causa ha desaparecido.

Este es, por supuesto, el punto de vista psicológico tradicional. Por ejemplo, consideremos a alguien que cree que está teniendo dificultades de adulto porque fue abandonado cuando era niño. En efecto, la premisa básica aquí cierra toda posibilidad de cambio porque la causa ha desaparecido. No puede existir ninguna esperanza de curación porque el acto fue cometido en el pasado y el pasado no se puede cambiar. Dentro del sueño, de hecho, el abandono ocurrió. Y como el pasado no puede deshacerse, el hombre está atascado: en su vida adulta es la víctima inocente y desesperada de lo que fue mal en su infancia. Y así, en realidad no hay nada que pueda hacer con respecto a la situación. La teoría psicoanalítica es intrínsecamente pesimista, porque enseña que no hay salida: el pasado no puede ser cambiado. Lo máximo que uno puede hacer es intentar «liberarse» de algunos bloqueos (recuerdos dolorosos y penosos). Sin embargo, seguimos estando dentro de un sistema cerrado en el que el pasado tiene efectos reales.

Este mismo modelo también es válido a nivel del inconsciente cósmico, donde decimos que nuestros pecados contra Dios son reales, y no hay nada que podamos hacer al respecto. Esta es la piedra angular de los cimientos del ego: no hay nada que podamos hacer con respecto a nuestra pecaminosidad. Nosotros no podemos cambiar lo que el ego ha hecho que sea real; nosotros no podemos cambiar nuestros cuerpos individuales, las leyes de la naturaleza, las leyes del mundo. Somos, para toda intención y propósito, totalmente impotentes.

Esta desesperanza es el contexto de las referencias del Manual a la pesadez del mundo y la cansada marcha del tiempo (M-1.4:4-5). Nos sentimos como si estuviéramos atrapados en una prisión, cuya causa ahora ya ha desaparecido y por tanto no puede ser cambiada. Al escuchar la voz del ego, creemos que el pasado ha causado el presente, y que ahora el presente es el efecto del pasado. De modo que en esta visión metafísica mayor, el antiguo pasado de nuestro pecado de separación contra Dios ha causado todos los problemas del presente. Causó este mundo, el cuerpo y todos los problemas concomitantes. Y por tanto este mundo es la consecuencia o efecto, y ningún cambio va a ser posible nunca porque la causa ha desaparecido: ya ha ocurrido en el pasado.

Finalmente, cuando *Un curso de milagros* dice que la causa o el pasado ha desaparecido, esto significa algo muy diferente del sentido que le da el ego. El pasado se ha ido porque nunca ocurrió; nunca estuvo allí originalmente. Esta es la principal diferencia entre estos dos planteamientos, y dentro de ella reside la diferencia entre el Cielo y el infierno.

Un cambio, no obstante, tiene que tener una causa duradera, pues, de otro modo, no perduraría. Es imposible poder cambiar nada en el presente si su causa se encuentra en el pasado. Tal como usas la memoria, solo el pasado está en ella y, así, no es más que un modo de hacer que el pasado predomine sobre el ahora.

Si ha de haber un cambio, y en último término la mente es el único lugar donde se puede producir un verdadero cambio, debe darse en el nivel de la causa. El ego nos dice que la causa ya está acabada. No puedes cambiar una causa que ya ha ocurrido, y por lo tanto estás atascado con las consecuencias o los efectos. Por otra parte, Jesús nos está enseñando que la única manera de cambiar algo es cambiar su causa, la creencia de que nos hemos separado de Dios. Ese cambio solo puede ocurrir dentro de la mente, porque es ahí donde «reside» la creencia, y es dicha *creencia* la que constituye el problema. *Un curso de milagros* nos ayuda a realizar otra elección devolviéndonos al antiguo momento en el que elegimos creer que podíamos separarnos de Dios. Hacemos esto en el contexto de nuestras relaciones mutuas, precisamente porque dentro de ese contexto revivimos ese antiguo momento una y otra vez.

Olvídate de todo lo que te has enseñando a ti mismo, pues no fuiste un buen maestro. ¿Y quién querría conservar en su mente una lección absurda cuando puede aprender y retener una mejor?

Esta es otra manera de mirar al propósito fundamental del Curso, que es enseñarnos que hemos aprendido lecciones sin sentido que nos hacen sufrir, y que nuestro sufrimiento no se produce simplemente de manera espontánea, sino porque hemos elegido sufrir para aprender estas lecciones sin sentido. Pero hay otro Maestro en nuestras mentes que nos enseñará otras lecciones. En último término, esto significa que hay un Maestro en nuestras mentes que nos recordará que deberíamos elegir Sus cintas. Este tema de elegir a otro Maestro aparece con frecuencia en *Un curso de milagros*. Me gusta combinar una frase de este pasaje con una declaración anterior del Texto (T-12.V.8.3), de modo que se lee así: «Renuncia ahora a ser tu propio maestro, pues se te enseñó mal».

Cuando memorias de viejos rencores vengan a rondarte, recuerda que su causa ya desapareció. Por lo tanto, no puedes entender cuál es su propósito.

Ahora Jesús nos está diciendo que cuandoquiera que sintamos que nos estamos enfadando con alguien, en realidad el enfado y el odio vienen de este antiguo odio que simplemente estamos reexperimentando una y otra vez. Lo único que tenemos que recordar es que la causa ha desaparecido. La causa fue el pecado de estar separado, y ese pensamiento ya ha sido deshecho. En términos de nuestra experiencia, esto se traduce en que ya no te veo como un enemigo que está separado de mí; te veo como mi hermano y amigo, unido a mí. Como el Texto dice anteriormente:

> El primer ataque contra ti mismo tuvo lugar cuando te separaste de tu hermano. Y de esto es de lo que el mundo da testimonio (T-27.VII.6:4-5).

Por lo tanto, cuando compartimos el interés común por la salvación y nos unimos a nuestros hermanos, percibidos originalmente como separados de nosotros, es cuando deshacemos la causa de la separación.

No permitas que la causa que quieres atribuirles ahora sea la misma que hizo que fuesen lo que fueron o parecieron ser. Alégrate de que su causa haya desaparecido, pues de eso es de lo que se te perdona.

La «causa» es revivir aquel antiguo instante de estar separado, y la palabra «las» hace referencia a las antiguas memorias. En otras palabras, Jesús nos está pidiendo que no hagamos real el error de la separación. De lo que se nos perdonaría es de nuestro pecado de estar separados. Cuandoquiera que nos sentimos molestos, en realidad estamos trayendo a la mente este antiguo recuerdo que carece intrínsecamente de causa; su causa quedó deshecha en aquel mismo instante en que pareció ocurrir.

Y contempla, en cambio, los nuevos efectos de una Causa que se acepta ahora y cuyas consecuencias se encuentran *aquí*. Su hermosura te sorprenderá. Las nuevas ideas de antaño que traen consigo, serán las felices consecuencias de una Causa tan ancestral que excede con mucho el lapso de memoria que tu percepción ve.

Este pasaje fue escrito en 1967, aproximadamente en el tiempo en que empezó a hacerse popular la psicología Gestalt, que hacía énfasis en vivir en el «aquí y ahora». La «causa aceptada *ahora*» sería el principio de Expiación del Espíritu Santo, que tendría como consecuencias la alegría y la paz experimentadas ahora. *Un curso de milagros* se refiere a esto con el nombre del mundo perdonado o mundo real, que es tan hermoso:

> ¡Imagínate cuán hermosos te parecerán todos aquellos a quienes hayas perdonado! En ninguna fantasía habrás visto nunca nada tan bello. Nada de lo que ves aquí, ya sea en sueños o despierto, puede compararse con semejante belleza. [...] Pues gracias a ella podrás ver al Hijo de Dios. Contemplarás la belleza que el Espíritu Santo adora contemplar y por la que le da gracias al Padre. [...] Esta belleza no es una fantasía. Es el mundo real, resplandeciente, puro y nuevo en el que todo refulge bajo la luz del sol (T-17.II.1:1-3,6-7; 2:1-2).

O en las palabras de Miranda en «La tempestad» de Shakespeare:

> ¡Oh maravilla,
> cuántas criaturas hermosas hay aquí!
> ¡Qué bella es la humanidad! Oh, valiente nuevo mundo,
> que tiene a tales persona en él (V,i).

Por supuesto, esta hermosura no es algo externo, sino que viene de la experiencia *interna* de la hermosura de Cristo, nuestra Identidad y también la de todos nuestros hermanos. Las «nuevas» ideas, como la paz, la alegría y el amor son antiguas porque reflejan el principio de Expiación, que ocurrió en aquel instante. Así, reflejan la naturaleza eterna del Cielo. Solo son nuevas porque parecen serlo en nuestra experiencia; nuevas para nuestro recuerdo, aunque en verdad siempre estuvieron allí.

Esta es la Causa [la mayúscula nos indica que se trata de Dios] **que el Espíritu Santo ha recordado por ti, cuando tú la habrías olvidado.**

Cuando nos olvidamos de Dios y nos encontramos sintiéndonos molestos, por ejemplo, podemos acordarnos de pedir al Espíritu Santo que esté presente para nosotros. Entonces sentimos de inmediato —de cualquier manera en que la experiencia nos hable— su amable mano tocándonos en el hombro y diciéndonos: «Hermano mío, elige de nuevo. No hay necesidad de que sigas viéndote separado, y de que ataques a otro; ya no tienes que proteger tu culpa proyectándola en otro. Dentro de ti no hay causa de culpa, pues el pensamiento de culpa ya ha sido deshecho». Así, dejamos que el Espíritu Santo nos despierte del sueño a medida que volvemos a dar la bienvenida al Amor de Dios en nuestra mente olvidadiza. La *causa* de nuestra desazón —la separación de Dios— ha sido deshecha mediante la unión con Su Amor a través del Espíritu Santo, y mediante esa unión también quedan deshechos todos los efectos.

No es una causa pasada porque Él jamás permitió que no se recordase. Nunca ha cambiado porque en ningún momento dejó Él de mantenerla a salvo en tu mente. Sus consecuencias te parecerán ciertamente nuevas porque pensabas que no recordabas su Causa.

El estado de ser con Dios siempre está presente porque el Espíritu Santo nunca ha dejado que salga de nuestra memoria, puesto que en verdad Él es este recuerdo del Amor de Dios. El recuerdo está dentro de nuestras mentes, y debido a ello, hay una parte de nosotros que recuerda que nunca hemos salido de la Casa de nuestro Padre. Aunque nuestras mentes divididas pueden continuar disociando este Amor y solo reproduzcan las cintas del ego, las del Espíritu Santo también siguen estando dentro de nuestras mentes. Su Amor espera pacientemente el momento en que aceptemos lo que Él ya ha aceptado por nosotros. Cuando de repente tengamos una experiencia del Amor de Dios, parecerá totalmente nueva. Sin embargo, lo único que ha ocurrido es que de repente hemos sido capaces de soltar los dedos del botón de la mentalidad errada del ego, y finalmente hemos puesto una cinta en la que aparece el Amor de Dios. El Espíritu Santo siempre ha conservado esa cinta para nosotros. Este pensamiento va en paralelo con otro anterior del Texto, en el que Jesús dice que él ha guardado todos nuestros pensamientos amorosos y nuestra bondad, y las ha conservado para nosotros en su perfecto resplandor (T-5.IV.8:1-4). Así, la experiencia nos parecerá nueva aunque en realidad no lo es. *Nada es nuevo.*

Mas Esta nunca estuvo ausente de tu mente, pues no era la Voluntad de tu Padre que Su Hijo no Lo recordase.

La Voluntad del Padre se manifiesta en nuestra mente a través del Espíritu Santo, y este es el vínculo que nos une con Él. Así, siempre hay una parte de nuestras mentes —el tomador de decisiones— que puede elegir recordar lo que el Espíritu Santo conserva para nosotros. La Voluntad de Dios es simplemente la expresión de la verdad de Su Ser, y del Ser de Cristo unido al Suyo: Padre e Hijo, Dios y Cristo, nunca pueden estar separados, ni olvidado uno por el otro.

Lo que _tú_ recuerdas nunca sucedió, pues procedió de una ausencia de causa, que pensaste que era una causa. Cuando te des cuenta de que has estado recordando consecuencias que carecen de causa y de que, por lo tanto, jamás pudieron haber tenido efectos, no podrás por menos que reírte.

El «tú» aquí es el tomador de decisiones o el observador en nuestra mente, que ha elegido identificarse con el ego. El ego nos lleva a recordar todos los pecados del pasado, que, para empezar, nunca fueron. Así, lo que nosotros recordamos —dolor, pena y desdicha— son los efectos de una causa: el pecado. Sin embargo, ahora se nos está enseñando que el pecado no tiene efectos, puesto que carece de causa. El pecado simplemente vino de un pensamiento tonto —una pequeña idea loca— en nuestras mentes que fue deshecho en el momento en que pareció ocurrir.

La idea de la relación causa-efecto, enunciada de nuevo, es que si algo no es un efecto, no puede tener una causa, y si no es una causa, no puede existir. Nuestras experiencias en este mundo consisten en nuestros intentos continuos de enseñarnos a nosotros mismos que el pecado es real, una causa con el efecto muy real de desdicha que prueba que el pecado es pecado. Pero con la misma facilidad podríamos reproducir otra cinta en la que el efecto fuera felicidad en lugar de desdicha, mostrándonos que el pecado no ha tenido efectos en absoluto. Otra manera de decir esto es que el mundo carece de causa. La aparente causa que es el pecado quedó deshecha y corregida en el mismo instante en el que pareció venir a la existencia. Así, la idea de que realmente pudiéramos pecar en contra de nuestra Fuente es tan ridícula

Juntos [Jesús y nosotros] podemos hacer desaparecer ambas cosas riéndonos de ellas, y darnos cuenta de que el tiempo no puede afectar a la eternidad. Es motivo de risa pensar que el tiempo pudiese llegar a circunscribir a la eternidad, cuando lo que esta *significa* es que el tiempo no existe (T-27.VIII.6:4-5).

Así, al fin, con el amor de Jesús a nuestro lado nos acordamos de reírnos.

El milagro te recuerda una Causa que está eternamente presente y que es inmune al tiempo y a cualquier interferencia. Dicha Causa nunca ha dejado de ser lo que es. Y tú eres Su Efecto, tan inmutable y perfecto como Ella Misma. Su recuerdo no se encuentra en el pasado ni aguarda al futuro. Tampoco se revela en los milagros. Estos no hacen sino recordarte que esa Causa no ha desaparecido. Cuando Le perdones tus pecados, dejarás de negarla.

Una vez más, el milagro no hace nada. No nos trae el Amor de Dios, porque Su Amor ya está en nosotros. El milagro simplemente nos recuerda que, en verdad, no hay una interferencia real —es decir, el pecado— al Amor de Dios, y por tanto nosotros, como extensiones de ese Amor, siempre hemos conservado nuestra realidad en Cristo. En un maravilloso y temprano pasaje, Jesús establece el mismo punto hablando del papel que desempeña el Espíritu Santo:

> La Voz del Espíritu Santo no da órdenes porque es incapaz de ser arrogante. No exige nada porque su deseo no es controlar. No vence porque no ataca. Su Voz es simplemente un recordatorio. Es apremiante únicamente por razón de lo que te recuerda (T-5.II.7:1-5).

Tú que has querido condenar a tu Creador no puedes comprender que no fue Él Quien condenó a Su Hijo.

Esta es otra manera de decir que, como nos sentimos tan culpables, no podemos empezar a entender que no es la Voluntad de Dios que suframos. Esto se expresa sucintamente en esta declaración que cierra una sección sobre el especialismo: «Perdona a tu Padre el que no fuese Su Voluntad que tú fueras crucificado» (T-24.III.8:13). Para nuestros yoes del ego es imposible concebir que Dios no elija crucificarnos o castigarnos, y por supuesto esto es lo que nuestros egos tienen en contra de nuestro amoroso Padre. Nuestra creencia de que hemos pecado contra Él nos conduce, debido a la dinámica de proyección, a creer que Él debe atacarnos en represalia. Así, para nosotros se vuelve imposible creer que nuestro pecado, culpa y miedo al castigo solo son un mal sueño que nos hemos inventado. Puesto que hemos juzgado en Su contra en el sueño, debemos creer que Él también nos juzgará.

Quieres negarle Sus Efectos, sin embargo, Estos jamás han sido negados.

Un curso de milagros declara que Dios es la Primera Causa y todos nosotros, como Cristo, somos los Efectos de esta Primera Causa. Además, como ya hemos visto, no hay ningún lugar donde Dios acabe y nosotros empecemos. Sin embargo, la intención de esa pequeña idea loca de separación era negar que Dios sea la Primera Causa, y que nosotros seamos Sus Efectos. Así, el Hijo de Dios se ha convertido en el yo separado de su Fuente, de su propio origen por así decirlo, con lo que ahora causa y efecto son lo mismo:

> El ego cree que tiene que valerse por sí mismo para todo, lo cual no es más que otra forma de describir cómo cree que él mismo se originó. [...] El ego es la creencia de la mente según la cual él tiene que valerse completamente por sí mismo (T-4.II.8:1,4).

Es imposible que Su Hijo pudiera haber sido jamás condenado por lo que carece de causa y es contrario a Su Voluntad. De lo único que tu memoria quiere dar testimonio es del temor a Dios. Él no ha hecho eso que temes. Ni tú tampoco. Por lo tanto, jamás perdiste tu inocencia.

¿Cómo puede Dios condenarnos por el pensamiento de separación, que el principio de Expiación establece claramente que nunca ha ocurrido? Sigue siendo verdad que somos tal como Dios nos creó, y que Su Voluntad y la nuestra son una. Fue nuestra mente dividida la que inventó el drama de la separación y la emoción del miedo. El ego querría hacernos creer que hemos logrado lo imposible al separarnos de nuestra Fuente. De esto es de lo que el sistema de pensamiento del ego es testigo, y si nos identificamos con el ego, tendremos miedo de la represalia de Dios. Aquí Jesús nos recuerda que somos inocentes y que el drama es inventado, y por lo tanto no tenemos nada que temer.

No tienes necesidad de curación para estar sano. Desde la quietud de tu interior, ve en el milagro una lección en cómo permitir que la Causa tenga Sus Efectos y en no hacer nada que pueda interferir.

Esa importantísima enseñanza con la que comenzó esta sección, y que aparece muchas otras veces en este material, se vuelve a enunciar aquí: el milagro no hace nada; la curación no hace nada; ni tampoco hacen nada el perdón o la salvación. Simplemente corrigen la *creencia* errónea en la separación, y restauran a nuestra mente la conciencia de lo que siempre fue y es. Así, no tenemos que ser curados porque *estamos* curados. Nunca ha *habido* nada en nosotros que necesitase curación. Nuestra creencia en el pecado no era nada más que un mal sueño. Así, «permitir que la Causa tenga Sus Efectos» y no interferir significa reconocer que el ego, a pesar de toda su grandiosidad, nunca ha usurpado y nunca *puede* usurpar que Dios sea la Primera Causa. Por lo tanto, nosotros seguimos siendo tal como Dios nos creó: Su Efecto para siempre. En la quietud de nuestras mentes recordamos nuestra Causa: «El recuerdo de Dios aflora en la mente que está serena» (T-23.I.1:1). Finalmente, elegimos en contra de los estridentes chillidos del ego, y la interferencia al recuerdo de nuestro Creador desaparece, como vemos ahora:

El milagro llega silenciosamente a la mente que se detiene por un instante y se sumerge en la quietud.

Podemos ver que todo el tono de la sección cambia, reflejando la paz que viene cuando elegimos perdonar en lugar de condenar, cuando elegimos la amable quietud de la paz del Espíritu Santo en lugar de los sonidos cacofónicos de la guerra del ego. Lo único que tenemos que hacer es pararnos un instante y aquietarnos, dejar de reproducir las cintas del ego y reproducir en cambio las amables cintas de corrección del Espíritu Santo. Permitidme mencionar una vez más que al hablar de cintas, caleidoscopios y hologramas solamente estoy usando símbolos. En realidad, por supuesto, no hay cintas, etc. Pero estos símbolos son los que más nos acercan, en términos de nuestra experiencia actual, a reflejar lo que parece estar ocurriendo en nuestras mentes. Así, estamos hablando de los símbolos como si fueran reales; en este sentido, siempre es de ayuda recordar la declaración del Manual de que «las palabras no son más que símbolos de símbolos. Por lo tanto, están doblemente alejadas de la realidad» (M-21.1:9-10).

[El milagro] **se extiende dulcemente desde ese instante de quietud y desde la mente a la que en ese momento sanó hasta otras mentes para que compartan su quietud. Y estas se unirán en su cometido de no hacer nada que impida el retorno de la radiante extensión del milagro a la Mente que dio origen a todas las mentes.**

Esto hace referencia a la extensión del milagro, que no es nuestra responsabilidad. Nuestra responsabilidad es simplemente elegir la quietud del milagro en nuestras mentes, y entonces el Espíritu Santo o Jesús toman esa quietud y la extienden a todas las mentes, puesto que las mentes están unidas. Como dice el Texto:

> La única manera de curar es ser curado. El milagro se extiende sin tu ayuda, pero tú eres esencial para que pueda dar comienzo. Acepta el milagro de curación y se extenderá por razón de lo que es. Su naturaleza es extenderse desde el instante en que nace. Y nace en el instante en que se ofrece y se recibe. Nadie puede pedirle a otro que sane. Pero puede permitirse a sí mismo ser sanado, y así ofrecerle al otro lo que él ha recibido. [...] Deja, pues, la transferencia de tu aprendizaje en manos de Aquel que realmente entiende sus leyes y que se asegurará de que permanezcan invioladas e ilimitadas. Tu papel consiste simplemente en aplicarte a ti mismo lo que Él te ha enseñado y Él hará el resto (T-27.V.1:1-7; 10:1-2).

Las mentes de la Filiación entera, que son las que aceptarán la extensión de la curación de una mente individual, se extenderán entonces de vuelta a la Mente de Dios, Creador y Causa de todas las mentes. Esto recuerda una lección del Libro de ejercicios a la que nos hemos referido antes: «Cuando me curo no soy el único que se cura» (L-pI.137), y la imagen del Curso del círculo de la Expiación (T-14.V).

Puesto que el milagro nació como resultado de un acto de compartir [unirse con otros en el perdón]**, no puede haber ninguna pausa en el tiempo que pueda hacer que el milagro se demore en llegar cuanto antes a las mentes perturbadas, para brindarles un momento de quietud en el que el recuerdo de Dios pueda retornar a ellas. Lo que creían recordar se acalla ahora, y lo que ha venido a ocupar su lugar no se olvidará completamente después.**

En otra parte, el Texto habla de nuestra creencia de que se necesita una enorme cantidad de tiempo entre el momento en que elegimos el perdón y el momento en que nuestras mentes quedan finalmente sanadas (T-15.I.2:1; T-26.VIII.1:1; 3:1-2). Así, Jesús está reiterando que el milagro ocurre en un instante. No requiere nada de tiempo puesto que el tiempo no existe, pero parece requerirlo porque todavía estamos atrapados en la ilusión. Sin embargo, en realidad, en el instante en que perdonamos, todas las mentes están unidas y sanan con nosotros. Como nuestras mentes ya están unidas, lo único que hemos hecho ha sido retirar la barrera que nos impedía tomar conciencia de esa realidad. Por eso, la curación ocurre en un instante, cuando el tomador de decisiones hace otra elección.

Una vez que en lugar de atacar continuamente hemos experimentado la sensación que produce unirse con alguien, no podemos perder del todo esa experiencia. Por más que tratemos de luchar contra ella, el hecho de haber tenido la experiencia de la verdadera paz que viene del perdón significa que ya nunca podremos elegir al ego el cien por cien del tiempo, a pesar del miedo que tenemos a identificarnos con el Amor de Dios: Su Amor «no se olvidará completamente después».

Aquel a Quien [el Espíritu Santo] **dedicas parte de tu tiempo te da las gracias por cada instante de silencio que le ofreces. Pues en cada uno de esos instantes se le permite al recuerdo de Dios ofrecer todos sus tesoros al Hijo de Dios, que es para quien se han conservado. ¡Cuán gustosamente se los ofrece el Espíritu Santo a aquel para quien le**

fueron dados! Y Su Creador comparte Su agradecimiento porque a Él no se le puede privar de Sus Efectos.

El Espíritu Santo conserva todos estos tesoros (paz, alegría, amor, totalidad, eternidad) para nosotros, esperando el momento en que nosotros (el observador) los elijamos. Ver el rostro de Cristo unos en otros es el símbolo del Curso para el perdón, y a través del perdón todas las barreras de culpa son retiradas de nuestras mentes. Lo que queda entonces es el recuerdo de Dios, que ha sido conservado en su lugar por el Espíritu Santo. Esto podría verse como lo máximo que el Curso se acerca a una fórmula concreta para describir sucintamente el proceso de perdón: vemos el rostro de Cristo en nuestro hermano, y entonces el recuerdo de Dios amanece en nuestras mentes.

Este pasaje hace referencia a que el Espíritu Santo está contento de ofrecernos todo lo que le ha sido dado por Dios, Quien a su vez comparte Su gratitud. Por supuesto, Jesús está hablando metafóricamente de que Dios nos ofrece Su gratitud por aceptar que somos por siempre Su Efecto: Dios no tiene una mente dualista que pueda ofrecer agradecimiento a otra. Más bien, el pasaje hace referencia a la gratitud que *nuestra* mente dividida experimenta al enterarse de que Dios no está enfadado debido a lo que nosotros creemos haberLe hecho. Su «gratitud» es la expresión de Su Amor, que sigue siendo la unidad que fue y siempre será, y que ahora nosotros aceptamos.

El instante de silencio que Su Hijo acepta le da la bienvenida a la eternidad así como a Él, permitiéndoles a ambos entrar donde es Su deseo morar. Pues en ese instante el Hijo de Dios no hace nada que le pueda producir temor.

«Ambos» hace referencia a Cristo (el Hijo de Dios) y a Dios. Aquí se hace el mismo uso de «ambos» que encontramos en la palabra «Ellos» en la sección del Capítulo 26 «Pues Ellos han llegado» (T-26.IX). Por lo tanto, en presencia del Amor de Dios, todo miedo desaparece. Recuerda la cita anterior que hace el Texto de la declaración bíblica: *«El amor perfecto expulsa el miedo»* (T-1.VI.5:4).

El «instante» que se menciona aquí es el instante santo, pero no solo el instante santo en que elegimos un milagro en lugar de un resentimiento. Aquí encontramos un sentido más cósmico de su significado, que hace referencia al gran instante santo en el que perdonamos completamente, y entonces el recuerdo de Dios amanece en nuestras mentes. Esto equivale a alcanzar el mundo real, que se presenta cuando dejamos de elegir esos pensamientos que nos han mantenido atemorizados.

¡Cuán rápidamente aflora el recuerdo de Dios en la mente que no tiene ningún temor que se lo impida! Lo que recordaba desaparece.

Aquí se habla del tiempo de manera diferente al uso más común que se hace de esta palabra en el Texto. El punto principal de este pasaje es que todo el mundo del ego puede desaparecer en un instante. Cuando perdonamos totalmente, todas nuestras ilusiones —nuestros velos de culpa— desaparecen en ese momento. Llegados a ese punto, el recuerdo de Dios amanece en nuestras mentes. El propósito de todo temor, por supuesto, es impedir que este recuerdo retorne a nosotros. Sin temor, todo lo que constituye el pensamiento del ego en la mente desaparece. Una vez que el observador que está en nuestra mente dividida elige identificarse con el Espíritu Santo, recordar el pensamiento de separación del ego ya no tiene ningún propósito, y ahora sabemos que nunca fue. Así, el pensamiento desaparece, como dice *Un curso de milagros* en otro contexto citado anteriormente, «en la nada de donde provino» (M-13.1:2).

Ya no hay pasado que con su imagen tenebrosa [del recuerdo] impida el feliz despertar de la mente a la paz presente. Las trompetas de la eternidad resuenan por toda la quietud, mas no la perturban. Y lo que ahora se recuerda es la Causa, no el miedo, el cual se inventó con vistas a anularla y a mantenerla en el olvido. La quietud habla con suaves murmullos de amor que el Hijo de Dios recuerda de antaño, antes de que su propio recordar se interpusiera entre el presente y el pasado para acallarlos.

Una vez que se va el miedo, lo único que queda en nuestras mentes es el recuerdo de Dios, que el Espíritu Santo mantiene allí para nosotros, y en este punto comenzamos a oír que «resuenan las trompetas de la eternidad». En realidad, es el anuncio de nuestro retorno al hogar, ahora que el miedo ha quedado deshecho y hemos soltado todos los recuerdos amargos. Lo que queda es el recuerdo de Dios. Como hemos visto, el propósito del miedo y de la culpa es ser una defensa, una pantalla de humo o una distracción que nos mantiene alejados del recuerdo de nuestra verdadera Causa, Dios. El ego nos dice que nuestra causa real es el propio ego, y lo que nos hace seguir creyendo sus mentiras es la idea de que Dios es temible. Así es como el ego usa la memoria, recordándonos nuestros pecados y justificando la culpa y el miedo que mantienen al Amor de Dios alejado de nosotros. El Espíritu Santo fue «puesto» en medio de ese recuerdo doloroso para que conservara en nosotros el recuerdo de nuestros verdaderos pensamientos del Amor de Dios: «Junto a la crucifixión se encuentra la redención» (T-26.VII.17:1). Ahora que el miedo se ha ido, lo único que queda es el Amor que el Espíritu Santo ha conservado para nosotros.

Ahora el Hijo de Dios se ha vuelto por fin consciente de una Causa presente y de Sus benévolos Efectos.

Esto contrasta el uso de la memoria que hace el Espíritu Santo, que se enfoca solo en el presente, con el uso de la memoria que hace el ego, que se enfoca solo en el pasado. La Causa, *nuestra Causa*, está en el presente. Como dice el Curso en varios otros lugares:

> El único aspecto del tiempo que es eterno es el ahora (T-5.III.6:5).

> [El Espíritu Santo] hace hincapié, por lo tanto, en el único aspecto del tiempo que se puede extender hasta el infinito, ya que el ahora es lo que más se aproxima a la eternidad en este mundo (T-13.IV.7.5).

> El único tiempo que queda ahora es el presente. Y ahí, en el presente, es donde el mundo queda liberado (L-pI.132.3:1-2).

Lección 308
Este instante es el único tiempo que existe.

El concepto que he forjado del tiempo impide el logro de mi objetivo. Si decido ir más allá del tiempo hasta la intemporalidad, tengo que cambiar mi percepción acerca del propósito del tiempo. Pues su propósito no puede ser que el pasado y el futuro sean uno. El único intervalo en el que puedo librarme del tiempo es ahora mismo. Pues en este instante el perdón ha venido a liberarme. Cristo nace en el ahora, sin pasado ni futuro. El ha venido a dar la bendición del presente al mundo, restaurándolo a la intemporalidad y al amor. Y el amor está siempre presente, aquí y ahora.

Gracias por este instante, Padre. Es ahora cuando soy redimido. Este instante es el momento que señalaste para la liberación de Tu Hijo y para la salvación del mundo en él.

El sustituto del instante presente y la defensa contra él son nuestros recuerdos del pasado, cuyos efectos ciertamente no son benignos: culpa, miedo, castigo, sufrimiento, sacrificio y muerte. Los efectos de Dios como Causa son verdaderamente benignos: paz, alegría, felicidad y vida eterna.

Ahora comprende que lo que él ha hecho carece de causa y que no tiene efectos de ninguna clase. Él no ha hecho nada. Y al reconocer esto, se da cuenta de que nunca ha tenido necesidad de hacer nada y de que nunca la tuvo.

Esta afirmación se basa en el principio de causa-efecto mencionado antes. Si lo que creo haber hecho no ha tenido efecto, eso muestra que no pude haberlo hecho. Si el pecado no tiene efecto, es decir, si no hay castigo, ni miedo a la muerte, entonces su aparente causa también debe ser inexistente. Así, en verdad lo que el ego ha hecho no es nada, porque el Espíritu Santo ha deshecho por nosotros los efectos: el miedo y el odio. Dado que ya no hay efectos, su causa también debe haber desaparecido, puesto que una causa no puede ser causa a menos que produzca efectos.

Una vez que se acepta este principio, entendemos que no tenemos que resolver problemas por nuestra cuenta. Hablando simbólicamente, Dios ya ha resuelto el problema mostrándonos a través de Su Espíritu Santo que no hay nada que resolver. El ego nos dice que hay un problema, que en último término es de escasez o culpa. Este problema, nos advierte el ego, debe ser resuelto. Y así inicialmente somos impulsados a crear un mundo, y después a hacer cosas en el mundo con nuestros cuerpos o con los cuerpos de otras personas. La base de este planteamiento del ego es la creencia de que el pecado, como causa, es real, y por lo tanto tiene que ser expiado y deshecho. Jesús nos está señalando que no hay que hacer nada, puesto que no hay ningún problema que tenga que ser resuelto. No hay pecado que sea una causa, y por lo tanto no hay efectos de los que haya que defenderse.

Su Causa *son* Sus Efectos. Jamás hubo otra causa aparte de Ella que pudiera generar un pasado o un futuro diferentes. Sus Efectos son por siempre inmutables y se encuentran enteramente más allá del miedo y del mundo del pecado.

La Causa del Hijo de Dios es Dios, Cuyos Efectos son Su Hijo. También podemos decir que si nuestra Causa (Dios) es Amor, entonces el efecto del Amor sería el Amor del Hijo de Dios, que es su verdadera Identidad. Si decimos que nuestra Causa es la Verdad, entonces el efecto de la Verdad sería nuestra propia Verdad, nuestra Identidad en Cristo. En otras palabras, no puede haber nada en el Efecto que no esté en la Causa. Por lo tanto, los atributos del Hijo no pueden ser diferentes de los de su Padre, solo que Dios es la Primera Causa, y nosotros, como Cristo, somos Su Efecto. Este es el significado de la frase bíblica que Jesús cita en el Texto: «Yo y el Padre somos uno» (T-1.II.4:7).

Sin embargo, al escuchar a nuestros egos, creemos que *hubo* una causa aparte de Dios, y esa causa fue el ego mismo, que predica su existencia sobre la creencia en el pecado, que a su vez conduce a la culpa. La culpa engendra tanto preocupación por el pasado como miedo al futuro. Y esto está genera-do por una sola causa: la creencia en la separación o el pecado. Estos pasajes nos están enseñando que todas las cosas del ego han desaparecido porque nunca podría haber otra Causa que Dios. Así es como sabemos que Dios no creó el mundo. Aquí nada es inmutable ni eterno; y, como es bien sabido, en este mundo de separación y pecado hay elementos de miedo asociados con todas las cosas.

¿Qué se ha perdido por dejar de ver lo que carece de causa? ¿Y dónde está el sacrificio una vez que el recuerdo de Dios ha venido a ocupar el lugar que antes ocupaba la pérdida? ¿Qué mejor modo hay de cerrar la diminuta brecha entre las ilusiones y la realidad que dejar que el recuerdo de Dios fluya a través de ella y la convierta en un puente en el que solo un instante es suficiente para cruzarlo? Pues Dios ha cerrado la brecha Consigo Mismo.

Desde el punto de vista del ego, ciertamente se ha perdido algo —una creencia que está en el origen del principio de escasez— y nunca lo recuperaremos. En verdad, todo lo que hemos perdido es la conciencia de la inocencia de Cristo, de la que, según creemos, nuestra pecaminosidad es testigo. A continuación, creemos que debemos expiar a través del sacrificio por esa pérdida que nuestro pecado ha producido. Así, el sacrificio se convierte en un trato especial con Dios para recuperar Su Amor. Cuando el recuerdo de Dios amanece en nuestras mentes, lavado ahora por el perdón, todo dolor y pérdida desaparecen y dejamos de percibir lo que no tiene causa.

La imagen del puente es una imagen destacada en el Curso, y a veces hace referencia al puente entre este mundo y el mundo real. Sin embargo, aquí hace referencia al puente entre percepción y realidad, y es el Espíritu Santo Quien nos lleva a atravesarlo. El recuerdo del Amor de Dios —el Espíritu Santo—, presente en ese aparente instante de separación, cerró la brecha ilusoria entre Dios y Su Hijo. Esto se vuelve a comentar en «La clausura de la brecha» (T-29.I).

Su recuerdo no ha desaparecido ni ha dejado al Hijo encallado para siempre en una costa desde donde puede divisar otra a la que nunca podría llegar. Su Padre ha dispuesto que él sea elevado y llevado dulcemente hasta ella. Él construyó el puente y es Él Quien transportará a Su Hijo a través de él. No temas que vaya a dejar de hacer lo que es Su Voluntad ni que vayas a ser excluido de lo que Esta dispone para ti.

Antes hemos hablado de la imagen que tuvo Helen de la costa que es nuestro hogar —el Cielo—, pero nosotros soñamos que estamos en otra costa distante. Esta metáfora dejó claro que nuestro sueño con el exilio no ha tenido efectos con respecto a dónde nos encontramos verdaderamente. Aquí, en este pasaje, se usa la misma imagen de una costa, pero ahora en otro sentido: Dios nunca nos dejaría encallados en una costa sin tener una forma de retornar al hogar. No obstante, creemos estar atrapados sin esperanza en este mundo y que no tenemos manera de volver. Como dice anteriormente *Un curso de milagros*:

> Todo el mundo es libre de rechazar su herencia, pero no de establecer lo que esta es (T-3.VI.10:2).

Lo que nos lleva a atravesar el puente son las lecciones de perdón que el Espíritu Santo nos enseña a través del milagro, el tema principal de la Segunda parte. Llegados a este punto, y habiendo perdonando completamente a todos, Dios da el último paso y nos lleva a casa. Retornaremos a este «último paso de Dios» en la Tercera parte.

SEGUNDA PARTE:

EL PLAN DE LA EXPIACIÓN
EL MILAGRO

Introducción a la segunda parte

La mayoría de nuestros comentarios en esta parte reflejarán el segundo nivel en el que está escrito *Un curso de milagros* y, a este nivel, como hemos visto, el Curso nos ofrece una visión del tiempo muy distinta de las declaraciones metafísicas que pertenecen al primer nivel. En el Nivel Dos, el tiempo se ve como lineal, y comprobaremos esto de manera especial cuando consideremos algunos de los pasajes sobre el milagro. Como ya hemos comentado, esto no se debe a que el tiempo sea lineal, sino más bien a que lo experimentamos de esta manera. Como lo hacemos, experimentamos que el Espíritu Santo también está trabajando a través de nosotros de manera lineal. Veremos que este tema está presente a lo largo de la mayoría de los pasajes que examinaremos: el Espíritu Santo se encuentra con nosotros allí donde estamos para poder enseñarnos qué es la verdad. Al tratar de entender estos pasajes aparte del contexto del Nivel Dos, los estudiantes a menudo se sienten confusos con respecto a lo que *Un curso de milagros* está diciendo.

Así, en muchos lugares las implicaciones parecen ser que el tiempo es lineal —presente, pasado y futuro— y que ahorrar tiempo es una preocupación importante. El Curso dice, por ejemplo, en el contexto de otros caminos espirituales:

> Son muchos los que se han pasado toda una vida preparándose y ciertamente han tenido sus momentos de éxito. Este curso no pretende enseñar más de lo que ellos aprendieron en el tiempo, pero sí se propone ahorrar tiempo. [...] Tu camino será diferente, no en cuanto a su propósito, sino en cuanto a los medios. La relación santa es un medio de ahorrar tiempo. [...] Se te ha economizado tiempo porque tú y tu hermano estáis juntos. Este es el medio especial del que este curso se vale para economizarte tiempo. [...] Ahorra tiempo valiéndote de los medios que aquí se ofrecen y no hagas nada más. «No tengo que hacer nada» es una declaración de fidelidad y de una lealtad verdaderamente inquebrantable. Créelo aunque solo sea por un instante, y lograrás más que con un siglo de contemplación o de lucha contra la tentación (T-18.VII.4:4-5; 5:1-2; 6:3-4,6-8).

Este énfasis en ahorrar tiempo parece contradecir la visión de que el tiempo es ilusorio y no lineal que ya hemos resaltado en la Primera parte. Sin embargo, como veremos, no es que *Un curso de milagros* se esté contradiciendo a sí mismo; más bien, Jesús se está encontrando con nosotros allí donde estamos, dentro de la ilusión del tiempo y el dolor que le acompaña. Volveré a este pasaje en breve. En la Segunda parte he juntado varios pasajes del Curso que reflejan su visión del tiempo con relación al milagro y la Expiación. Estudiaremos estos pasajes selectos más que secciones completas.

CAPÍTULO 5:

El plan de *Un curso de milagros*

Comenzamos con los párrafos dos y cuatro de la sección «¿Quiénes son los Maestros de Dios?» en el Manual para el maestro (M-1.2,4). Estos párrafos, y otro pasaje que leeré del Texto, constituyen una introducción a la Segunda parte en la medida en que hablan del plan general.

Los maestros de Dios proceden de todas partes del mundo y de todas las religiones, aunque algunos no pertenecen a ninguna religión.

En realidad, las palabras «maestros de Dios» solo aparecen en el Manual, aunque el término está implícito en el Texto y en el Libro de ejercicios, haciendo referencia a los estudiantes de *Un curso de milagros*. «Un maestro de Dios es todo aquel que decide serlo» (M-1.1:1), y como el Curso explica con frecuencia, nosotros somos al mismo tiempo maestros y alumnos. A modo de clarificación, con la palabra «maestro» Jesús ciertamente no se refiere a quien enseña una clase, dirige un taller o escribe un libro. Un «maestro» puede ser cualquiera de nosotros una vez que elegimos enseñar las lecciones de perdón del Espíritu Santo que queremos aprender.

Aquí, y también en otros lugares, es muy evidente que si bien *Un curso de milagros* contiene un sistema de pensamiento religioso, no es una religión; es decir, no es una institución religiosa formal. Una persona podría ser verdaderamente religiosa en el sentido que describe el Curso y no ser miembro de una religión organizada, ni siquiera creer en Dios en un sentido conceptual. Como afirma el panfleto de Psicoterapia en una sección titulada «El lugar de la religión en la psicoterapia»: «Creer en Dios no es realmente un concepto significativo [...]» (P-2.II.4:4). Los teístas y los ateos, por no hablar de los agnósticos, simplemente reflejan sistemas de creencias, o formas, que pueden compartir o no el amor que es el único contenido de la verdadera religión. En este mundo el amor se refleja en el perdón, que en el Curso se define como compartir con otro un interés común por la salvación:

> Sus atributos consisten únicamente en esto: de alguna manera y en algún lugar eligió deliberadamente no ver sus propios intereses como algo aparte de los intereses de los demás (M-1.1:1-2).

Los maestros de Dios son los que han respondido. La Llamada es universal y está activa en todo momento y en todas partes. Dicha Llamada invoca a los maestros a que hablen en favor de Ella y a que rediman el mundo.

Si pensamos en nuestra imagen del cuadro 3 del observador sentado frente a la pantalla del televisor y observando lo que ya ha ocurrido, el Espíritu Santo representa esta Llamada (y por eso aquí lleva mayúscula inicial). Él nos está hablando continuamente en nuestras mentes, donde Él está presente, mientras que nosotros nos experimentamos dentro de la dimensión lineal de tiempo y espacio. Esta Llamada apela a que aprendamos y enseñemos al mundo que no hay pecado, que en realidad la separación de Dios nunca ocurrió, y que lo que creemos que es la realidad no es más que un sueño. Está claro que esta enseñanza no tiene nada que ver con la forma, sino con compartir su contenido a través de nuestra práctica diaria y continuada del perdón.

Muchos la oyen, pero muy pocos responden.

Esto está tomado de la declaración de los evangelios: «Muchos son los llamados, pero pocos los escogidos» (Mateo 22:14). Jesús corrige esto en el Texto cuando dice: «Todos son llamados, pero solo unos pocos eligen escuchar» (T-3.IV.7:12). Esto es importante: «pocos responderán». Entre las personas que trabajan con *Un curso de milagros*, u otros caminos espirituales, se da el error de pensar que simplemente porque desean conscientemente practicar principios espirituales ya lo han hecho. La Lección 185, «Deseo la paz de Dios», comienza con la línea: «Decir estas palabras no es nada. Pero decirlas de todo corazón lo es todo» (L-pI.185.1:1-2). Asimismo, la gente puede creer que está eligiendo escuchar la Llamada y responder a Ella, pero en realidad no están haciendo eso en absoluto. Como he dicho muchas otras veces, este no es un camino fácil. El estudiante de *Un curso de milagros* siente humildad al releer esta declaración del Manual para el maestro: «Son muy pocos los que pueden oír la Voz de Dios [...]» (M-12.3:3).

Sin embargo, es solo cuestión de tiempo. Al final, todo el mundo responderá, pero ese final puede estar muy, muy lejos. Esta es la razón por la que se estableció el plan de los maestros. Su función es ahorrar tiempo.

Al final todos responderán, porque, como ya hemos visto, todos han respondido ya; en el momento en que ocurrió la separación, en ese mismo momento quedó deshecha. Pero el final, en términos de nuestra experiencia, puede estar «muy, muy lejos» y eso hace referencia al tiempo en el que todos los que están observando la pantalla de las proyecciones del ego finalmente reconocerán que dichas proyecciones no son más que un sueño. El drama del ego es como una de esas historias interminables de Cecil B. DeMille, que en nuestra experiencia aquí se prolonga más y más. Esta idea de que el final puede quedar muy lejos se reitera en un pasaje sobre el Juicio Final que comentaremos en la Tercera parte.

Ya hemos visto que una de las declaraciones que *Un curso de milagros* hace con respecto a sí mismo es que nos ahorrará tiempo. «El plan de los maestros» es que más y más personas oigan la Llamada del Espíritu Santo, y que respondan a ella uniéndose entre ellos. Esto es lo que deshace la creencia en la separación. A medida que las personas enseñan esta lección de perdón, se refuerza dentro de ellas.

Cada uno comienza como una sola luz, pero como la Llamada se encuentra en el centro, es una luz que no puede restringirse. Y cada

uno de ellos ahorra miles de años tal como el mundo juzga el tiempo. Mas para la Llamada en Sí, el tiempo no significa nada.

Este es otro ejemplo de que *Un curso de milagros* se presenta a dos niveles. Se ahorran miles de años dentro de nuestra experiencia lineal del tiempo. Veremos un poco después, cuando hablemos del milagro, que se repite esta misma idea. Así, estamos hablando del tiempo tal como lo juzga el mundo. En realidad, por supuesto, no hay tiempo que tenga que ser ahorrado, que es lo que dice la última línea. Para el Espíritu Santo, que está fuera del tiempo, ahorrarlo no tiene sentido. Sin embargo, Él nos habla del tiempo —pasado, presente y futuro— tal como lo experimentamos, pero así es como funciona nuestra mente dividida. La línea anterior reconoce que parece que estuviéramos trabajando por nuestra cuenta, individualmente; pero el pasaje continúa apuntando que, como nuestras mentes están unidas, la luz que yo dejo brillar dentro de mi mente brilla externamente hacia toda la Filiación. Puesto que es el Espíritu Santo quien extiende esa luz a través de mí, no tiene límite. Saltemos ahora al cuarto párrafo.

Este manual está dedicado a una enseñanza especial, y dirigido a aquellos maestros que enseñan una forma particular del curso universal. Existen muchas otras formas, todas con el mismo desenlace.

La instrucción que se da aquí es muy importante, puesto que puede ayudar a impedir que los estudiantes de *Un curso de milagros* cometan el error común de caer en el especialismo espiritual. Está muy claro que el Curso es solo un camino entre muchos miles de otros caminos espirituales, todos los cuales forman parte del curso universal: el curso básico del Espíritu Santo que enseña que todos nosotros somos uno, y que la separación de Dios nunca ocurrió. Esto se enseña de muchas maneras distintas, y *Un curso de milagros* se presenta como una de estas maneras. Si resonamos con su enseñanza, se convierte en nuestro camino; si no, podemos encontrar otro.

Su propósito es simplemente ahorrar tiempo. No obstante, solo el tiempo se arrastra pesadamente, y el mundo ya está muy cansado. Está viejo, agotado y sin esperanzas.

El propósito de cualquier camino es ahorrar tiempo. En el contexto presente esto significa ahorrar el tiempo en el que nosotros, como el observador, nos sentamos delante de la pantalla «repasando mentalmente lo que sucedió» (L-pI.158.4:5). Así, los miles de años a los que *Un curso de milagros* se refiere frecuentemente como nuestro ahorro de tiempo son, en realidad, el tiempo que ahorramos revisando estos antiguos vídeos que una vez creímos que eran reales.

No obstante, dentro de la dimensión del tiempo lineal, nuestro tiempo transcurre cansadamente, a pesar de nuestros intentos de disfrazar el dolor a través de las relaciones especiales. Así, esta es una declaración muy clara de lo que la mayoría de la gente del mundo sentiría, si se abriera a ello. Las situaciones en el mundo parecen empeorar más y más, los problemas se complican y parecen irresolubles. Esto es ciertamente válido para las situaciones políticas, sociales, económicas y medioambientales, por no hablar de las individuales. El mundo parece seguir adelante sin parar, sin ninguna esperanza de encontrar un camino de salida del dolor. En el contexto del cuadro 3, entendemos esto como que continuamos reproduciendo viejas cintas de vídeo, cada una peor que la otra. Persistimos en este repaso porque hay una parte de nosotros que no quiere despertar del sueño, y por lo tanto usamos la «realidad» del sueño como una defensa contra el Amor de Dios que, según aconseja el ego, nos destruiría si alguna vez volviéramos a él.

Mas el desenlace final nunca se ha puesto en duda, pues, ¿qué puede cambiar la Voluntad de Dios? Pero el tiempo, con sus ilusiones de cambio y de muerte, agota al mundo y a todas las cosas que habitan en él. Al tiempo, no obstante, le llegará su final, y propiciar ese final es la función de los maestros de Dios, pues el tiempo está en sus manos. Tal fue su decisión y así se les concedió.

En realidad, aquí no hay desesperanza o desesperación porque el mundo ya ha terminado. Pero, obviamente, esta no es nuestra experiencia. Y así, Jesús nos recuerda en el Texto: «Ten paciencia mientras tanto y recuerda que el desenlace es tan seguro como Dios» (T-4.II.5:8). Esta declaración implica claramente un suceso futuro, como también lo hace este pasaje del Manual. No obstante, en realidad todo lo que se producirá es nuestro despertar del sueño del pasado al presente eterno de Dios. La «elección» a la que se hace referencia es *cuándo* elegirá cada cual despertar del sueño. En otras palabras, las personas pueden elegir cuándo presionar el botón de la mente correcta en lugar del botón de la mente errada, y elegir finalmente ver y experimentar únicamente sueños felices. Volviendo a citar de la introducción al Texto, recordamos que tener libre albedrío «significa únicamente que puedes elegir lo que quieres aprender en cualquier momento dado» (T-in.1:5).

Volvamos ahora al Texto, a la sección «No tengo que hacer nada» (T-18.VII). El contexto del fragmento que vamos a examinar es que el Curso se presenta solamente como un camino espiritual más. En su forma es diferente de otros caminos que hacen énfasis en largos periodos de contemplación y meditación. Este no es el camino del Curso. Aunque no hay intención de juzgar los demás caminos, Jesús afirma que el Curso funcionará más rápido que otros.

Un curso de milagros entiende que nuestro problema básico es la culpa inconsciente, la creencia oculta en el pecado, y nada trae más rápidamente esto a la superficie que otra persona. Como todos sabemos, es en nuestras relaciones donde sentimos más irritación, y nuestra culpa durmiente, ahora despierta, se proyecta inevitablemente en otros. Así se nos proporciona la oportunidad de perdonarla. Si vemos nuestra culpa en otra persona, podemos lidiar con lo que había sido inconsciente en nosotros mismos. Esta es la base de la afirmación de que *Un curso de milagros* ahorra tiempo. Comentaremos otros aspectos de este proceso a medida que vayamos avanzando.

Antes de continuar, permitidme decir un par de palabras sobre la visión que tiene el Curso de la meditación, puesto que el tema surge en esta sección del Texto. Ciertamente, *Un curso de milagros* no está en contra de la meditación; de hecho, podemos ver el Libro de ejercicios como un programa de entrenamiento mental para ayudar a los estudiantes a meditar cuando emprenden el viaje durante el primer año con el Curso, que es «un comienzo, no un final» (L-ep.1:1). Pero, ciertamente, la meditación no es la orientación básica del Curso. Más bien, su proceso es hacer que seamos más conscientes y nos sintonicemos más con la presencia del Espíritu Santo, de modo que Le experimentemos a lo largo del día y muy especialmente cuando sintamos la tentación de disgustarnos por lo que alguien hace o deja de hacer, o por alguna situación problemática en la que nos encontremos.

Empezar cada día meditando o rezando, acabarlo de igual manera, y pensar en Dios con tanta frecuencia como podamos entre medio —todo lo cual el Curso sugiere que hagamos— puede ayudar a aquietar nuestras mentes.

Pero simplemente hacer solo eso, sin traer la presencia del Espíritu Santo o Jesús con nosotros a nuestro día, no nos despertará del sueño en el que nos hemos escondido. Por lo tanto, la diferencia entre estos dos planteamientos puede verse en cuanto a su entendimiento de qué es la meditación.

Aunque esto no ocurre necesariamente, la meditación puede reforzar la separación entre lo interno y lo externo, pues la meditación tradicional nos separa del mundo de cada día llevándonos a retirarnos, por así decirlo, a nuestras mentes. Así, el mundo se experimenta como pecaminoso en el peor de los casos y como distractor en el mejor, mientras nosotros tratamos de entrar en un espacio de quietud para estar a solas con Dios, o con quienquiera que concibamos como el Ser Último. Y de esta manera el mundo del pecado se hace real, tal como queda implicado en la parte media del cuarto párrafo de esta sección (T-18.VII.4:6-11).

Sin embargo, el propósito del Curso es ayudarnos a darnos cuenta de que lo interno y lo externo no están verdaderamente separados, y uno no tiene que retirarse físicamente del mundo para estar cerca de Dios o practicar Su mensaje. El objetivo básico de *Un curso de milagros*, por lo tanto, es hacer que sintamos la presencia del Espíritu Santo y que recordemos Su mensaje a lo largo del día. Esto no significa, por supuesto, que si a nivel personal encontramos que los largos periodos de meditación nos ayudan, deberíamos dejar de hacerlos; eso sería una necedad. La meditación no es el proceso del Curso, pero tampoco es antitética al Curso, siempre que no fomente la separación entre el mundo y nuestros pensamientos. Cualquier cosa que nos acerque al Espíritu Santo y nos permita vivir una vida más amorosa y pacífica en el mundo no puede ser perjudicial. Pero si la meditación no es nuestra forma particular, no hay nada en *Un curso de milagros* que argumente a favor de la meditación regular, una vez completado el programa de formación de un año que viene en el Libro de ejercicios. Como en todo lo demás, el programa de estudios «altamente individualizado» (M-29.2:6) de nuestras vidas está guiado por el Espíritu Santo, y las decisiones deben dejarse a Su Amor.

Ahora examinemos el sexto párrafo de la sección «No tengo que hacer nada» (T-18.VII.6), ya citado en la Introducción a esta Parte. La línea precedente habla del feliz descubrimiento de que «no tengo que hacer nada», y a dicho descubrimiento se refiere la primera frase que sigue aquí:

He aquí la liberación final que todos hallarán algún día a su manera y a su *debido tiempo*. Tú no tienes necesidad de ese tiempo. Se te ha economizado tiempo porque tú y tu hermano estáis juntos. Este es el medio especial del que este curso se vale para economizarte tiempo.

Aquí el Curso identifica la manera específica en la que considera que encaja en el plan de Expiación. Este camino es la curación de las relaciones a través del perdón. Enfocarse en las relaciones como nuestra aula escolar espiritual ahorra tiempo porque, como hemos comentado brevemente y volveremos a comentar en el milagro, otras personas parecen traer a nuestra conciencia buena parte de la culpa que de otro modo llevaría mucho más tiempo resolver.

No aprovechas el curso si te empeñas en utilizar medios que les han resultados útiles a otros y descuidas lo que se estableció *para ti*.

Esto va en paralelo con una declaración de Jesús a Helen en medio de un juicio iracundo que en una ocasión ella estaba haciendo contra alguien: «No tomes el camino de otro como propio, pero tampoco deberías juzgarlo».[9] En otras palabras, el simple hecho de que el Curso funcione para ti no significa que seas mejor que otro, o que el Curso sea mejor que el camino de esa persona. Tu preferencia es simplemente una declaración de que este es el camino con el que resuenas. El camino de otro puede ser tan válido como el tuyo.

Jesús también nos advierte en contra de intentar seguir dos caminos espirituales al mismo tiempo. Si bien inicialmente puede ser posible para una persona practicar *Un curso de milagros* y seguir también otro camino, generalmente resultará muy difícil hacer esto sin conflicto. Hay distintos caminos porque hay diferentes necesidades, y una no es inherentemente mejor o peor que otra. Sin embargo, son diferentes, y muchas de sus ideas estarán en conflicto. Por ejemplo, si te dedicas asiduamente a un camino, y después haces lo mismo con otro camino que contiene pensamientos que contradicen los del primero, el conflicto es inevitable. El resultado final es que a fin de armonizar la disonancia tendrás que reinterpretar ciertas ideas, no solo del Curso, sino

---

9   Véase *Ausencia de felicidad: la historia de Helen Schucman, la escriba de* Un curso de milagros, p. 430 (edición original). Consulta el material relacionado al final de este libro para obtener información adicional.

de otros caminos. Así se hace un mal servicio a ambas espiritualidades. Por tanto, es posible que seguir otros caminos junto con el Curso provenga de un miedo inconsciente a lo que *Un curso de milagros* enseña. Por lo tanto, al enfocarte en otro camino diluyes el mensaje del Curso, una técnica sutil del ego, aunque común, para defenderse de sus enseñanzas. Así, si sentimos que *Un curso de milagros* es nuestro camino, eso es lo que deberíamos practicar; ahí es donde debería estar nuestra dedicación. Y reiterando un punto anterior, si después de algún tiempo creemos que el Curso no es para nosotros, entonces encontraremos otro camino que seguir.

Ahorra tiempo valiéndote únicamente de los medios que aquí se ofrecen y no hagas nada más.

Jesús está diciendo básicamente que la única preparación que hemos de aceptar es que no tenemos que hacer nada. No necesitamos hacer ningún otro ritual o práctica elaborados. De hecho, en el Texto hay otras dos secciones que preceden a esta que afirman que no tenemos que prepararnos para el instante santo (T-18.IV.1-5; T-18.V.2-3). Por lo tanto, la única preparación que Jesús nos pide a lo largo de *Un curso de milagros* es reconocer que «no tengo que hacer nada». Esto no significa que a nivel conductual no hagamos nada. Más bien, esta afirmación hace referencia al hecho de que no tenemos que hacer nada porque el problema ya ha sido resuelto para nosotros.

Y no solo eso, la declaración también hace énfasis que no hay un problema externo a nosotros que requiera acción; el problema está dentro de nuestras mentes.

El ego establece un mundo en el que hay continuos problemas, y después pasamos el resto de nuestro tiempo haciendo grandes esfuerzos por intentar resolver un problema que en realidad es un pseudo-problema. Este es uno de los medios que el ego emplea para que no nos demos cuenta de que solo hay un problema, y ese problema, una vez más, está en nuestras mentes: nuestra creencia en la separación.

«No tengo que hacer nada» es una declaración de fidelidad y de una lealtad verdaderamente inquebrantable. Créelo aunque solo sea por un instante, y lograrás más que con un siglo de contemplación o de lucha contra la tentación.

Esto hace referencia a nuestra lealtad indivisa al contenido de *Un curso de milagros*. Esta lealtad puede incluir a Jesús, expresando nuestro compromiso de aceptar su amor y los medios específicos que él nos provee para alcanzarlo. Además, como se explica en el cuarto párrafo de esta sección, no tenemos que luchar contra el pecado mediante la contemplación ni contra las tentaciones externas. Puesto que el pecado no es nada más que un pensamiento ilusorio en nuestras mentes, simplemente tenemos que cambiar de mentalidad reconociendo que no necesitamos hacer nada porque no ocurrió nada que necesite corrección.

Las dos secciones que acabamos de considerar sirven como introducción a lo que *Un curso de milagros* ve como uno de sus principales propósitos: ahorrar tiempo a través de la curación de las relaciones. Los comentarios sobre este ahorro de tiempo forman el corazón de la Segunda Parte: el milagro y su papel en el plan de la Expiación.

CAPÍTULO 6:

El milagro

Para introducir el concepto del milagro, voy a referirme al cuadro 6, la espiral. Esto fue parte de un mensaje personal que Helen recibió,8 otra manera en que Jesús la ayudó a entender la relación entre el tiempo y la eternidad. Es muy similar al cuadro 5, pero aquí la pequeña hendidura se convierte en una espiral que parece romper la línea sólida de la eternidad. En otras palabras, la espiral representa el pensamiento de separación que nosotros creemos que fragmentó el Cielo. En realidad, esa línea sólida no está rota: el Cielo no ha cambiado, y lo mismo le ocurre a su Hijo; la relación entre el Creador y la creación permanece tan unificada como siempre. La espiral representa lo que nosotros creímos haber logrado. Una de las ventajas de ver el tiempo como una espiral, en lugar de cómo una pequeña hendidura, es que la imagen se presta a que nuestra experiencia del tiempo siga adelante indefinidamente.

Si nos imaginamos a nosotros mismos en distintos puntos de la espiral, la línea nos parece diferente, lo que sugiere que nuestra visión del Cielo y de Dios cambia continuamente en función de dónde creemos estar; como siempre, la proyección da lugar a la percepción. A lo largo de la espiral todo es una distorsión de la verdad. Así, esto representa la primera ley del caos del ego: que la verdad es relativa y diferente para cada cual (T-23.II.2:1-2). Así, el «milagro» atañe a la reinterpretación del Espíritu Santo de nuestra experiencia sobre esa espiral a fin de corregir las percepciones erróneas de nuestra mente.

Pensar en cómo nuestros cerebros corrigen automáticamente las distorsiones del cuerpo nos ayudará a entender lo que el milagro hace a otro nivel. A nivel fisiológico, nuestros cerebros corrigen automáticamente las distorsiones existentes en lo que parece ser el mundo objetivo. Por ejemplo, en realidad la imagen que entra en nuestra retina está cabeza abajo y, al principio de la vida terrenal, nuestro cerebro corrige ese error, de modo que en lugar de percibir el mundo cabeza abajo, lo percibimos correctamente. Así, las percepciones incorrectas del cuerpo son corregidas automáticamente. Famosos experimentos perceptuales proveen otros ejemplos: se muestra a una persona un grupo de círculos, y uno de los círculos está incompleto al contener una pequeña brecha. La mayoría de la gente no percibe la brecha y ve el círculo completo. Al leer una página de un libro cuya última palabra es un artículo, y la página siguiente comienza con el mismo artículo, la mayoría de la gente no percibe esa palabra doble, y corrige automáticamente lo que ha visto. Después de haber vivido las «agonías» de corregir los textos de *Un curso de milagros*, soy testigo de ello. Muy recientemente se me ha comentado un error que nunca había visto: la palabra «search» (buscar) estaba escrita sin «r», pero mi cerebro puso automáticamente la letra que faltaba.

Estos ejemplos de las correcciones automáticas que hace el cerebro de las percepciones erróneas del ojo son análogos a cómo el Espíritu Santo nos enseña a lo largo de la espiral. Continuamente percibimos de manera errónea al Cielo y a Dios, porque convertimos a Dios en una imagen fabricada por nuestros egos punitivos. Por lo tanto, el Espíritu Santo nos enseña a perdonar, corrigiendo nuestras percepciones erróneas de Dios y de los demás.

Empezamos nuestro estudio del milagro y del plan de la Expiación con una breve reflexión sobre ese precioso resumen del Libro de ejercicios que define lo que es un milagro (L-pII.13). A medida que lo leemos, nos conviene recordar la espiral del tiempo y su relación con la línea continua de la eternidad.

Un milagro es una corrección. No crea ni cambia realmente nada en absoluto. Simplemente observa la devastación y le recuerda a la mente que lo que ve es falso.

Este pasaje señala que el milagro pertenece al segundo nivel en el que *Un curso de milagros* está escrito. No hace referencia al Cielo en absoluto, solo guarda relación con la espiral. Su función es corregir nuestra manera de percibir. Un objetivo del Curso es que nuestras mentes corrijan automáticamente lo que el cuerpo parece ver. Un punto importante aquí es que el milagro no hace nada, literalmente; no hay nada que tenga que ser hecho. Simplemente, deshacemos los errores que el ego ha cometido. Y por eso aquí se hace la afirmación de que el milagro (que en realidad quiere decir nuestras mentes unidas con el Espíritu Santo) simplemente mira a la devastación que el ego ha fabricado, recordándonos que podemos realizar otra elección e identificarnos con la verdad del Espíritu Santo en lugar de la falsedad del ego.

[El milagro] **corrige el error, mas no intenta ir más allá de la percepción ni exceder la función del perdón. Se mantiene, por lo tanto, dentro de los límites del tiempo. No obstante, allana el camino para el retorno de la intemporalidad y para el despertar del amor, pues el miedo no puede sino desvanecerse ante el benevolente remedio que el milagro trae consigo.**

Veremos que esta idea también se expresa en el Texto. El milagro ocurre dentro del tiempo; no lo abole pero lo colapsa, y por lo tanto ahorra tiempo. Cuando la totalidad del tiempo ha sido corregida y deshecha por el milagro, el tiempo desaparece, y la realidad de nuestro eterno estado como Hijo de Dios queda restaurada en nuestra conciencia. Así, el milagro deshace todos los errores del ego, dejando a la mente dividida libre de pecado, el estado que *Un curso de milagros* denomina el mundo real (del que hablaremos en la Tercera parte). En ese punto, por tanto, desaparece nuestro mundo personal de ataque y separación del ego.

En el milagro reside el don de la gracia, pues se da y se recibe cual uno solo. Y así, nos da un ejemplo de lo que es la ley de la verdad, que el mundo no acata porque es totalmente incapaz de entenderla. El milagro invierte la percepción que antes estaba al revés y de esa manera pone fin a las extrañas distorsiones que manifestaba.

El milagro cambia las percepciones erróneas de nuestra mente, lo cual refleja el propósito de *Un curso de milagros*. Como se afirma en dos lugares:

Este es un curso de entrenamiento mental (T-1.VII.4:1).

El propósito del libro de ejercicios es entrenar la mente de forma sistemática para tener una percepción diferente de todo el mundo y de todas las cosas (L-in.4:1).

Volviendo a nuestra espiral: a medida que nos movemos por diferentes lados, reflejando las múltiples facetas de nuestras experiencias diarias, continuamos experimentando las cosas de otra manera. El objetivo de *Un curso de milagros*, por lo tanto, es enderezar nuestras percepciones de modo que la espiral se convierta en una línea recta; en otras palabras, para que percibamos todas las cosas de la misma manera. Este es el significado de la oración del Año Nuevo que viene al final del Capítulo 15 del Texto: «Haz que este año sea diferente al hacer que todo sea lo mismo» (T-15.XI.10:11).

Ahora la percepción se ha vuelto receptiva a la verdad. Ahora puede verse que el perdón está justificado.

El perdón es la morada de los milagros. Los ojos de Cristo se los ofrecen a todos lo que Él contempla con misericordia y con amor. La percepción queda corregida ante Su vista, y aquello cuyo propósito era maldecir tiene ahora el de bendecir.

El milagro cambia nuestra identificación con las percepciones del ego. En lugar de ver a las personas como enemigos que nos han victimizado, o a quienes nosotros creemos haber convertido en víctimas, vemos a todos compartiendo la misma bendición del Espíritu Santo. El milagro no nos despierta del sueño, sino que corrige nuestra creencia errónea de que ya estamos despiertos, aunque en verdad seguimos dormidos. El milagro solo afecta y cambia lo que está dentro de la ilusión, y por lo tanto prepara el camino para nuestro despertar. Lo que está más allá del sueño no ha de preocuparnos. El perdón es, por supuesto, el medio del milagro, y expresa este cambio en cuanto a cómo nos percibimos unos a otros. Ahora, el especialismo que habíamos fabricado para maldecir se convierte en un aula escolar en la que aprendemos a bendecir. En las inspiradoras palabras de la sección «Pues Ellos han llegado»:

> Donde antes se alzaba una cruz, se alza ahora el Cristo resucitado, y en Su visión las viejas cicatrices desaparecen. Un milagro inmemorial ha venido a bendecir y a reemplazar una vieja enemistad, cuyo fin era la destrucción (T-26.IX.8:4-5).

Cada azucena de perdón le ofrece al mundo el silencioso milagro del amor. Y cada una de ellas se deposita ante la Palabra de Dios, en el Altar Universal al Creador y a la Creación, a la Luz de la perfecta pureza y de la dicha infinita.

Esto apenas necesita comentario. El pasaje es una descripción preciosa del papel del milagro y del perdón, siendo el lirio el símbolo del Curso para este segundo. El altar hace referencia al lugar en nuestras mentes donde elegimos a Dios o al ego. Aquí es el altar de la unidad de Dios y Cristo.

Al principio el milagro se acepta mediante la fe, porque pedirlo implica que la mente está ahora lista para concebir aquello que no puede ver ni entender.

El hecho mismo de que pidamos un milagro, lo que significa pedir ayuda al Espíritu Santo para cambiar nuestra percepción de alguien o de algo del mundo a lo que hemos atacado, implica que debe haber una parte de nuestra mente que está eligiendo no identificarse con el ego. Es a esta parte a la que nos hemos referido como el tomador de decisiones, ese aspecto de la mente dividida que elige si quiere identificarse con el ego o con el Espíritu Santo. Aunque no podemos entender plenamente lo que está más allá del ego, podemos tomar conciencia de que el conflicto y el dolor que estamos experimentando no son lo que verdaderamente queremos. Más bien, queremos «el otro camino» que Bill Thetford y Helen Schucman acordaron encontrar juntos. En términos de la imagen del cuadro 3, pedir un milagro significa decir que queremos contemplar otro cuadro; estamos cansados de sentirnos victimizados, infelices, culpables y ansiosos. Por fin queremos otra cosa.

No obstante, la fe convocará a sus testigos para demostrar que aquello en lo que se basa realmente existe. Y así, el milagro justificará tu fe en él y probará que esa fe descansaba sobre un mundo más real que el que antes veías: un mundo que ha sido redimido de lo que tú pensabas que se encontraba allí.

El hecho de que elijamos el milagro traerá los testigos que nos mostrarán que la Fuente del milagro está verdaderamente presente. Aunque todavía no entendemos ni experimentamos la paz del Cielo, al menos podemos empezar a saber que hay un estado de paz que es posible alcanzar en este mundo. Nótese también la declaración de que el milagro redime al mundo del pecado que nosotros pensábamos que estaba allí. En otras palabras, el mundo mismo no ha cambiado (ni se ha redimido), lo que ha cambiado es simplemente nuestra manera de pensar acerca de él. Como declara el Texto:

> No trates, por lo tanto, de cambiar el mundo, sino elige más bien cambiar de parecer acerca de él. La percepción es un resultado, no una causa. Por eso es por lo que el concepto de grados de dificultad en los milagros no tiene sentido. Todo lo que se contempla a través de la visión es sano y santo (T-21.in.1:7-10).

Los milagros son como gotas de lluvia regeneradora que caen del Cielo sobre un mundo árido y polvoriento, al cual criaturas hambrientas y sedientas vienen a morir. Ahora tienen agua. Ahora el mundo está lleno de verdor. Y por doquier brotan señales de vida para demostrar que lo que nace jamás puede morir, pues lo que tiene vida es inmortal.

La primera frase hace eco a una expresión que viene en el Manual, y a la que nos hemos referido antes (p. 87), sobre el cansancio y la desesperanza del mundo (M-1.4:4-5). Sin embargo, en un lugar tan triste y lúgubre hay esperanza: no de que el mundo cambie (por repetir este importante punto), sino de que nosotros podemos aprender a percibirlo de otra manera. No son nuestros cuerpos los que mueren de hambre y sed, sino nuestras mentes las que anhelan el Amor de Dios, que es lo único que puede nutrirlas. Así, el milagro restaura a nuestra conciencia nuestra verdadera vida en Cristo, una vida que nunca ha muerto.

La imagen del desierto, a la que se apunta aquí, está bellamente presagiada en el siguiente pasaje de la sección «El pequeño jardín», que describe —usando los símbolos del desierto y el jardín— el cambio que se produce en la mente desde la separación y el ataque a la unión y el amor:

> ¡Cuán poco te ofrece tu mísero reino! [...] Contempla el desierto —árido y estéril, calcinado y triste— que constituye tu mísero reino. Y reconoce la vida y la alegría que el amor le llevaría procedentes de donde él viene, y adonde quiere retornar contigo. [...]
>
> El pensamiento de Dios rodea tu mísero reino y espera ante la barrera que construiste, deseoso de entrar y de derramar su luz sobre el terreno yermo. ¡Mira cómo brota la vida por todas partes! El desierto se convierte en un jardín lleno de verdor, fértil y plácido, ofreciendo descanso a todos los que se han extraviado y vagan en el polvo. Ofréceles este lugar de refugio, que el amor preparó para ellos allí donde antes había un desierto. [...] Y bajo su beneficencia tu pequeño jardín crecerá y acogerá a todos los que tienen sed de agua viva, pero están demasiado exhaustos para poder seguir adelante solos (T-18.VIII.8:4,6-7; 9:1-4,8).

Volviendo ahora al Texto, examinaremos unos pocos de los principios de los milagros que hablan específicamente sobre la relación del milagro con el tiempo (T-1.I).[10] Comencemos con el principio 13:

13. Los milagros son a la vez comienzos y finales y, así, alteran el orden temporal. Son siempre afirmaciones de renacimiento, que parecen ir hacia atrás, pero que en realidad van hacia adelante. Cancelan el pasado en el presente y, de este modo, liberan el futuro.

---

10 Para un análisis más detallado de los cincuenta principios del milagro, el lector puede consultar mi libro *Los cincuenta principios del milagro de* Un curso de milagros. Véase el material relacionado al final de este libro para obtener información adicional.

Es imposible entender este principio, y algunos otros, sin entender los conceptos que están representados por la imagen de la alfombra del cuadro 2. Aquí, una vez más, el Curso está hablando del milagro tal como opera dentro del mundo del tiempo lineal. Esto no significa que el tiempo sea verdaderamente lineal, pero puesto que esto es lo que nosotros creemos, aquí es donde se necesita la corrección. Con relación a la alfombra del tiempo del cuadro 2, todos nosotros estamos atascados en algún lugar de ella, y el proceso consiste en retornar al lado izquierdo de la alfombra: Cielo, Dios y Cristo. Dentro del mundo del tiempo, el mundo de la ilusión, parece como si fuera un viaje muy largo. Así, cuando el Curso dice que el milagro ahorra tiempo, hace referencia al ahorro de tiempo dentro de la ilusión que es este viaje, y dentro de esta

Asumamos, por ejemplo, que tenemos un enorme pedazo de culpa asociado con un problema particular: alguien nos ha victimizado de una manera concreta que parece justificar que nos sintamos enfadados con esa persona. Digamos que, dentro del curso normal de los acontecimientos sobre esta alfombra, nos llevaría varias vidas resolver este problema y/o relación. El milagro, si elegimos dejar que lo haga, nos permite deshacer esa gran cantidad de culpa en el contexto de esa relación específica, y perdonar verdaderamente a esa persona en esta vida. Lograr perdonar ese gran pedazo de culpa es lo que ahorra tiempo al deshacer el pasado y liberar el futuro. Por lo tanto, aquí se refleja la idea de que la culpa existe en el pasado: nos sentimos culpables por algo que creemos haber hecho o dejado de hacer; este es el significado del pecado. Proyectamos nuestra culpa sobre el futuro, donde creemos que merecemos ser castigados. Entonces, nos olvidamos de que somos nosotros los que hemos proyectado la culpa, y ahora creemos que la gente nos está victimizando injustamente.

Así, el milagro refleja el cambio de mentalidad que nos permite soltar la culpa, la creencia de que hemos pecado en el pasado. Esto libera al Espíritu Santo para que trabaje a través de nosotros, en el sentido de que ahora estamos permitiendo que se produzca la extensión de Su Amor. En las palabras de la Lección 194: «Pongo el futuro en Manos de Dios» (L-pl.194). Esto no es posible mientras nos aferremos a la culpa del ego. Y es posible, por supuesto, cuando soltamos la culpa, pues eso es lo que libera el futuro. El «comienzo y el final» que se mencionan pueden entenderse como el comienzo y el final de una relación. El «comienzo» sería la relación especial que el ego ha hecho real, mientras que el «final» es el perdón de esa relación: hacerla santa. Ahora pasamos al principio 15:

15. Todos los días deberían consagrarse a los milagros. El propósito del tiempo es capacitarte para que aprendas a usarlo de forma constructiva. El tiempo es, por lo tanto, un recurso de enseñanza y un medio para alcanzar un fin. El tiempo cesará cuando ya no sea útil para facilitar el aprendizaje.

El punto destacado aquí es que el ego fabricó el tiempo como un modo de atraparnos, reforzando nuestra creencia de que la separación y la culpa son reales, y así el miedo al castigo está justificado. No obstante, el Espíritu Santo usa el tiempo a Su manera dentro de la ilusión, de modo que Él nos enseña otra cosa. Para clarificar esta idea, permitidme leer un pasaje del Capítulo 2 del Texto. Esta es una idea muy importante para entender por qué a un nivel Jesús habla del tiempo como una ilusión y de que el mundo ya ha acabado, y sin embargo, a otro nivel, dentro del contexto de nuestra experiencia aquí, habla de él como si fuera real. El contexto de este pasaje, y de lo que le sigue, es el uso de la magia, especialmente en sus formas médicas. Curiosamente, el Curso entiende la magia como cualquier cosa que intente resolver nuestros problemas dirigiéndose a sus manifestaciones externas, en lugar de a su fuente (la culpa) dentro de nuestras mentes. Aquí Jesús nos está enseñando que el uso de la magia no es malo ni pecaminoso; la importancia del tipo de ayuda reside en el propósito para el que se usa.

El valor de la Expiación no reside en la manera en que se expresa. De hecho, si se usa acertadamente, se expresará inevitablemente en la forma que le resulte más beneficiosa a aquel que la va a recibir. Esto quiere decir que para que un milagro sea lo más eficaz posible debe expresarse en un idioma que el que lo ha de recibir pueda entender sin miedo. Eso no significa que ese sea necesariamente el más alto nivel de comunicación de que dicha persona es capaz. Significa, no obstante, que ese es el más alto nivel de comunicación de que es capaz ahora. El propósito del milagro es elevar el nivel de comunicación, no reducirlo mediante un aumento del miedo (T-2.IV.5).

Esto está conectado con lo que dije en la Primera parte: que el Curso viene para satisfacer una necesidad específica que tenemos ahora, pero no es el nivel más alto de comunicación del que somos capaces. No obstante, está claro que es el nivel de comunicación más alto que podemos aceptar en este punto de la historia humana, en el que todavía estamos tan preocupados por el autocentramiento fundamental característico del ego, la avaricia, la obtención de placer y el especialismo rampante. Jesús se encuentra con nosotros de manera muy específica allí donde estamos, y nos provee esta suave corrección del perdón para ayudarnos en nuestro viaje a casa.

Obviamente, hemos hecho que el tiempo sea muy real, lo cual es muy aparente en nuestro mundo occidental contemporáneo casi obsesionado con ahorrar tiempo: comida rápida, viajes rápidos y el anhelo de remedios rápidos, bien a través de las drogas, el sexo o la adquisición instantánea de riquezas. Así, necesitamos un sistema de pensamiento que se presente dentro de este marco y nos enseñe que nuestro propósito es ahorrar tiempo a través del milagro. De ahí que *Un curso de milagros* hable del milagro como de la cancelación del pasado y la liberación del futuro. En realidad, nada de esto es real, puesto que ya ha sucedido y ha sido deshecho. Como comentamos en la Primera parte, estamos situados fuera del tiempo, somos el observador reviviendo lo que ya ha ocurrido (cuadro 3). Una vez más, este énfasis en ahorrar tiempo no es el nivel de comunicación más alto que somos capaces de entender, pero es el nivel más alto que somos capaces de entender ahora.

Otra manera de decir lo mismo es que una de las razones de que el mundo sea una gran trampa es que nos hemos olvidado de la relación entre causa y efecto, y del poder de nuestras mentes, que fabricaron literalmente este mundo. Creemos en la realidad del mundo físico porque reprimimos el hecho de que nosotros lo fabricamos. Uno de los principales enfoques de la enseñanza de *Un curso de milagros* es restaurar en la mente la conciencia de su poder, al ser la causa de todas las ilusiones. Repitiendo un pasaje citado anteriormente:

El milagro es el primer paso en el proceso de devolverle a la Causa la función de ser causa y no efecto (T-28.II.9:3).

Volviendo al principio 15: el Espíritu Santo usa el tiempo como una «herramienta de enseñanza» no porque sea real, sino porque es un medio que nos permite aprender. Cuando hayamos aprendido nuestras lecciones, el tiempo desaparecerá. Puesto que el tiempo no fue creado por Dios, no es eterno, y solo durará mientras se dé realidad al sueño que dio lugar a él. Ahora examinemos el principio 48:

48. El milagro es el único recurso que tienes a tu inmediata disposición para controlar el tiempo. Solo la revelación lo trasciende al no tener absolutamente nada que ver con el tiempo.

Por tanto, el milagro es el único recurso que controla, deshace y ahorra tiempo. Es un recurso muy importante que tenemos a nuestra disposición, como estudiantes del Curso, mientras que la revelación conlleva un cambio repentino a la mentalidad-Uno, siendo una comunicación directa de Dios a nosotros que transciende completamente el tiempo. El milagro entraña un cambio de la mentalidad errada a la correcta; así, nos ahorra tiempo pero no lo abole. El milagro corrige nuestros errores; la revelación los transciende.

Ahora pasamos a la segunda sección del Capítulo 1, párrafo seis (T-1.II.6), que resume muchos de los principios del milagro, particularmente los que comentan las propiedades relacionadas con el ahorro de tiempo. De hecho, es una elaboración del principio 47, que citaré más adelante. A medida que repasamos este pasaje, sería de ayuda recordar la imagen de la alfombra del cuadro 2. Haciendo referencia a la línea media de guiones del cuadro, que representa la línea divisoria sobre la alfombra del tiempo, hay dos puntos, «A» y «B». «A» representa el punto en el que creemos estar, digamos que atascados con un problema de culpa dentro de una relación. Dentro de la duración normal del tiempo nos llevaría mil años resolver esta culpa. En otras palabras, tendríamos que re-experimentar el mismo patrón tal como es en esta cinta de vídeo una y otra vez. El milagro nos eleva verticalmente por encima de la alfombra, llevándonos más cerca del comienzo del tiempo en el punto «B», donde descendemos suavemente sobre la alfombra. Esta es una forma metafórica de describir de qué manera nos ahorra tiempo el milagro. En el instante en que elegimos el milagro y perdonar, saltamos los «miles de años» que nos hubiera llevado soltar nuestros resentimientos por haber sido tratados injustamente.

Dentro del contexto del cuadro 3, el «ahorro de tiempo» puede entenderse como la cantidad de tiempo que nos llevaría presionar el botón del sueño feliz del Espíritu Santo, en lugar del botón de la pesadilla del ego, eligiendo únicamente las cintas de vídeo que son sanadoras y perdonadoras. Finalmente, nos damos cuenta de que el milagro es intemporal, pues no obedece a las leyes del tiempo y ocurre en «un intervalo de tiempo fuera del patrón». Así, en realidad el milagro ocurre fuera del tiempo, aunque se experimenta dentro de él. Esta es su naturaleza paradójica, como se ve en el principio 47:

47. El milagro es un recurso de aprendizaje que reduce la necesidad del tiempo. Establece un intervalo temporal fuera de lo normal que no está sujeto a las leyes usuales del tiempo. En ese sentido es intemporal.

Ahora empezamos con el Capítulo 1, sección II, párrafo 6:

El milagro reduce al mínimo la necesidad de tiempo. En el plano longitudinal u horizontal [una visión lineal del tiempo] **el reconocimiento de la igualdad de los miembros de la Filiación parece requerir un tiempo casi interminable.**

Como el propósito que el Espíritu Santo asigna al tiempo es deshacer la culpa, al hacer que deshagamos la culpa más rápidamente, nuestra necesidad de tiempo disminuye. Dentro de la ilusión del tiempo, el reconocimiento de que el Padre y el Hijo son uno, y de que la Filiación es una Consigo misma, parecería tomar una cantidad de tiempo interminable, situándose el fin a mucha distancia. Como se dice posteriormente en el Texto (T-2.VIII.2:5), el proceso podría tomar millones de años. Esto nos parece así debido a la tremenda cantidad de culpa y miedo que parecen estar presentes en el mundo, por no hablar de en nuestras relaciones especiales individuales.

El milagro, no obstante, entraña un cambio súbito de la percepción horizontal a la vertical. Esto introduce un intervalo del cual tanto el que da como el que recibe emergen mucho más adelantados en el tiempo de lo que habrían estado de otra manera. El milagro, pues, tiene la propiedad única de abolir el tiempo en la medida en que hace innecesario el intervalo de tiempo que abarca.

En lugar de volver de manera lineal sobre la alfombra, el milagro nos eleva por encima de la alfombra. A esto se refiere con la palabra «vertical». El que da y el que recibe el milagro (el perdón) ahora van del punto «A» al punto «B». Así, no es necesario experimentar ese intervalo de mil años, puesto que una vez que se aprende la lección, ya no se necesita ese tiempo. El propósito del Espíritu Santo de deshacer la culpa ha sido realizado, y las experiencias futuras de tiempo de hacen innecesarias.

No existe relación alguna entre el tiempo que un milagro tarda en llevarse a cabo y el tiempo que abarca.

Un milagro solo requiere un instante, lo que *Un curso de milagros* llama un «instante santo», y sin embargo el tiempo que abarca, como vemos en el cuadro, podría ser de mil años. Esto parece cuestionar todas las leyes de la lógica, pero solo porque las leyes de la lógica tratan con una visión lineal del tiempo. El funcionamiento del milagro cobra mucho más sentido si nos damos cuenta de que no es más que un «juego de manos», un truco de magia que el ego nos presenta, como se ha comentado antes (páginas 11-12). El tiempo, sin embargo, puede verse de un modo totalmente distinto: como que colapsa en un instante. Ya hemos visto que el Curso no requiere que entendamos la metafísica del tiempo; solo nos pide que entendamos la importancia de elegir un milagro.

El milagro sustituye a un aprendizaje que podría haber durado miles de años. Lo hace en virtud del reconocimiento implícito de la perfecta igualdad que existe entre el que da y el que recibe en la que se basa el milagro.

La falta de diferencia entre el que da y el que recibe es una importante dimensión subyacente del milagro. El Libro de ejercicios dice: «Dar y recibir son en verdad lo mismo» (L-pI.108): no hay separación entre nosotros; todos somos el mismo. Desde la perspectiva de la espiral que consideramos en el cuadro 6, parece que todos fuéramos diferentes, pues nuestra percepción está distorsionada y cambia de un momento al siguiente. Sin embargo, en realidad, todas las cosas son lo mismo, puesto que las ilusiones solo difieren en su forma; su contenido sigue siendo uno.

El milagro acorta el tiempo al producir su colapso, eliminando de esta manera ciertos intervalos dentro del mismo. Hace esto, no obstante, dentro de la secuencia temporal más amplia.

El milagro retira el intervalo de tiempo entre «A» y «B» en el cuadro 2, y por lo tanto colapsa el tiempo. El milagro no abole el tiempo, puesto que se experimenta dentro de la ilusión de su secuencia temporal. Por lo tanto, todo el propósito del milagro, y de *Un curso de milagros* mismo, es ahorrarnos tiempo.

Pregunta: Esa línea que dice «el milagro sustituye a un aprendizaje que podría haber durado miles de años» parece implicar que si todo ocurrió simultáneamente en un instante, el milagro eliminaría la necesidad de tener que trabajar hacia la corrección de las relaciones una a una. Decir que el milagro colapsará «miles de años» parece implicar que todo un pedazo de culpa, relacionada con cierto tipo de patrón de victimización, quedaría colapsada linealmente a lo largo de todas las encarnaciones.

Respuesta: Correcto. De hecho, si piensas en términos de un ordenador que tuviera todos esos programas de victimización, cuando pides una corrección, en realidad estás presionando el botón borrar, cancelando así todos los programas de victimización. Por eso, en cierto sentido, necesitamos la imagen de una alfombra porque expresa la linealidad en la que creemos. Sin embargo, a fin de entender mejor cómo funciona el milagro, es preferible la imagen holográfica no lineal que transmite la imagen del ordenador. Hay un hermoso pasaje en el Texto que ilustra esta idea de ahorrar tiempo mediante el perdón:

> El primer testigo que verás será a tu hermano, pero tras él habrá miles, y tras cada uno de estos mil más. Puede que cada uno de ellos parezca tener un problema distinto del de los demás. Mas todos se resolverán al unísono   (T - 27.V.10:4-6).

Pasemos ahora a la sección V del Capítulo 1, párrafo dos (T-1.V.2):

La decisión básica del que se ha decidido por el camino de los milagros es no esperar en el tiempo más de lo necesario. El tiempo puede causar deterioro y también puede desperdiciarse. El que obra milagros, por lo tanto, acepta gustosamente el factor de control del tiempo.

La segunda frase es obviamente un juego de palabras. Los traductores del Curso tienen dificultades con esa línea, porque no entienden el uso idiomático en inglés de «perder tiempo», que no tiene paralelismos en otros idiomas. El mensaje básico de esta línea es que podríamos usar el tiempo en nuestro beneficio al considerar el mundo del tiempo lineal como un aula escolar donde aprender que el tiempo no existe. La mención del factor «control del tiempo» nos lleva al siguiente capítulo, donde Jesús comenta la necesidad de entregarle a él todo lo que no importa, poniendo nuestros egos bajo su control, de modo que pueda guiarnos en lo que sí importa (T-2.VI.1:3). Y después nos recuerda que «el tiempo y el espacio están bajo mi control» (T-2.VII.7:9). Esto significa que cuando le entregamos nuestras mentes, su amor puede dirigirnos a aprender nuestras lecciones de perdón por medio del milagro dentro del mundo ilusorio del tiempo y el espacio. Y así ahorramos «el tiempo dedicado a ver cintas de vídeo», puesto que ahora Jesús nos guía para seleccionarlas en lugar del ego.

Pregunta: ¿Esto tal vez implicaría que «el dejar las cosas para mañana» es un mecanismo del ego: que el tiempo puede echar a perder nuestras habilidades o puede debilitarnos?

Respuesta: Sí, y en esa frase encontramos que sujeto y predicado están invertidos. Hablamos de perder tiempo, pero en esa frase se dice que el tiempo echa a perder (o deteriora).

[El obrador de milagros] **reconoce que cada colapso de tiempo nos acerca más a todos al punto en el que finalmente nos podemos liberar de él y en el que el Hijo y el Padre son Uno.**

Esto se parece a la Lección 158, la cual, tal como hemos visto, declara que la revelación de que el Padre y el Hijo son uno ya ha ocurrido. La principal idea de este párrafo es que todas las mentes están unidas. Por eso, la respuesta a la pregunta del Manual: «¿Cuántos maestros de Dios se necesitan para salvar al Mundo?» es «uno» (M-12.1:1). Como la mente de Jesús está totalmente sanada, la mente de la Filiación también está sanada. Se ha demostrado que el principio de Expiación es verdad. Pero en el Curso se nos recuerda que el Espíritu Santo conserva ese pensamiento de curación —cualquier pensamiento amoroso del Reino— para nosotros, hasta el momento en que estemos preparados para aceptarlo (T-6.V-C.1; T-9.II.3; T-11.VIII.2). No podemos evitar nuestra responsabilidad de aceptar la verdad que ya está presente en nuestras mentes. Así, mientras creamos que estamos dentro del sueño, nuestras mentes todavía tienen que ser sanadas; pero, a otro nivel, como las mentes están unidas, si la mente de Jesús está curada, entonces las mentes de todos los demás también lo están.

Igualdad no quiere decir igualdad ahora.

Dentro de la ilusión del tiempo, algunas personas parecen estar más cerca que otras de volver a casa. Algunas tendrán sus habilidades espirituales más desarrolladas que otras; dentro del mundo esto es un hecho que no puede negarse. Y tampoco se niega en *Un curso de milagros*. Así, por ejemplo, el Manual habla de maestros, de maestros avanzados y de Maestros de maestros. Por supuesto, esta última categoría incluye a Jesús, quien dentro del mundo del tiempo está más avanzado que cualquiera de nosotros. Pero eso solo ocurre dentro de la ilusión del tiempo. Tal como él dice:

No hay nada con respecto a mí que tú no puedas alcanzar. No tengo nada que no proceda de Dios. La diferencia entre nosotros por ahora estriba en que yo no tengo nada más. Esto me coloca en un estado que en ti es solo latente.

«Nadie viene al Padre sino por mí» no significa que yo esté en modo alguno separado de ti o que sea diferente, excepto en el tiempo, y el tiempo no existe realmente (T-1.II.3:10–4:1).

Asimismo, más adelante en el Texto Jesús nos recuerda que no neguemos nuestra experiencia de culpa dentro del sueño del tiempo:

Nosotros fabricamos el espacio y el tiempo en el mismo momento en que el ego pareció ocurrir, y en ese mismo instante Dios «dio» al Espíritu Santo como Corrección, el principio de la Expiación. Así, este se convierte en el límite del mundo del tiempo del ego, y establece el hecho de que el error ha sido sanado. (Posteriormente en el Capítulo 2, como se ha citado antes, Jesús dice que la Expiación [o el Espíritu Santo] es el límite que Dios establece a la capacidad del Hijo de crear erróneamente [T-2.III.3:3].)

Un curso de milagros emplea las metáforas del aula escolar en toda su extensión: su título mismo es pedagógico. Así, el Curso describe el mundo de tiempo y espacio como un aula. Cuando tomamos una asignatura en la universidad y la aprobamos, ya no la necesitamos. Aquí la situación es la misma. La Expiación es la lección final, y la aceptación total de la Expiación para uno mismo es el reconocimiento final de que la separación de Dios nunca ocurrió. Cuando por fin hemos aprendido esta lección, el aula desaparece, como desaparece el ego mismo.

La capacidad para aprender carece de valor cuando ya no hay necesidad de cambiar. Los que son eternamente creativos no tienen nada que aprender. Tú puedes aprender a mejorar tus percepciones y puedes convertirte progresivamente en un mejor alumno. De este modo habrá cada vez más armonía entre la Creación y tú, pero la Filiación en sí es una creación perfecta y la perfección no tiene grados. El aprendizaje solo tiene sentido mientras se crea en diferencias.

El aprendizaje no existe en el Cielo, donde solo hay perfección. El aprendizaje solo se requiere dentro de este mundo. En términos del cuadro 6, nosotros creemos estar en la espiral, y por eso tenemos que aprender que la espiral no es nuestro verdadero hogar. Cuando por fin aprendemos nuestra lección, la espiral desaparece. Nuestro aprendizaje ha ocurrido porque el Espíritu Santo se ha unido a nosotros en la espiral para ayudarnos a corregir y a enderezar nuestras percepciones erradas. «La Filiación» hace referencia a la unidad de Cristo, de la que formamos parte. En la analogía del cuadro 2, la unidad de Cristo se representa en el lado izquierdo. A medida que vamos hacia la izquierda en el cuadro, digamos desde el punto «A» al punto «B», y todavía más lejos en el camino de vuelta, nos ponemos en una sintonía cada vez mayor con la unidad de la Filiación. Como dicen las últimas líneas

del pasaje, la existencia de grados solo tiene lugar dentro del mundo imperfecto y erróneamente creado del tiempo y el espacio, una creencia errada
que requiere aprendizaje. Una vez que hemos aprendido totalmente nuestra
lección, lo único que queda en nuestras mentes es la pura experiencia de
nuestra unidad con Cristo y con Dios. Sin embargo, hasta ese momento, el
aprendizaje es necesario para ayudarnos a desaprender el sistema de pensamiento del ego basado en diferencias.

**La evolución es un proceso en el que aparentemente pasas de un nivel
al siguiente. Corriges tus previos tropiezos yendo hacia adelante.**

Esta declaración tiene sentido cuando consideras que la evolución procede
linealmente a través del tiempo. Asimismo, casi toda la gente habla de su vida
espiritual como de un viaje que procede linealmente a lo largo del tiempo.
Un curso de milagros también usa esta imagen; aunque, como hemos visto,
a otro nivel enseña que el viaje «sin distancia» ya ha sido completado y, de
hecho, nunca fue. Por tanto, en este sentido, nuestra alfombra del tiempo del
cuadro 2 no sería válida. El verdadero «movimiento» del viaje es hacia atrás, y
procede de derecha a izquierda en lugar de la visión lineal convencional que
va de izquierda a derecha. Esto es lo que está implicado en la siguiente línea
del Texto:

**Este proceso es realmente incomprensible en términos temporales,
puesto que retornas a medida que avanzas.**

Nosotros nos experimentamos como si estuviéramos evolucionando, pero
en realidad estamos volviendo al Cielo que creemos haber abandonado. En
el cuadro 6 se retrata al tiempo como una espiral descendente, y en realidad
este eje vertical es un modelo mejor que el horizontal de la alfombra. En otro
lugar, *Un curso de milagros* habla de la separación como de una escalera:
nosotros estamos en los escalones más bajos y el Espíritu Santo nos conduce
a ascender los escalones que la separación nos hizo descender (T-28.III.1:2).
Así, estamos volviendo al lugar de partida, pero, una vez más, en verdad
nunca nos fuimos.

A propósito, esta visión es diferente de la del famoso jesuita francés Teilhard de Chardin, quien vio que el proceso de la evolución biológica está esen cialmente completado, y que estamos moviéndonos espiritualmente hacia lo que él denominó el Punto Omega, en el que reconoceremos que todos somos uno. No obstante, desde su perspectiva de paleontólogo, concibió este proceso como un desarrollo evolutivo que ocurre en el tiempo. El contraste es claro con *Un curso de milagros*, donde la curación de la mente ya ha ocurrido. El proceso consiste en aceptar la Expiación que ya se ha completado.

La Expiación es el medio a través del cual puedes liberarte del pasado a medida que avanzas, pues desvanece los errores que cometiste en el pasado, haciendo de este modo innecesario el que sigas volviendo sobre tus pasos sin avanzar hacia tu retorno.

Esto queda claro cuando volvemos a mirar el cuadro 2: vemos que el milagro (en este caso la Expiación) nos ahorra tiempo elevándonos verticalmente por encima de la alfombra del tiempo, y liberándonos de esta manera del pasado a medida que vamos hacia delante, lo que hace innecesario que volvamos sobre nuestros pasos a medida que avanzamos en nuestro retorno a casa. Si pensamos en esto a la luz de nuestra analogía del cuadro 3, significa que no tenemos que reproducir la misma cinta de vídeo o reexperimentar la misma pesadilla de victimización. La Expiación deshace nuestros errores pasados que en realidad son errores de culpa, los errores a los que nos aferramos en nuestra mente.

En este sentido la Expiación ahorra tiempo, pero al igual que el milagro al que sirve, no lo abole. Mientras siga habiendo necesidad de Expiación, seguirá habiendo necesidad de tiempo. Pero la Expiación, en cuanto que plan que ya se ha completado, tiene una relación única con el tiempo. Hasta que la Expiación no se complete, sus diversas fases evolucionarán en el tiempo, pero la Expiación en su totalidad se encuentra al final del tiempo. En ese punto el puente de retorno ya se ha construido.

Si pensamos que la Expiación es el Espíritu Santo, podemos verLe de pie fuera del tiempo junto con nosotros (el observador), esperando nuestra decisión de despertar del sueño. Esto es lo que se quiere decir cuando se señala que la Expiación evoluciona en el tiempo, «pero la Expiación en su totalidad

se encuentra al final del tiempo». En el Libro de ejercicios hay un pasaje maravilloso que establece el mismo punto, hablando del Espíritu Santo:

> Nuestro amor nos espera conforme nos dirigimos a Él y,
> al mismo tiempo, marcha a nuestro lado mostrándonos el
> camino. No puede fracasar en nada. Él es el fin que persegui-
> mos, así como el medio por el que llegamos a Él (L-pII.302.2).

Nuestro siguiente grupo de pasajes trata sobre la distinción que hace el
Curso entre el tiempo y la eternidad, afirmando que ambos están en nuestras mentes. Si pensamos en el observador del cuadro 3, el ego representa
el tiempo y el Espíritu Santo representa la eternidad. Ambos pensamientos
están en nuestras mentes, y nosotros podemos elegir con cuál identificarnos.
Comenzaremos con la Introducción al Capítulo 10 del Texto (T-10.in.1):

**Nada externo a ti puede hacerte temer o amar porque no hay nada
externo a ti.**

La mente dividida contiene todas las ilusiones, que a continuación son proyectadas desde la mente (el observador), y sin embargo aún permanecen
dentro, puesto que «las ideas no abandonan su fuente». Así, todo está dentro
de nuestras mentes, y nada está fuera: lo interno y lo externo son uno y lo
mismo. En la lección 70 se encuentra una enseñanza similar: «Mi salvación
procede de mí».

> El aparente costo de aceptar la idea de hoy es el siguien-
> te: significa que nada externo a ti puede salvarte ni nada
> externo a ti puede brindarte paz. Significa también que nada
> externo a ti puede hacerte daño, perturbar tu paz o disgus-
> tarte en modo alguno (L-pI.70.2:1-2).

Y del Texto:

> Nada puede herirte a no ser que le confieras ese poder
> (T-20.IV.1:1).

Nada que hayas fabricado tiene poder alguno sobre ti, a menos que todavía quieras estar separado de tu Creador y tener una voluntad que se oponga a la Suya (T-22.II.10:2).

Tanto el tiempo como la eternidad se encuentran en tu mente, y estarán en conflicto hasta que percibas el tiempo exclusivamente como un medio para recuperar la eternidad.

En el fondo, todos compartimos la creencia de que estamos en conflicto con Dios. Esta es la creencia básica del ego y una de las principales ideas expresadas en «Las leyes del caos» (T-23.II). Seguiremos estando en conflicto hasta que dejemos que el Espíritu Santo reinterprete el tiempo para nosotros, de modo que ya no se vea como un ataque contra Dios, que fue la razón por la que se fabricó originalmente. Más bien, el Espíritu Santo puede ayudarnos a ver el tiempo como una herramienta de aprendizaje que nos enseña que el ataque a Dios nunca ocurrió. En ese punto, el tiempo ya no se ve en conflicto con la eternidad; en otras palabras, la espiral se ha convertido en una línea recta porque todo se percibe como lo mismo. Esa percepción corregida acelera nuestro camino de vuelta a casa.

No podrás hacer esto mientras sigas creyendo que la causa de cualquier cosa que te esté ocurriendo se encuentra en factores externos a ti.

Mientras creamos que somos víctimas de un mundo que Dios hizo, o que fue hecho por fuerzas externas a nuestras mentes, continuaremos percibiendo el mundo de tiempo y espacio como real. Así, debemos creer que el ataque del ego sobre Dios es real, lo cual, debido a la dinámica de la proyección, significa que creemos que Dios nos atacó de vuelta y nos expulsó del Cielo. Esto es lo que afirma *Un curso de milagros* en dos pasajes muy poderosos sobre el sistema de pensamiento del ego en relación con Dios:

La venganza de Dios contra vosotros dos tampoco cesará, pues en Su locura Él tiene también que poseer ese substituto del amor y destruiros a ambos (T-23.II.13:3).

Si esto [el pecado] fuese cierto, lo opuesto al Cielo se opondría a él y sería tan real como él. Y así la Voluntad de Dios estaría dividida en dos y toda la Creación sujeta a las leyes de dos poderes contrarios, hasta que Dios llegara al límite de Su Paciencia, dividiese el mundo en dos y se pusiera a Sí Mismo a cargo del ataque (T-26.VII.7:3-4).

Llegados a este punto, por supuesto, es imposible ver el tiempo como algo bondadoso, puesto que ya estamos percibiendo un mundo cruel: el resultado de la venganza de Dios contra nosotros.

Tienes que aprender que el tiempo solo existe para que hagas uso de él y que nada en el mundo puede eximirte de esa responsabilidad.

Esto refleja una de las enseñanzas más básicas de *Un curso de milagros*: damos al tiempo, por no mencionar al mundo, poder sobre nosotros. Damos a las personas el poder de herirnos y victimizarnos, y esto convierte al tiempo en un enemigo más que en el amigo que puede ser cuando el Espíritu Santo lo reinterpreta para nosotros. Al mismo tiempo, el Curso nos hace tomar conciencia de que nosotros somos responsables de cómo usamos el tiempo dentro de la ilusión, y nadie más puede ser considerado responsable de su efecto en nosotros: el tiempo está a nuestra disposición, y no al revés, como el ego quiere hacernos creer. Por lo tanto, el mundo, en sus orígenes y por su naturaleza misma, es un intento del ego de oscurecer la responsabilidad de la mente por sus propias proyecciones. Es esta responsabilidad la que debemos aceptar para que se curen nuestras mentes y veamos el tiempo como nuestro aliado en la Expiación.

Pasemos ahora al último párrafo del Capítulo 10 (T-10.V.14).

La arrogancia es la negación del amor porque el amor comparte y la arrogancia no. Mientras ambas cosas te parezcan deseables, el concepto de elección, que no procede de Dios, seguirá contigo.

Mientras creamos que hay una elección en el mundo, entre Dios y el ego, y que *queremos ambos* —a veces queremos la arrogancia del ego, a veces queremos el Amor de Dios—, vamos a permanecer en conflicto. Esto nos recuerda una serie de tres lecciones del Libro de ejercicios:

«El mundo que veo no me ofrece nada que yo desee».
«Más allá de este mundo hay un mundo que deseo».
«Es imposible ver dos mundos» (L-pI.128, 129, 130).

Una vez más, todo se reduce a una elección. Elegir es ilusorio puesto que en la unidad absoluta del Cielo es imposible elegir entre distintas opciones. Sin embargo, dentro de la mente dividida, una vez que la idea de elegir entre Dios y el ego entró en el sueño, aprender a elegir entre la Expiación del Espíritu Santo y la expiación del ego es significativo:

> Aprender es una capacidad que tú inventaste y te otorgaste a ti mismo. No fue concebida para hacer la Voluntad de Dios [...] No obstante, las aprenderás, pues ese es el único propósito de la capacidad de aprender que el Espíritu Santo ve en el mundo (T-31.I.5:1-2,5).

Si bien esto no es verdad en la eternidad, en el tiempo lo es, de modo que mientras el tiempo perdure en tu mente te verás obligado a elegir.

Esta es otra manera que tiene el Curso de contrastar el mundo del tiempo y el mundo de la eternidad. Una vez más, en el Cielo no hay elecciones. El concepto de libre albedrío, como pensamos en él habitualmente, no tiene sentido en el Cielo puesto que somos una parte de Dios, y por lo tanto no podemos tener una voluntad aparte de la Suya. Por lo tanto, nosotros *no podemos* elegir estar aparte de Él. El concepto de libre albedrío solo tiene sentido en un mundo onírico y dualista en el que Dios y Su Hijo están separados. Sin embargo, el Cielo es un estado no dualista en el que Dios y Cristo están unificados, y así Su Voluntad es una. Como afirma *Un curso de milagros*:

> Dios comparte su Paternidad contigo que eres Su Hijo, pues no hace distinción entre lo que Él es, y lo que sigue siendo Él Mismo. Lo que crea no está separado de Él, y no hay ningún

lugar en el que el Padre acabe y el Hijo comience como algo separado (L-pI.132.12:3-4).

La misma idea se expresa en una lección anterior:
Cierra entonces los ojos al mundo que ves, y en la silenciosa oscuridad observa cómo unas luces que no son de este mundo se van encendiendo una por una hasta que deja de ser relevante dónde comienza una y dónde termina la otra, al fundirse todas en una sola (L-pI.129.7:5). Sin embargo, el concepto de libre albedrío es significativo cuando se re-enuncia y se le da el significado de que nuestra voluntad es libre. Pero no significa libre albedrío a nivel de elección, pues el Hijo de Dios no puede elegir ser otra cosa que lo que Dios creó. Así, aquí libre albedrío significa libertad de la voluntad: la Voluntad de Dios y la de Su Hijo no pueden ser aprisionadas por las ilusiones del ego. Como dice el Curso:

> *El Reino está perfectamente unido y perfectamente protegido y el ego no prevalecerá contra él. Amén* (T-4.III.1:12-13).

Y más adelante:

> Y el Cielo mismo, donde todo lo creado es para ti, no representa otra cosa que tu voluntad. [...] ¡Qué maravilloso es hacer tu voluntad! Pues eso es libertad. A nada más debería llamársele por ese nombre. A menos que hagas tu voluntad no serás libre. ¿Y hubiera podido Dios dejar a Su Hijo sin lo que este eligió para sí mismo? [...] Dios no podría haber permitido que Su Hijo fuese un prisionero de aquello que no desea. Él se une a tu voluntad de ser libre. [...] Tu voluntad no tiene límites, pues no es tu voluntad que sea limitada. Lo que mora en ti se ha unido a Dios Mismo en el nacimiento de toda la Creación. [...] No pienses que Aquel que te hizo cocreador del universo junto con Él quiere aprisionarte. Él solo desea que tu voluntad sea eternamente ilimitada (T-30.II.1:8; 2:1-5,8-9; 3:4-5; 4:4-5).

Por lo tanto, la elección y la decisión solo tienen significado dentro del mundo que parece estar fuera de Dios. Aquí parecemos ser capaces de elegir entre el ego y el Espíritu Santo. En el mundo real, donde la capacidad de elegir acaba, solo está el reflejo del Cielo: el Amor del Espíritu Santo.

El tiempo en sí es algo que tú elegiste. Si quieres recordar la eternidad, debes contemplar solo lo eterno.

En este mundo no contemplamos lo eterno en términos de Dios o espíritu, que no pueden ser percibidos. Contemplamos lo «eterno» tal como lo traduce para nosotros el Espíritu Santo, lo que significa contemplar el rostro de Cristo, mirar a alguien con total perdón, ver a todos y a todas las cosas como lo mismo. A esto se refiere *Un curso de milagros* con frases como «el reflejo de la santidad» y «heraldos de eternidad». Como dice el Libro de ejercicios:

> Dios no tiene nombre. Sin embargo, Su Nombre se convierte en la lección final que muestra que todas las cosas son una. Y con esta lección finaliza todo aprendizaje. [...] La experiencia es necesaria como complemento de la Palabra. Pero primero tienes que aceptar el Nombre que abarca toda la realidad y darte cuenta de que los innumerables nombres que diste a todos sus aspectos han distorsionado lo que ves, pero no han afectado a la verdad en absoluto. [...] Y si bien empleamos un nombre distinto para cada aspecto del Hijo de Dios del que nos volvemos conscientes, comprendemos que todos comparten el mismo Nombre, el cual Él les dio (L-pI.184.12:1-2; 13:2-3; 14:1).

Si permites que lo temporal te preocupe, estarás viviendo en el tiempo. Como siempre, tu elección estará determinada por lo que valores. El tiempo y la eternidad no pueden ser ambos reales porque se contradicen entre sí. Solo con que aceptes lo intemporal como lo único que es real, empezarás a entender lo que es la eternidad y a hacerla tuya.

Esto se refiere al uso que el ego hace del tiempo, que consiste en enfocarse en los pecados del pasado, que quedan reforzados por nuestra culpa
y después son proyectados al futuro, lo que nos lleva a creer que seremos
castigados. Por supuesto, esto forma parte del plan del ego para atarnos a
su mundo, haciendo que nuestra atención se distraiga del mundo de perdón
del Espíritu Santo, el cual es Su equivalente del eterno Amor del Cielo. En
este mundo elegimos el tiempo porque ahí es donde creemos estar, pero
la interpretación que el Espíritu Santo hace de él es la que se convierte para
nosotros en un reflejo de la eternidad del Cielo. Todo es cuestión de qué
elegimos. En los pasajes anteriores se considera que la elección está entre el
tiempo y la eternidad; en otros lugares se presenta entre el ego y el Espíritu
Santo, o entre un milagro y un resentimiento. Está claro que en nuestra experiencia mientras estamos en este mundo no podemos elegir verdaderamente
lo intemporal, que aquí no puede conocerse. Así, una vez más, Jesús se está
refiriendo a las expresiones de lo intemporal en este mundo, como el perdón,
que es «el reflejo del Amor de Dios en la tierra» (L-pI.60.1:5).

Ahora pasamos a la primera sección del Capítulo 13 del Texto. Esta sección
contiene el pasaje que me sirvió de modelo para la idea de la alfombra del
tiempo. Es el único lugar de *Un curso de milagros* donde realmente se menciona la «alfombra». Comenzamos en el tercer párrafo (T-13.I.3).

**Al examinarte a ti mismo y juzgar honestamente tus acciones, puede
que sientas la tentación de preguntarte cómo es posible que puedas
estar libre de culpa.**

Esto es cierto para todos los que comienzan a considerar la enormidad de
sus propios sentimientos de falta de valía e inadecuación. La idea de estar
libre de culpa parece absolutamente imposible. Pero, por supuesto, este es
exactamente el juicio que el ego quiere que hagamos. De hecho, es el juicio
original que el ego hizo de nosotros. Pues es la creencia en nuestra culpa
inherente la que requirió que se fabricara el mundo como una defensa contra
el inevitable castigo de Dios por la pecaminosidad que nunca puede ser erra-
dicada: el pecado que se cometió «es irreversible. La mancha de sangre no
se puede quitar» (M-17.7:12-13). Ahora Jesús nos está diciendo, en una línea

a la que ya me he referido, que no tenemos que considerarnos a nosotros mismos libres de culpa a fin de ser curados:

Mas ten en cuenta lo siguiente: no es el tiempo donde no eres culpable, sino en la eternidad.

Esta línea es extremadamente importante, y como ya he dicho antes, está dirigida a esos estudiantes que se esfuerzan por liberarse completamente de todas las relaciones especiales, y después se sienten culpables por no haber conseguido su objetivo. Jesús está diciendo con mucha claridad que dentro del mundo del tiempo, el mundo de la dualidad, *somos* culpables, y que experimentaremos todas las cosas que acompañan a la culpa: enfado, depresión, ansiedad y enfermedad. Por eso hemos venido a este mundo, como el Texto explica más adelante:

> Concéntrate solo en ella [tu buena voluntad], y no dejes que el hecho de que esté rodeada de sombras te perturbe. Esa es la razón por la que viniste. Si hubieses podido venir sin ellas no tendrías necesidad del instante santo (T-18.IV.2:4-6).

Y del Manual para el maestro:

> No te desesperes, pues, por causa de tus limitaciones. Tu función es escapar de ellas, no que no las tengas (M-26.4:1-2).

Por lo tanto, en la eternidad estamos libres de culpa; en el tiempo, donde creemos estar, somos culpables por definición, porque el tiempo fue fabricado a partir de la culpa. Y así no se nos pide que seamos perfectos aquí, sino simplemente que tengamos la buena voluntad de llegar a ser perfectos aprendiendo a perdonarnos a nosotros mismos por, o a escapar de, las limitaciones impuestas por nuestro sistema de pensamiento de pecado, culpa y miedo.

Has «pecado» en el pasado, pero el pasado no existe. Lo que es siempre no tiene dirección.

Aquí encontramos el Nivel Uno y el Nivel Dos expresados en dos frases sucintas. «Dirección» obviamente implica un contraste entre el lugar donde estamos y el lugar hacia donde vamos, y esto solo tiene sentido dentro de un mundo de forma. «Siempre», que es un sinónimo de eternidad, es no-dualista y por lo tanto no tiene contraste o dirección.

El tiempo parece ir en una dirección, pero cuando llegues a su final, se enrollará hacia el pasado como una gran alfombra extendida detrás de ti y desaparecerá. Mientras sigas creyendo que el Hijo de Dios es culpable seguirás caminando a lo largo de esa alfombra, creyendo que conduce a la muerte. Y la jornada parecerá larga, cruel y absurda, pues, en efecto, lo es.

Este viaje es el mundo del tiempo, «largo, cruel y absurdo». Es el camino de la culpabilidad, que es el tejido de la alfombra. Cuando aceptamos totalmente la Expiación para nosotros mismos y deshacemos nuestra creencia en la realidad de la culpa, la necesidad de tiempo acaba, y así la alfombra se enrolla y desaparece.

En el pasaje anterior Jesús establece un silogismo que es típico de su presentación en el Curso:

Si soy culpable, estoy en el tiempo.
Soy culpable.
Por lo tanto, estoy en el tiempo (o al menos experimento el tiempo como real).

Y también enseña que:

Si estoy en el tiempo, debo ser culpable.
Estoy en el tiempo (o al menos creo estarlo).
Por lo tanto, debo ser culpable.

Así, para salir de la prisión del tiempo debemos deshacer la culpa cuestionando nuestra creencia en la realidad de tiempo y espacio. Este es el papel del perdón, y el propósito de *Un curso de milagros* es enseñarnos a realizar esta elección.

El viaje en que el Hijo de Dios se ha embarcado es en verdad inútil, pero el viaje en el que Su Padre le embarca es un viaje de liberación y dicha.

En una parte anterior del Texto Jesús dice que «el viaje a la cruz debería ser el último 'viaje inútil'» que hagamos (T-4.in.3:1). Aparte de las referencias evidentes a su propia crucifixión, Jesús emplea el término como un símbolo del sistema de pensamiento de sufrimiento, sacrificio y muerte propio del ego. Si bien el viaje del ego es inútil y no va a ninguna parte, el viaje que nos tiene destinados el Espíritu Santo nos aleja del sueño de la muerte —simbolizada por la cruz— al despertarnos. En realidad esto no es un viaje porque, repitiéndolo una vez más, es un viaje sin distancia (T-8.VI.9:7) y ya terminó. Sin embargo, para nosotros sí que es un viaje debido a nuestra experiencia como seres espaciales y temporales. Así, el viaje es el proceso de deshacer esta identidad ego, liberando alegremente el recuerdo de quiénes somos verdaderamente.

El Padre no es cruel, y Su Hijo no puede herirse a sí mismo. La venganza que teme y que ve, nunca recaerá sobre él, pues aunque cree en ella, el Espíritu Santo sabe que no es verdad. El Espíritu Santo se encuentra al final del tiempo que es donde tú debes estar, puesto que Él está contigo.

Hay una voz dentro de nuestras mentes que siempre nos está diciendo que Dios nunca puede castigarnos, que nuestros temores son infundados y no están justificados. Pero la voz del ego parece ahogar la del Espíritu Santo, y su voz de miedo grita todo el tiempo que Dios nos castigará definitivamente, y si no de manera inmediata, ciertamente lo hará en el futuro. La aparente paradoja de que el Espíritu Santo está al final del tiempo con nosotros, y al mismo tiempo que está presente con nosotros en el viaje, es comprensible a la luz de nuestro comentario anterior de que el tiempo ya ha terminado, aunque nos experimentamos a nosotros mismos estando en él. Esto es similar a la declaración (a la que nos hemos referido antes) de que estábamos con Jesús cuando resucitó (C-6.5:5); estábamos con él cuando despertó del sueño y se alzó al final del tiempo, y al mismo tiempo él permanece con nosotros en el sueño. Puesto que las mentes están unidas, debemos estar con él porque la Filiación está unificada, aunque para nosotros sigue siendo posible creer que podemos separarnos de ese pensamiento de unidad.

Él ya ha des-hecho todo lo que es indigno del Hijo de Dios, pues esa fue la misión que Dios le dio. Y lo que Dios da, siempre ha sido.

Así, una vez más, el Espíritu Santo está al final del tiempo, reflejando la amorosa presencia de Dios en nuestras mentes. Nuestra verdadera realidad es Cristo, y volviendo a repetir esta importante línea, nosotros permanecemos «en nuestro hogar en Dios, soñando con el exilio» (T-10.I.2:1). La curación de la separación ya se ha completado, la alfombra ya ha rodado hacia atrás. Sin embargo, el problema que persiste es que seguimos sentándonos delante de la pantalla y vemos algo que todavía creemos que es real.

La última línea del párrafo «Y lo que Dios da, siempre ha sido» parece una declaración de doctrina de acuerdo con la tradición teológica de la iglesia, a saber: que el Espíritu Santo siempre ha estado con Dios. No obstante, *Un curso de milagros* enseña algo muy diferente: Dios creó y dio al Espíritu Santo como Respuesta a la separación: la Expiación. Esto puede comprenderse a dos niveles, como la mayoría de las cosas en el Curso. Puesto que el Espíritu Santo forma parte de Dios y es una extensión del Amor de Dios, Él siempre ha sido; pero Su función específica como Mensajero para el Hijo separado y vínculo de comunicación entre Dios y Su Hijo ocurrió después de la separación, y por tanto pertenece al sueño. Sin embargo, como se ha mencionado antes, estos comentarios sobre el Espíritu Santo son metafóricos, y no deben tomarse literalmente, como si Dios hubiera dado una Respuesta a un problema que no existe.

Me verás a medida que aprendas que el Hijo de Dios es inocente.

El «me» se refiere a Jesús, por supuesto, y lo que le mantiene oculto de nosotros es la culpa. Cuando dice, por ejemplo, que él está presente dentro de la relación santa (T-19.IV-B.5:3-4; 8:3), esto no significa que él no esté presente en una relación especial. Puesto que está en nuestras mentes, su amor siempre está con nosotros. Pero la relación especial es el hogar de la culpa, y la culpa mantendrá oculta a la persona que representa para nosotros la ausencia de culpa. Así, la culpa actúa como un velo que mantiene fuera de nuestra experiencia la luz de nuestra ausencia de culpa, que Jesús sostiene para nosotros. A propósito, no se debe considerar que esta declaración sugiere que «veríamos» literalmente a Jesús. Más bien, debería entenderse como una expresión de visión, que es una actitud de la mente y no es perceptual. En la frase de Hamlet, veríamos a Jesús en el «ojo de la mente».

Él siempre anduvo en busca de su inocencia, y la ha encontrado. Pues cada cual está tratando de escapar de la prisión que ha construido, y la manera de encontrar la liberación no se le ha negado. Puesto que reside en él, la ha encontrado. *Cuándo* **ha de encontrarla es solo cuestión de tiempo, y el tiempo no es sino una ilusión.**

Esta idea tiene sentido cuando consideramos que la aparente separación ya ha concluido, y la parte correcta de la mente dividida sabe esto a un nivel, aunque el resto de la mente dividida todavía no lo haya aceptado. Lo que nosotros creemos haber hecho ya ha sido deshecho; hemos encontrado el camino de salida de la prisión, y solo esperamos nuestra aceptación de lo que siempre está allí. Así, solo es cuestión de tiempo que elijamos lo inevitable.

El Espíritu Santo está dentro de la mente dividida, diciéndonos siempre que el sueño ha concluido. Nuestra situación, debido a nuestra identificación con el ego, nos lleva a elegir pesadillas en lugar de sueños felices. Preferimos tener razón a ser felices (T-29.VII.1:9). El proceso de cambiar de mentalidad parece requerir tiempo, pero, una vez más, el tiempo solo es una ilusión. Se puede ver que pasajes como este no tienen sentido sin cierta comprensión de las enseñanzas metafísicas subyacentes sobre la irrealidad fundamental del tiempo; más específicamente de la idea de que el tiempo ha terminado, y simplemente estamos re-experimentando lo que ya ha pasado.

Pues el Hijo de Dios es inocente ahora, y el fulgor de su pureza resplandece incólume para siempre en la Mente de Dios. El Hijo de Dios será siempre tal como fue creado. Niega tu mundo y no juzgues al Hijo de Dios, pues su eterna inocencia se encuentra en la Mente de su Padre y lo protege para siempre.

Esta primera línea parece contradecir lo que acabamos de leer en el párrafo tres de que el Hijo de Dios es culpable ahora. Pero el «ahora» de ese pasaje hace referencia al mundo del tiempo. Aquí, la palabra «ahora» hace referencia al presente sin tiempo, la parte del tiempo que es la ventana a la eternidad. El Hijo de Dios está libre de pecado ahora porque el tiempo ya ha terminado; estamos libres de culpa en términos de nuestra verdadera identidad en Cristo. Como observadores delante de la pantalla del televisor, escuchando solo al Espíritu Santo, estamos libres de culpa, pero cuando elegimos ver sueños de culpa en su lugar, re-experimentamos esos sucesos como si estuvieran ocurriéndonos ahora.

Si la ausencia de culpa está en la Mente del Padre, también debe estar en nuestras mentes, porque el Amor del Espíritu Santo es el puente que une a todas nuestras mentes en una. Juzgar a otros o a nosotros mismos borra esa inocencia de nuestra conciencia, porque es obvio que el juicio significa separación. Así, el miedo de nuestro ego a la unión que marca el final del pensamiento de separación nos lleva a elegir el juicio como un medio de «protegernos» del Amor unificador del Espíritu Santo, reflejado en este mundo por el perdón. La gran importancia de renunciar al juicio como prerrequisito de la paz es un tema importante en el Curso, como se ve en la declaración siguiente:

No tienes idea del tremendo alivio y de la profunda paz que resultan de estar con tus hermanos o contigo mismo sin emitir juicios de ninguna clase. Cuando reconozcas lo que eres y lo que tus hermanos son, te darás cuenta de que juzgarlos de cualquier forma que sea no tiene sentido. De hecho, pierdes el significado de lo que ellos son precisamente porque los juzgas (T-3.VI.3:1-3).

Saltemos al párrafo siete (T-13.I.7):

A medida que percibas a los santos compañeros que viajan a tu lado, te darás cuenta de que no hay tal viaje, sino tan solo un despertar.

Podemos interpretar a los «santos compañeros» de distintas maneras. Podríamos entenderlos como nuestras creaciones que nunca nos han abandonado. Sin embargo, aquí tendría más sentido considerarlos como a todos los hermanos y hermanas que caminan por el mismo sendero que nosotros. Tenemos que volver a recordar que no hay viaje. Es un despertar del sueño, lo que significa que al vernos a nosotros mismos como observadores unidos al Espíritu Santo, despertaremos del sueño, pues ya no estaremos viendo separación o dualidad. Los «santos compañeros» a los que se hace referencia aquí son similares a los «poderosos compañeros» de los que se habla en la cuarta etapa del desarrollo de la confianza (M-4.I.6:11), los cuales, cuando estamos preparados para continuar nuestro viaje, caminan a nuestro lado.

El Hijo de Dios, que nunca ha estado dormido, no ha dejado de tener fe en ti, al igual que tu Padre. No hay ningún camino que recorrer ni tiempo en el que hacerlo. Pues Dios no espera a Su Hijo en el tiempo, ya que jamás ha estado dispuesto a estar sin él. Y, por lo tanto, así ha sido siempre. Permite que el fulgor de la santidad del Hijo de Dios disipe la nube de culpabilidad que nubla tu mente, y al aceptar como tuya su pureza, aprende de él que es tuya.

El «Hijo de Dios» hace referencia a Cristo en nosotros. Uno también podría entender esto como Jesús, que representa para todos nosotros al Hijo de Dios o Cristo que verdaderamente somos. O podría entenderse que el «Hijo de Dios» es el Espíritu Santo que «percibimos» en nuestro hermano, y representa para nosotros a Cristo (o el Hijo de Dios).

En este pasaje las limitaciones de la analogía de la alfombra son muy aparentes, puesto que aquí deja de ser válida. Llegados a este punto, la imagen del caleidoscopio (cuadro 3) funciona mejor, puesto que pone de relieve la no-linealidad del tiempo. Y así, a pesar de las afirmaciones en sentido contrario que el ego hace sobre el tiempo y la separación, nunca hemos estado sin Dios. *Un curso de milagros* se refiere al perdón como la disipación de la nube de culpa. A medida que con la visión de Cristo empezamos a ver la luz de la santidad en nuestro hermano en lugar de la oscuridad de la culpa, abrazamos la misma visión para nosotros mismos. En verdad, la culpa y la santidad percibidas en otro no son sino el reflejo de lo que primero hemos hecho real en nosotros mismos. Pero como lo que hemos hecho real para nosotros es un mundo de dualidad, el proceso de perdón también debe aparecer ante nosotros de forma dualista.

Eres invulnerable porque estás libre de toda culpa.

Esta es una línea clave, pero nos aleja del tema del tiempo. El tema que se expresa aquí es que si estoy libre de culpa, entonces no hay culpa en mí que exija castigo, lo que significa que no puedo ser herido. Mi cuerpo puede ser herido, pero al estar libre de culpa recuerdo mi Identidad como espíritu y *no* mi cuerpo. El dolor es inexistente, como Jesús demostró desde la cruz. Así, podemos decir que las dos ideas básicas con respecto al perdón son nuestra invulnerabilidad y ausencia de pecado.

Solo mediante la culpa puedes seguir aferrado al pasado. Pues la culpa establece que serás castigado por lo que has hecho, por lo tanto, depende del tiempo unidimensional, que comienza en el pasado y se extiende hasta el futuro. Nadie que crea esto puede entender lo que significa «siempre» y, de este modo, la culpa le impide apreciar la eternidad. Eres inmortal porque eres eterno, y «siempre» no puede sino ser ahora. La culpa, entonces, es una forma de conservar el pasado y el futuro en tu mente para asegurar así la continuidad del ego.

Es la culpa lo que nos mantiene enraizados en este mundo. Nos mantiene sobre la alfombra porque nos enseña que el pasado pecaminoso es real; y la culpa exige que seamos castigados en el futuro. Obviamente, esta dinámica establece la linealidad del tiempo del ego, que es unidimensional porque va en una dirección: el pasado a través del presente al futuro; el pecado a través de la culpa al castigo. Este pasaje también explica por qué tenemos tantas dificultades para entender lo que dice *Un curso de milagros* sobre el tiempo. Esto se debe a que nuestra culpa nos enraíza en el tiempo unidimensional, impidiéndonos entender que el tiempo no es real, y que todo ha ocurrido ya, y de hecho ha terminado: ni siquiera estamos aquí.

Pues si se castiga el pasado, la continuidad del ego queda garantizada. La garantía de tu continuidad, no obstante, emana de Dios, no del ego. Y la inmortalidad es lo opuesto al tiempo,

pues el tiempo pasa, mientras que la inmortalidad es constante. Aceptar la Expiación te enseña lo que es la inmortalidad, pues al aceptar que estás libre de culpa te das cuenta de que el pasado nunca existió y, por lo tanto, de que el futuro es innecesario y de que nunca tendrá lugar.

Un poco más adelante veremos que el Curso hablará de nuevo sobre la continuidad en términos de la continuidad del ego frente a la de Dios o el Espíritu Santo. Por ahora, simplemente podemos anotar la distinción entre la continuidad del ego a través de la culpa y la continuidad de Dios a través del amor, que está asegurada mediante la presencia del Espíritu Santo en nuestras mentes divididas.

El recordatorio de este pasaje es otro ejemplo de que *Un curso de milagros* vuelve del Nivel Dos al Nivel Uno: aprendemos que estamos libres de culpa al perdonar a otros. Al aprender que ellos no son culpables, en realidad estamos aprendiendo que nosotros no somos culpables. Si no somos culpables no hay pecado, y eso significa que no hay pasado, pues el pecado solo tiene significado en el pasado. El pecado es lo que mantiene el pasado en nuestras mentes, y esa es la razón por la que el psicoanálisis, por ejemplo, nunca puede curar verdaderamente. Su enfoque en el pasado hace real el pasado, y así el pecado y la culpa también son reales. Entonces, ¿cómo es posible deshacer el pasado una vez que se le ha dado realidad?

En el tiempo, el futuro siempre se asocia con expiar, y solo la culpa podría producir la sensación de que expiar es necesario. Aceptar como tuya la inocencia del Hijo de Dios es, por lo tanto, la forma en que Dios te recuerda a Su Hijo y lo que este es en verdad. Pues Dios nunca ha condenado a Su Hijo que, al ser inocente, es también eterno.

Esta primera frase es una corrección sutil de la enseñanza cristiana, que también se halla en otras religiones, de la necesidad de expiar los pecados. Una vez que creemos que tenemos que expiar pecados, hemos caído en la trampa de creer que el pecado es real. Entonces debemos corregir en el futuro lo que hemos hecho en el pasado, y esto establece la realidad del tiempo lineal. La verdadera Expiación deshace la culpa simplemente yendo más allá de ella a la ausencia de culpa subyacente. Eso es lo que quiere decir

Un curso de milagros cuando indica que el Espíritu Santo mira más allá de los errores a la verdad. En un pasaje temprano del Texto, Jesús explica la visión:

La visión espiritual literalmente no puede ver el error y busca simplemente la Expiación. Todas las soluciones que los ojos del cuerpo buscan se desvanecen. La visión espiritual mira hacia dentro e inmediatamente se da cuenta de que el altar ha sido profanado y de que necesita ser reparado y protegido. Perfectamente consciente de la defensa apropiada, la visión espiritual pasa por alto todas las demás y mira más allá del error hacia la verdad (T-2.III.4:1-4).

Así, nuestro mutuo perdón es el medio a través del cual Dios nos recuerda que, como hijos Suyos, estamos libres de pecado. Este es el plan de Expiación del Espíritu Santo: yo reconozco la ausencia de pecaminosidad del Hijo de Dios en ti, y esta conciencia, compartida contigo en mi mente, me enseña que yo también soy esa ausencia de culpa.

Pasemos ahora a la sección VI «Cómo encontrar el presente», párrafo cuatro (T-13.VI.4):

El tiempo puede liberar así como aprisionar, dependiendo de quién es la interpretación de este que eliges usar. El pasado, el presente y el futuro no son estados continuos, a no ser que impongas continuidad en ellos.

Esto reitera lo que hemos venido diciendo: el tiempo, en manos del ego, nos aprisiona todavía más en el pecado, la culpa y el miedo; mientras que para el Espíritu Santo, el tiempo es un aula escolar en la que aprendemos que la trinidad impía no existe. Dentro del mundo de la ilusión, pasado, presente y futuro son continuos. Entonces, la culpa de mi pasado determina mis acciones presentes, que siempre deben involucrar algo de miedo al futuro. Sin embargo, el tiempo no es continuo, pues todo ocurrió en un instante. El propósito del tiempo, como hemos visto muchas veces, es confundirnos con respecto a este hecho. Una cita anónima tomada de National Geographic lo resume de esta manera:

El tiempo es la manera que tiene la naturaleza de impedir que todo ocurra de una vez (marzo de 1990, p. 109).

Puedes percibirlos [pasado, presente y futuro] **como que son continuos, y hacer que lo sean para ti. Pero no te engañes y luego creas que realmente lo son.**

Sin embargo, esto es lo que todos nosotros hacemos. Percibimos erróneamente la realidad, y después tratamos de justificarla. Erigimos una miríada de filosofías, psicologías y teologías para demostrar que la percepción errada es verdadera. Un ejemplo destacado de esta dinámica, citado frecuentemente en *Un curso de milagros*, es la teología tradicional cristiana. Comienza con la premisa de que nuestros pecados del pasado son reales, la culpa presente está justificada y a veces incluso es saludable, y a menos que expiemos por ella con una vida de sufrimiento y sacrificio, seremos castigados merecidamente por nuestros pecados en el futuro. Esta teología, que en realidad es el efecto de la creencia subyacente en el pecado que se acepta como divinamente ordenada, y por lo tanto objetivamente cierta, a continuación se convierte en la prueba de que somos pecaminosos. No obstante, la circularidad de este razonamiento no se examina nunca, y por lo tanto no puede ser corregida. Como dice el Texto con respecto a este error:

> Si se examina la crucifixión desde un punto de vista invertido, parece como si Dios hubiese permitido, e incluso fomentado, el que uno de Sus Hijos sufriese por ser bueno. [...] El auténtico cristiano, sin embargo, debería hacer una pausa y preguntarse: «¿Cómo iba a ser posible esto? [...] No es muestra de sensatez aceptar un concepto si para justificarlo tienes que invertir todo un marco de referencia. Este procedimiento es doloroso en sus aplicaciones menores y verdaderamente trágico a una escala mayor (T-3.I.1:5,8; 2:2-3).

Pues creer que la realidad es lo que a ti te gustaría que fuera, de acuerdo con el uso que haces de ella, *es* ilusorio.

La palabra «ilusorio»[11] [delirante] aquí es deliberada, pues esta es la palabra que se usa para denotar a las personas psicóticas que tienen ilusiones [delirios] con respecto a la realidad. Hacen del mundo lo que ellas quieren que sea, tal como todos lo hacemos a otro nivel. Al hacer de la realidad del Cielo una ilusión, y de la ilusión del mundo la realidad, todos nosotros nos volvemos dementes, como *Un curso de milagros* afirma con tanta frecuencia. El ego comienza con una creencia en el pecado, la culpa y el miedo, y así «prueba» circularmente que pecado, culpa y miedo son reales. Si bien en este mundo ciertamente hay una diferencia entre los delirios de los psicóticos y las ilusiones que los no-psicóticos compartimos, dinámicamente las ilusiones siguen siendo las mismas. Como a los trabajadores de los manicomios les suele gustar comentar: la única diferencia real entre los pacientes y los sanitarios es que estos últimos tienen las llaves de las salas.

Quieres destruir la continuidad del tiempo dividiéndolo en pasado, presente y futuro para tus propios fines.

La realidad del tiempo es que es holográfico, pero lo hemos dividido en presente, pasado y futuro. La única dimensión real es la intemporalidad. Lo más que podemos acercarnos a ella en este mundo sería el instante santo. En términos del cuadro 2, esto significa que cuando elegimos un milagro, el Espíritu Santo nos eleva por encima del mundo unidimensional de tiempo y espacio.

Pregunta: Otro problema involucrado en nuestra comprensión de esto es que nadie ha experimentado nunca personalmente el tiempo como *adimensional*, o continuo en ese sentido, ni ha escrito sobre esa experiencia empleando categorías científicas. Hay relatos de místicos y otros que han empleado drogas para inducir estados alterados de conciencia, pero no parece haber relatos de experiencias personales expresadas en categorías estrictamente científicas. ¿No nos ayudarían esas descripciones a entender lo que el Curso está diciendo?

---

11   La palabra empleada por Rosa M. Wynn en su traducción es, efectivamente «ilusorio». Ahora bien otra traducción aparentemente más precisa en este contexto sería «delirante» y es a la palabra «delirante» a la que hace referencia Ken Wapnick en este comentario.

Respuesta: Podrían, y estamos avanzando rápidamente hacia una reconstrucción de nuestra comprensión del tiempo. La nueva física nos está ayudando a acercarnos a ese punto al deshacer los antiguos conceptos del tiempo lineal. Como he dicho otras veces, creo que *Un curso de milagros* está adelantado a su tiempo, perdonad el juego de palabras. Para que sus ideas sean aceptadas plenamente en el mundo, como lo han sido las ideas de la Biblia, por ejemplo, el Curso debe esperar a que el mundo «se ponga a la altura» en términos de desarrollar suficientemente sus propios sistemas de pensamiento para ser capaz de incorporar conceptos tales como los que estamos comentando aquí.

Quieres prever el futuro basándote en tus experiencias pasadas y hacer planes de acuerdo con esas experiencias. Sin embargo, al hacer eso estás alineando el pasado con el futuro, y no estás permitiendo que el milagro, que podría intervenir entre ellos, te libere para renacer.

Obviamente, esto no significa nacer de nuevo en el sentido fundamentalista cristiano de proclamar que Jesucristo es nuestro Señor y Salvador. Al elegir tener un sueño feliz, en lugar de la pesadilla del ego, deshacemos el «nacimiento» del ego que sustituyó a nuestro nacimiento en Cristo, y renacemos al mundo real. Este «renacimiento» es la condición previa para despertar del sueño de separación a fin de reexperimentar nuestro nacimiento como una creación de Dios.

El tema de planificar para el futuro se comentará detenidamente más adelante (Capítulo 8), cuando examinemos algunos pasajes del Libro de ejercicios. Se trata de un tema importante porque planificamos todo el tiempo, y dicha planificación siempre se basa en nuestra experiencia pasada, lo cual es otra forma sutil en que el ego hace que su mundo de pasado, presente y futuro sea muy real para nosotros. Las primeras lecciones del Libro de ejercicios apuntan a cuánto énfasis hacemos en el pasado. A lo largo de *Un curso de milagros* se hace énfasis en que lo único que vemos son proyecciones del pasado. A continuación, fabricamos el futuro para replicar el pasado, ignorando así el presente. El milagro nos libera de la prisión del tiempo y nos lleva a vivir en el momento presente. En nuestra experiencia, esto significa que vemos a los demás tal como son, nuestros hermanos y hermanas en Cristo, no como nos gustaría que fueran.

El milagro te permite ver a tu hermano libre de su pasado, y así percibirlo como que ha renacido. Sus errores se encuentran en el pasado, y al percibirlo sin ellos lo liberas.

Esto es a lo que El Curso se refiere con «contemplar la faz de Cristo»: no ver los pecados del pasado de otra persona. Cualquier cosa de la que nos hayamos acusado, o de la que hayamos acusado a otro en el pasado, ahora la vemos alegremente como una petición de amor. Esta petición solo puede ocurrir en el presente, y también refleja nuestra propia petición de amor. «Sus errores se encuentran en el pasado» significa que son inexistentes, porque al ver a otros sin esos errores, estamos atestiguando que no han tenido efectos. Como ya hemos visto, si el error de otro no ha tenido efectos, no puede ser una causa, y por lo tanto no existe. Al demostrar este hecho de la Expiación a otros, demostramos que sus pecados están corregidos y deshechos, «expiados». De esta manera les liberamos de la terrible carga de la culpa, tal como nos liberamos a nosotros mismos, como dice la frase siguiente:

Y puesto que su pasado es también el tuyo, compartes esa liberación. No permitas que ninguna sombra tenebrosa de tu pasado lo oculte de tu vista, pues la verdad se encuentra solamente en el presente, y si la buscas ahí, la encontrarás. La has buscado donde no está, por lo tanto, no la has podido encontrar.

La imagen de una nube se usa con frecuencia en el Curso, y generalmente representa nuestra culpa. Por supuesto, es mi propia nube oscura de culpa la que proyecto sobre ti, creyendo que realmente está allí. Así, no te veo tal como eres: no puedo ver la luz brillando en ti porque mi nube oscura de culpa está oscureciéndola.

Este pasaje también expresa otro tema importante que discurre a lo largo del Curso: buscar y encontrar. Si lo que estoy buscando es culpa, eso es lo que veré. Si busco la verdad con respecto a ti en el pasado, y por lo tanto concluyo que tú eres una persona pecaminosa porque me has hecho daño a mí y a otros, nunca podré conocer la verdad real con respecto a ti. De hecho, en realidad estoy negando tu realidad al creer que su verdad reside en el pasado. Y este, por supuesto, es el propósito del ego, a saber: confundirnos con respecto a dónde se encuentra la verdad. Al proyectar el problema fuera de nuestras mentes sobre alguna otra cosa, la solución también debe encontrarse fuera de nuestras mentes. Así, buscamos continuamente la verdad, pero nunca la encontramos porque la buscamos en el lugar equivocado. El milagro es el que nos permite buscar y encontrar, como ahora vemos:

Aprende, pues, a buscarla donde está, y ella alboreará ante los ojos que ven. Tu pasado fue engendrado con ira, y si te vales de él para atacar el presente, serás incapaz de ver la liberación que este te ofrece.

Así, esta es la función del milagro: ver el pecado no en el pasado de nuestro hermano, ni tampoco en el nuestro, sino más bien en el momento presente en el que decidimos hacerlo real. En ese momento de elección, el pasado y la totalidad del tiempo fueron hechos reales, convirtiéndose así en una prisión de la que nunca podríamos escapar. El milagro sostiene la llave que abre la celda de nuestra prisión y nos libera a la libertad del presente. Al examinar nuestra decisión de ser pecaminosos en el presente, somos capaces, al fin, de reconocer la naturaleza ilusoria de lo que hemos elegido. Esto nos permite volver a elegir —nacer de nuevo— y aceptar la verdad del Amor de Dios que también está presente en nuestras mentes.

Has dejado atrás los juicios y la condenación, y a no ser que los sigas arrastrando contigo, te darás cuenta de que te has liberado de ellos. Contempla amorosamente el presente, pues encierra lo único que es verdad eternamente. Toda curación reside en él porque su continuidad es real.

La luz que brilla en cada uno de nosotros es lo que podemos contemplar amorosamente en el presente, cuando nosotros, a través del milagro del perdón, soltamos las cadenas del juicio y de la condena. En este pasaje también encontramos a Jesús yuxtaponiendo la visión del Espíritu Santo de la continuidad del tiempo con la del ego. El Espíritu Santo ve el único tiempo continuo como el presente, el «ahora» que todos compartimos porque todos somos de una mente. Sin embargo, el ego divide el presente en pasado, presente y futuro, cumpliendo así su objetivo de mantenernos separados. Así, la versión del ego de la continuidad es una de sus principales defensas contra la curación del Espíritu Santo, que solo reside en el presente.

El presente se expande hasta todos los aspectos de la Filiación simultáneamente, y esto permite que cada uno de ellos se pueda extender hasta los demás. El presente existe desde antes de que el tiempo diera comienzo y seguirá existiendo una vez que este haya finalizado. En el presente se encuentran todas las cosas que son eternas, las cuales son una. La continuidad de esas cosas es intemporal y su comunicación jamás puede interrumpirse, pues no están separadas por el pasado. Solo el pasado puede producir separación, pero el pasado no está en ninguna parte.

Esto es lo que quiere decir «Cuando me curo, no soy el único que se cura» (L-pI.137). Todas las mentes son una en el presente; esa es la ventana a la eternidad; es el único tiempo que es real. El presente, que contiene el Amor de Dios, existía antes del error y siempre será. El Cuadro 5 trata de ilustrar esto: la línea sólida representa lo eterno que existía antes de que la brecha pareciera existir, y seguirá estando allí cuando la brecha desaparezca. El tiempo —pasado, presente y futuro— manifiesta la creencia del ego en la separación y la fragmentación resultante de la Filiación. Así, el tiempo es una ilusión, un sueño en nuestras mentes que no tiene realidad. La realidad no se ve afectada en absoluto por el sueño de tiempo del ego. Ciertamente, el pasado puede separar, pero solo en un sueño. La continuidad de la eternidad permanece como siempre es.

Pasemos ahora al Capítulo 15 del Texto (T-15.I). La primera sección, «Los dos usos del tiempo», trata fundamentalmente de cómo el ego usa el tiempo. Solo vamos a estudiar los dos primeros párrafos.

¿Puedes imaginarte lo que sería no tener inquietudes, preocupaciones ni ansiedades de ninguna clase, sino simplemente gozar de perfecta calma y sosiego todo el tiempo? Ese es, no obstante, el propósito del tiempo: aprender justamente eso y nada más. El Maestro de Dios no puede sentirse satisfecho con Sus enseñanzas mientras estas no constituyan lo único que sabes. Su función docente no se consumará mientras no seas un alumno tan dedicado que solo aprendes de Él. Cuando eso haya ocurrido, ya no tendrás necesidad de un maestro ni de tiempo en el que aprender.

En otras palabras, si pensamos en nosotros mismos como los observadores sentados frente a la pantalla de vídeo, cuando solo oímos la Voz del Espíritu Santo y elegimos ver solo Sus cintas, ya no Le necesitamos porque hemos aprendido la lección. Llegados a ese punto, tampoco necesitamos el tiempo. Esta primera frase hace eco al objetivo declarado de *Un curso de milagros*, que es alcanzar la paz; no es el conocimiento o el Cielo, sino el mundo real. En ese punto el aprendizaje cesa y el Espíritu Santo ha completado Su función. Todas las cintas de vídeo desaparecen, puesto que las del Espíritu Santo han corregido y deshecho a las del ego. Ahora solo existe el Amor de Dios en la mente del Hijo, y todos sus pensamientos y acciones no hacen sino reflejar ese Amor. La elección está realizada, puesto que él ha hecho la única elección que alguna vez hubo, cancelando así las demás.

La razón del aparente desaliento del que tal vez padezcas es tu creencia de que ello toma tiempo y de que los resultados de las enseñanzas del Espíritu Santo se encuentran en un futuro remoto. Sin embargo, no es así.

Hay varios otros lugares del Curso en los que se menciona esto. Por ejemplo, en el Texto Jesús dice en un pasaje ya citado: «[...] permíteme recordarte que el tiempo y el espacio están bajo mi control» (T-2.VII.7:9). Con esto quiere decir que el tiempo no es lineal, que el espacio no es real, y que si dejamos que nos enseñe su lección, podemos aprender con mucha rapidez. Entonces el tiempo colapsaría, una noción que comentamos antes con relación al milagro: un concepto que no puede ser comprendido por alguien que esté viviendo en un estado de conciencia de dualidad, o de conciencia temporal.

Si miramos al problema de la culpa y del tiempo desde el punto de vista del ego, parecerá como si el proceso de deshacimiento de nuestra culpa fuera interminable, porque nos parece tan enorme; pero esa manera de pensar es otra trampa sutil del ego. Como vimos en la Primera parte, el Libro de ejercicios nos plantea la pregunta retórica: «¿Por qué esperar a llegar al Cielo?» (L-pl.188.1:1). Es muy útil tener esto en mente cuando estamos eligiendo el infierno. Cuando estamos enfadados, molestos, deprimidos o nos sentimos culpables, resulta muy útil darnos cuenta de que eso es simplemente una elección; por lo tanto, lo único que tenemos que hacer es hacer otra elección. El proceso suena simple, pero ciertamente no es fácil. Lo que debemos recordar es que hay otra Voz dentro de nosotros que nos llama continuamente y dice: «Hermano mío, elige de nuevo».

Pues el Espíritu Santo usa el tiempo a Su manera y no está limitado por él. El tiempo es Su amigo a la hora de enseñar. No causa deterioro en Él como lo hace en ti. Todo el deterioro que el tiempo parece ocasionar se debe únicamente a tu identificación con el ego, que se vale del tiempo para reforzar su creencia en la destrucción. El ego, al igual que el Espíritu Santo, se vale del tiempo para convencerte de la inevitabilidad del objetivo y del final del aprendizaje. El objetivo del ego es la muerte, que es su propio fin. Más el objetivo del Espíritu Santo es la vida, la cual no tiene fin.

El ego nos enseña que somos culpables y que estamos separados, que hemos sido victimizados, que el cuerpo y la muerte son reales, que el mundo es real, y así la existencia aquí es absolutamente infructuosa, sin sentido e imposible. Tanto el Espíritu Santo como el ego emplean el tiempo para cumplir con los objetivos de sus enseñanzas. Pero, puesto que los objetivos son diametralmente opuestos, los medios empleados difieren también; el medio del ego es el ataque, y el del Espíritu Santo es el perdón.

Pregunta: ¿Puedes elaborar sobre «la finalidad del ego es la muerte»?

Respuesta: En el sistema de pensamiento del ego, el resultado último de la culpa o del autoodio es que uno muera o sea asesinado. Incluso de manera más concreta, la frase significa que si la culpa exige castigo, el castigo último para el cuerpo, que es el símbolo de nuestro pecado, sería la muerte. Así, el objetivo del ego es claramente la muerte, que sigue siendo el testigo más poderoso de la realidad del ego. Esta idea encuentra eco en el mito de Adán y Eva, donde los dos pecadores son condenados por Dios a una vida de dolor y sufrimiento, que culmina en la muerte: «Pues polvo eres y al polvo volverás» (Génesis 3:19). Sin embargo, *Un curso de milagros* describe la versión de la muerte que ofrece el Espíritu Santo, en la que,

Cuando [el cuerpo] deja de ser útil, se deja a un lado. Eso es todo. La mente toma esta decisión, así como todas las que son responsables de la condición del cuerpo (M-12.5:6-7).

Y en el anexo El canto de la oración viene esta hermosa descripción de la muerte:

No obstante, hay una clase de aparente muerte que tiene otra fuente. No es el resultado de pensamientos hirientes ni de una furia desenfrenada contra el universo. Significa simplemente que la utilidad del funcionamiento del cuerpo ha concluido, de manera que se elige abandonarlo, en forma similar a como uno se desprende de una vestimenta raída.

Esto es lo que debiera ser la muerte: una elección tranquila, que se lleva a cabo felizmente y con una sensación de paz, pues el cuerpo se ha usado con bondad para ayudar al Hijo de Dios en el camino que lo lleva a Dios. Le damos gracias al cuerpo por el servicio que nos ha prestado (S-3.II.1:8–2:2).

Ahora volvemos al último párrafo de esta sección, que establece el mismo punto que hemos venido considerando (T-15.I.15):

El tiempo es tu amigo si lo pones a disposición del Espíritu Santo. Él necesita muy poco para restituirte todo el Poder de Dios.

Estamos muy acostumbrados a ver el tiempo como un enemigo. Ciertamente, en términos de la vida humana, el tiempo es nuestro enemigo: envejecemos, nos debilitamos y en último término morimos. De hecho, Freud enseñó que desde el momento en que nacemos estamos en el proceso de morir. Desde el punto de vista del ego esto es absolutamente correcto. Nuestra vida, desde el nacimiento, es un viaje inevitable hacia la muerte.

Pregunta: ¿Es la idea de que las cosas están constantemente en un estado de decaimiento, en el proceso de venirse abajo?

Respuesta: Sí, y así es como se ve también el universo. Por tanto, el tiempo debe ser visto como un enemigo porque trae la muerte del cuerpo, el cual creemos que es nuestro ser. Como enseña el Libro de ejercicios:

> El cuerpo es una cerca que el Hijo de Dios imagina haber construido para separar a unas partes de su Ser de otras. Cree vivir dentro de esa cerca, para morir a medida que esta se deteriora y se desmorona. Pues cree estar a salvo del amor dentro de ella. Al identificarse con lo que considera es su seguridad, cree ser lo que esta es (L-pII.5.1:1-4).

El tiempo, satisfaciendo una vez más el propósito del ego, se convierte en nuestro indómito enemigo, y nuestra única esperanza es evitar la derrota inevitable durante un tiempo.

Aquel que transciende el tiempo por ti entiende cuál es su propósito. La santidad no radica en el tiempo, sino en la eternidad. Jamás hubo un solo instante en el que el Hijo de Dios pudiera haber perdido su pureza. Su estado inmutable está más allá del tiempo, pues su pureza permanece eternamente inalterable y más allá del alcance del ataque. Ante su santidad el tiempo se detiene y deja de cambiar. Y así, deja de ser tiempo. Pues al estar atrapado en el único instante de la eterna santidad de la Creación de Dios, se transforma en eternidad.

Tal como la culpa reside en el tiempo, la santidad reside en la eternidad. Cuando cumple su propósito de llevarnos allí, el tiempo se vuelve santo, y sirve al propósito de perdón del Espíritu Santo. Nos unimos a ese propósito en el instante santo, el intervalo fuera del tiempo en el que elegimos usar el tiempo para despertar del sueño, en lugar de permanecer en él. Así, hay una línea en el Texto que dice: «No hay ni un solo instante en el que el cuerpo exista en absoluto» (T-18.VII.3:1). Esto es una referencia a este instante santo, que refleja la intemporalidad de la eternidad. En ese instante en el que no hay tiempo, no puede haber cuerpo, ni pecado ni muerte. El ataque es imposible, pues no hay cuerpo con el que atacar o mediante el cual ser atacado. Y el cambio es imposible, pues el Amor del Espíritu Santo mantiene la Identidad del Hijo de Dios como el Cristo inmutable. El Cuadro 5 ilustra que la pequeña brecha o instante de tiempo no ha tenido efecto en la eternidad, en la que habita nuestro Ser, el Cristo.

El título del capítulo en el que viene esta sección es «El instante santo», y es el primer lugar en el que el Curso presenta plenamente la enseñanza de Jesús sobre el instante santo. Dicho de otra manera, el instante santo es cuando elegimos el milagro, el cual, como ya hemos visto, nos eleva por encima del tiempo. Así, se convierte en un heraldo de la eternidad, una ventana a la eternidad, un reflejo de nuestra santidad en el Cielo. Por tanto, el propósito del tiempo ha sido transformado desde el de ser un agente aprisionador al de ser liberador, y al fin nuestras mentes están libres para fundirse en Dios.

Da el instante eterno, para que en ese radiante instante de perfecta liberación se pueda recordar la eternidad por ti. Ofrece el milagro del instante santo por medio del Espíritu Santo y deja que sea Él Quien se encargue de dártelo a ti.

Jesús nos apremia para que pidamos ayuda al Espíritu Santo a fin de elegir un milagro en lugar de un resentimiento, unirnos en lugar de atacar, mirar el sueño feliz en nuestro reproductor de vídeo en lugar de la pesadilla. De hecho, se nos pide que lo dejemos todo en sus manos. Nuestro trabajo es simplemente pedir el milagro. Como ya hemos señalado, la extensión del milagro a través de nosotros es Su responsabilidad. Como dice Jesús en el Texto con relación al perdón:

> Extender el perdón es la función del Espíritu Santo. Deja eso en Sus manos. Ocúpate únicamente de entregarle aquello que se puede extender. No guardes ningún secreto tenebroso que Él no pueda usar, antes bien, ofrécele los pequeños regalos que Él puede extender para siempre (T-22.VI.9:2-5).

Ahora pasaremos al Capítulo 22, la sección «La impecabilidad de tu hermano», párrafo ocho, frase cinco (T-22.II.8:5-6):

Aquel Cuya función es salvar, salvará. Cómo lo ha de lograr está más allá de tu entendimiento, pero cuándo lo va a hacer está en tus manos.

Esto es una extensión directa de lo que acabamos de decir. Nuestra única responsabilidad es elegir el milagro. No debe preocuparnos cómo extenderá el Espíritu Santo Su milagro a través de nosotros. Nuestra única preocupación es elegirlo. Como hemos visto, la expresión del milagro ya ha ocurrido, pues esa cinta de vídeo particular ya ha sido filmada y está en el banco de memoria del ordenador de nuestras mentes. Lo que queda es que *aprendamos* a elegirlo. Así, nosotros elegimos *cuándo* presionamos los botones.

Pues el tiempo es una invención tuya y, por lo tanto, lo puedes gobernar. No eres esclavo de él ni del mundo que fabricaste.

El engaño del mundo es que estamos sometidos a fuerzas que están más allá de nuestro control: no podemos controlar la devastación del tiempo sobre nuestros cuerpos; no podemos controlar lo que otras personas nos hacen. Esta creencia nos conduce a identificarnos con una imagen de la víctima perfectamente inocente que todos creemos ser. A medida que nos aproximamos al último velo de la falta de perdón que nos separa del Amor de Dios, descrito en «Los obstáculos para la paz», se nos pide que miremos verdaderamente por primera vez el sistema de pensamiento del ego:

> Te parece que el mundo te abandonaría por completo solo con que alzases la mirada. Sin embargo, lo único que ocurriría es que serías tú quien lo abandonaría para siempre. En esto consiste el restablecimiento de tu voluntad. Mira con los ojos bien abiertos a eso que juraste no mirar, y nunca más creerás que estás a merced de cosas que se encuentran más allá de ti, de fuerzas que no puedes controlar o de pensamientos que te asaltan en contra de tu voluntad (T-19.IV-D.7:1-4).

Jesús está diciéndonos que podemos elegir cambiar de mentalidad y elegir un tipo de experiencia diferente, reconociendo que nuestras decisiones son las que determinan nuestras tensiones y son las causas de nuestras *experiencias* de victimismo. Solo somos esclavos de nuestras propias elecciones.

Pregunta: Esa es una línea muy fuerte: «Pues el tiempo es una invención tuya y, por lo tanto, lo puedes gobernar». ¿Cuántas personas en este mundo han tenido alguna vez una experiencia de gobernar el tiempo?

Respuesta: Muy, muy pocas. Este es el propósito de los pasajes como este: enseñarnos la verdad que nuestra experiencia desmiente. Podemos ver de nuevo la enseñanza revolucionaria de *Un curso de milagros*, que dice literalmente que el mundo entero es una ilusión. Nuestra experiencia del tiempo y del espacio solo existe en nuestras mentes, y por lo tanto tenemos el poder de cambiar dicha experiencia. Aquí también está involucrada una idea metafísica más profunda, pues esto significa literalmente que podemos cambiar el tiempo. La manera de aprender a hacerlo es elegir lo que parecen ser los pequeños milagros en la vida de cada día.

Pasemos ahora al Capítulo 25, sección III, párrafo seis (T-25.III.6):

Todo aquel que se encuentra aquí ha venido a las tinieblas, pero nadie ha venido solo ni necesita quedarse más de un instante. Pues cada uno ha traído la Ayuda del Cielo [el Espíritu Santo] **consigo, lista para liberarlo de las tinieblas y llevarlo a la luz en cualquier momento.**

El contexto de estas declaraciones es nuestra visión lineal del tiempo. Cuando nacemos a este mundo, que es un mundo de oscuridad, no estamos solos, aunque nuestro ser físico ha sido expulsado repentinamente de su hogar en el útero materno. El Espíritu Santo permanece dentro de nuestras mentes. Así, mientras que nuestra experiencia física es que nacemos a este mundo solos, separados de nuestra madre y obligados de manera creciente a valernos por nosotros mismos, lo cierto es que no estamos solos, puesto que la amorosa presencia del Espíritu Santo también está dentro de nuestras mentes.

Esto puede ocurrir [ser conducido fuera de la oscuridad] **en cualquier momento que él decida, pues la ayuda está aquí, esperando tan solo su decisión. Y cuando decida hacer uso de lo que se le dio, verá entonces**

que todas las situaciones que antes consideraba como medios para justificar su ira se han convertido en eventos que justifican su amor.

Vemos la misma idea expresada una y otra vez: no tenemos que esperar a una felicidad futura, pues podemos ser felices ahora mismo. Esta es una expresión muy práctica y específica de la idea básica del Curso de que en cualquier momento dado podemos elegir el Espíritu Santo en lugar de al ego. A continuación, podemos ver que lo que el ego había interpretado como una situación que involucraba a una víctima y un victimario, ahora ha cambiado y experimentamos a dos hijos de Dios iguales, cada uno pidiendo el amor que ha negado. A pesar de la *forma* de lo que parece estar ocurriendo, esto sigue siendo verdad. Y esta verdad espera el reconocimiento de nuestras mentes de que estamos haciéndonos esto a nosotros mismos. Esto se expresa muy poderosamente en el pasaje siguiente:

> El secreto de la salvación no es sino este: que eres tú el que se está haciendo todo esto a sí mismo. No importa cuál sea la forma del ataque, eso sigue siendo verdad. No importa quién desempeñe el papel de enemigo y quién el de agresor, eso sigue siendo verdad. No importa cuál parezca ser la causa de cualquier dolor o sufrimiento que sientas, eso sigue siendo verdad. Pues no reaccionarías en absoluto ante las figuras de un sueño si supieras que eres tú el que lo está soñando. No importa cuán odiosas y cuán depravadas sean, no podrían tener efecto sobre ti a no ser que no te dieras cuenta de que se trata tan solo de tu propio sueño (T-27.VIII.10).

Pasamos ahora a la sección VI, «Tu función especial», en medio del párrafo cinco (T-25.VI.5):

Esto, por supuesto, se refiere al final del tiempo, cuando todo el mundo haya completado su papel de perdonar dentro del plan de la Expiación. Consideraremos este tema con detenimiento en la Tercera parte. El tema de tener todavía mucho que hacer en este mundo se expresa en la Lección 169, que ya se ha comentado, donde Jesús habla de las dimensiones metafísicas del tiempo. De repente se desmarca diciendo que no hay manera de que podamos entender estas ideas, y más bien deberíamos hablar de lo que podemos entender: el perdón. Aun nos queda mucho por hacer, lo cual se refiere, por supuesto, a perdonar a nuestros compañeros especiales. Todos nosotros debemos completar nuestras partes, de otro modo el plan está incompleto. Este es el significado de la Lección 186: «De mí depende la salvación del mundo».

Cada cual *tiene* un papel especial en el tiempo, pues eso fue lo que eligió, y al elegirlo, hizo que fuese así para él. No se le negó su deseo, sino que se modificó la forma del mismo, de manera que redundara en beneficio de su hermano y de él, y se convirtiera de ese modo en un medio para salvar en vez de para llevar a la perdición.

Cuando la alfombra se desplegó y nosotros elegimos ese instante en el que el terror tomó el lugar del amor, en ese mismo instante elegimos a todos nuestros compañeros de amor y de odio especiales, todas las maneras en que experimentaríamos los guiones de víctima y victimario del ego. Así, contenido y forma ocurrieron simultáneamente, puesto que el tiempo secuencial es ilusorio. Dentro del mismo instante ilusorio el Espíritu Santo deshizo el error: contenido y forma. Así, ahora estas relaciones especiales se convierten en nuestra función especial. Dicho de otro modo, junto con la colección de cintas de odio, crueldad, separación y muerte del ego, está su contraparte: una manera diferente de mirar al mundo. Nuestros egos desearon ser especiales, y ahora este deseo original se manifiesta en nuestras relaciones especiales. Cuando elegimos identificarnos con el Espíritu Santo, este mismo deseo de ser especiales asume el contenido de ser una petición de ayuda, y así, ahora la forma sirve a la amorosa respuesta de perdón del Espíritu Santo hacia nosotros. A propósito, la palabra «forma» de la última frase del párrafo anterior tiene el significado de «contenido», otro ejemplo más de un uso inconsistente del lenguaje (forma) por parte de Jesús, que sin embargo permanece consistente en cuanto a su significado (contenido).

Los últimos pasajes del Texto que examinaremos están en el Capítulo 26, en la sección «La inmediatez de la salvación» (T-26.VIII.1). Comenzamos con el primer párrafo de esta sección.

El único problema pendiente es que todavía ves un intervalo entre el momento en que perdonas y el momento en que recibes los beneficios que se derivan de confiar en tu hermano.

Aquí encontramos la misma idea que se ha mencionado antes: nosotros todavía creemos en la realidad del tiempo y en la enormidad de la tarea de soltar nuestra culpa. Creemos que se requiere una enorme cantidad de tiempo entre el momento en que elegimos el perdón y el momento en el que recibimos los beneficios del Espíritu Santo, lo que se refiere a los beneficios de soltar la culpa y experimentar la paz que viene de confiar verdaderamente unos en otros. Reiterando la línea citada anteriormente:

> No tienes idea del tremendo alivio y de la profunda paz que resultan de estar con tus hermanos o contigo mismo sin emitir juicios de ninguna clase (T-3.VI.3:1).

Creemos que debemos sacrificar nuestra felicidad presente para expiar por los pecados a fin de asegurar la felicidad futura, una creencia que en último término surge de la dinámica de que la culpa exige castigo. Esto no nos permite darnos cuenta de que podemos ser felices *ahora*. Y si bien este proceso parece llevar tiempo, en verdad solo lleva un instante: el instante santo en que elegimos como guía al Amor del Espíritu Santo y al perdón, en lugar de la culpa y el miedo del ego. El instante santo no requiere tiempo en absoluto pues ocurre en la dimensión de la intemporalidad.

Esto tan solo refleja la pequeña distancia que aún deseas interponer entre vosotros para que os mantenga un poco separados [la pequeña brecha de separación de la que habla esta sección del Texto]. **Pues el tiempo y el espacio son la misma ilusión** [separación]**, pero se manifiestan de forma diferente.**

Nos aferramos a la idea de que estamos separados unos de otros, y al hacerlo nos aferramos a la idea de que el mundo separado de tiempo y espacio es real. El tiempo y el espacio consisten en la misma ilusión de estar separados, y, de hecho, no son sino diferentes formas de este mismo pensamiento. Ahora Jesús pasa a hablarnos de las dos formas diferentes de esta ilusión, el tejido básico de nuestra existencia aquí.

Si [la separación] **se ha proyectado más allá de tu mente, piensas que** [esa separación] **es el tiempo.**

La línea puede leerse así: «Si la separación ha sido proyectada más allá de tu mente, piensas en ella como tiempo». Esta es la ilusión de la linealidad del tiempo: pasado, presente y futuro, que conduce a una visión de que lo que ocurrió hace mil años es diferente de lo que está ocurriendo ahora, y también es diferente de lo que ocurrirá dentro de mil años. Así, manifestamos la ilusión de separación dividiendo el tiempo y separando sus fragmentos, distorsionando la verdadera continuidad del tiempo que el instante santo nos revela.

Cuanto más cerca se trae [la separación] **a tu mente, más crees que es el espacio.**

Esto significa que ahora pensamos que tú y yo estamos habitando la misma dimensión temporal, pero seguimos estando separados porque habitamos distintos espacios. Así, encontramos distintas variantes de la misma idea básica de estar separados. Una variante es que estamos separados en el tiempo, de modo que yo estoy separado de los antiguos griegos, de la gente prehistórica y de los dinosaurios, y también estoy separado de cualesquiera formas que creamos que evolucionarán en el futuro. Otra variación es decir que compartimos la misma dimensión de tiempo, pero seguimos estando separados porque estamos separados físicamente. Aquí Jesús nos enseña que no hay diferencia entre decir que tú y yo estamos físicamente separados, y decir que yo estoy separado de la gente que vive en otros periodos de la historia. Simplemente son diferentes formas de la misma idea. Y así, nuestro enraizamiento en la separación hace imposible que creamos que podemos ser sanados ahora, tal como leemos a continuación saltándonos un párrafo:

Sin embargo, la salvación es inmediata. A no ser que la percibas así, tendrás miedo de ella, creyendo que, entre el momento en que

aceptas su propósito como el tuyo propio y el momento en que sus efectos llegan hasta ti, el riesgo de pérdida es enorme.

A menos que elijamos aceptar el instante santo *ahora*, continuaremos sosteniendo el sistema de pensamiento ilusorio del ego que nos enseña a temer el castigo vengativo del Amor de Dios. Así, nuestra única salvación es sufrir dolor y sacrificarnos ahora, a fin de aplacar Su ira y esperar ser salvados en algún momento futuro. Saltándonos unas líneas, leemos:

El tiempo es tan neutral como el cuerpo, salvo en lo que respecta al propósito que le asignas.

Así, volvemos a ver que una vez que el ego fabricó el tiempo para satisfacer su propósito de atacar a la eternidad, el tiempo se vuelve neutral en nuestra experiencia onírica de estar aquí. Por tanto, el tiempo puede seguir sirviendo al propósito del ego y mantener la ilusión de nuestro pasado pecaminoso, nuestro presente culpable y nuestro temible futuro, o puede servir al propósito del Espíritu Santo de deshacer esta creencia demente a través del perdón. El propósito es el único criterio para evaluar significativamente cualquier aspecto del mundo físico.

Vayamos al párrafo seis (T-26.VIII.6:1-2):

Llevar a cabo la corrección en su totalidad no requiere tiempo en absoluto. Pero aceptar que la corrección se puede llevar a cabo parece prolongarse una eternidad.

Una vez más vemos que el nivel metafísico y el experiencial se expresan juntos. Para llevar a cabo la corrección desde nuestra posición fuera del tiempo como observador (cuadro 3), solo necesitamos cambiar los botones que vamos a pulsar, decidiendo así que el tiempo es una ilusión que ya no deseamos. Esto no requiere tiempo porque ya ha ocurrido. En el pasado solo necesitamos un instante ilusorio en el que creer al ego, y ahora solo necesitamos el instante santo ilusorio para deshacer esa elección equivocada. Sin embargo, parece llevar una cantidad de tiempo tremendamente larga *dentro* del mundo de la ilusión. Dentro de la ilusión del tiempo, la Expiación parece ser un proceso tremendamente largo, y el final parece estar muy, muy lejos. No obstante, en realidad, la salvación ocurre en solo un instante, porque ya ha sido lograda en un instante.

Pasemos ahora al Libro de ejercicios y examinemos un par de pasajes que van a decir esencialmente lo mismo que hemos venido comentando. Comenzamos con los párrafos trece y catorce de la Lección 136, «La enfermedad es una defensa contra la verdad» (L-pI.136.13-14). La línea precedente dice que lo que la Voluntad de Dios dispone para nosotros debe ser recibido. Esto expresa la idea de que dar y recibir son lo mismo, y así lo que Dios nos ha dado ya lo hemos recibido y no podemos perderlo. Este es el contexto de los pasajes que examinamos ahora.

Este hecho es lo que demuestra que el tiempo es una ilusión. Pues el tiempo te permite pensar que lo que Dios te ha dado no es verdad ahora mismo, como no puede por menos que serlo.

Si Dios nos ha dado la creación, y se ha dado a Sí Mismo a nosotros, entonces nosotros somos esa creación, la extensión de ese Ser, y por tanto no podemos estar separados de Él. Sin embargo, el tiempo nos dice que estamos separados. Incluso si en nuestros mejores momentos creemos que estamos realmente separados ahora, pero seremos premiados en el Cielo cuando muramos, todavía estamos bajo la misma ilusión: la de que hay una brecha entre donde estamos y donde están Dios o el Cielo. La realidad es que el mundo del tiempo es un sueño, y nosotros permanecemos despiertos en Dios y siendo uno con Él.

Los Pensamientos de Dios son totalmente ajenos al tiempo. Pues el tiempo no es sino otra absurda defensa que has urdido contra la verdad. Lo que Él dispone, no obstante, está aquí, y tú sigues siendo tal como Él te creó.

Recuerda que el contexto de esta lección es que la enfermedad es una defensa contra la verdad. Nosotros inventamos el tiempo como una defensa contra la verdad de la eternidad, y así esta línea es otra declaración muy clara de la enseñanza del Curso de que ni Dios ni el Espíritu Santo fabricaron el tiempo. El Espíritu Santo simplemente reinterpretó el tiempo para nosotros.

La verdad es que el tiempo o el espacio no nos han separado de Dios, pues seguimos siendo uno con Él, tal como Él nos creó.

El poder de la verdad es muy superior al de cualquier defensa, pues ninguna ilusión puede permanecer allí donde se le ha dado entrada a la verdad. Y esta alborea en cualquier mente que esté dispuesta a deponer sus armas y a dejar de jugar con necedades.

La verdad ha entrado en nuestras mentes a través del Espíritu Santo, y así lo único que tenemos que hacer es aceptar Su presencia e identificarnos con Ella, y en ese punto toda la ilusión del tiempo desaparece. Así se nos pide que «dejemos de jugar» con lo que en otro lugar se define como los juguetes infantiles del pecado (T-29.IX.6:2-3; T-30.IV.4:6-11; L-pII.4.5:2). El pecado, la base del sistema de pensamiento del ego, nos parece muy serio. Sin embargo, en verdad el pecado es tan tonto como cualquier juego que juegue un niño, y no tiene más realidad que el mundo ilusorio de los juguetes infantiles o los sueños que tenemos mientras dormimos. Así, leemos, por ejemplo:

> Los dioses que inventaste —opresores e incapaces de satis-facerte— son como juguetes infantiles descomunales. Un niño se asusta cuando una cabeza de madera salta de una caja de resorte al esta abrirse repentinamente o cuando un oso de felpa, suave y silencioso, emite sonidos cuando lo aprieta.[...] Mas tú no estás en peligro. Puedes reírte de los muñecos que saltan de cajas de resorte y de los juguetes que emiten sonidos, de la misma manera en que lo hace el niño que ya ha aprendido que no suponen ningún peligro para él. [...] Las ilusiones que creas con respecto a ti mismo no obedecen ninguna ley. Parecen danzar por un rato, al compás de las leyes que promulgaste para ellas. Mas luego se desploman para no levantarse más. No son más que jugue-tes, hijo mío, de modo que no lamentes su pérdida (T-30.IV.2:1-2; 3:5-6; 4:3-6).

¿De qué manera puede actuar un ejército en sueños? De cualquier manera. Podría vérsele atacando a cualquiera con cualquier cosa. Los sueños son completamente irracionales. En ellos, una flor se puede convertir en una lanza envenenada, un niño en un gigante y un ratón rugir como un león. Y con la misma facilidad el amor puede trocarse en odio. Esto no es un ejército, sino una casa de locos. Lo que parece ser un ataque concertado no es más que un pandemónium (T-21.VII.3:7-14).

La verdad se puede encontrar en cualquier momento; incluso hoy mismo, si eliges practicar darle la bienvenida.

La verdad de la eterna presencia de Dios en nosotros, y de la eterna presencia interna de Cristo en nosotros, puede llegar en cualquier instante. Lo único que es necesario es que, como observadores de estos sueños dementes, cambiemos lo que queremos experimentar. En el momento en que cambiamos ese deseo, el cambio ya ha ocurrido. Como dice la maravillosa línea del Libro de ejercicios: «Lo único que nos concierne ahora es dar la bienvenida a la verdad» (L-pII.14.3:7). Cambiar de mentalidad y dar la bienvenida a lo que ya está ahí es, por tanto, nuestro único verdadero deseo.

Ahora pasaremos al primer párrafo de la Lección 138, «El Cielo es la alternativa por la que me tengo que decidir» (L-pI.138.7:1-2). Esta lección dice que el Cielo es una elección. Pero es la elección de aceptar lo que ya tenemos, no algo que todavía tengamos que lograr: el Cielo ya está en nosotros.

Así pues, hoy comenzamos a examinar la decisión que el tiempo tiene como finalidad ayudarnos a tomar. Tal es su santo propósito, diferente ahora del que tú le habías conferido [...]

Está claro que esto no significa que el Espíritu Santo haya fabricado el tiempo, sino simplemente que Él reinterpreta lo que *nosotros* fabricamos. Fabricamos el tiempo para atacar a Dios, lo que refleja nuestra elección a favor del infierno, mientras que el Espíritu Santo reinterpreta el tiempo como una ayuda para elegir el Cielo. Asimismo, el Curso en otra parte describe la «fabricación» del mundo por parte del Espíritu Santo:

El mundo tiene otro Hacedor, el Corrector simultáneo de la creencia desquiciada de que es posible establecer y sostener algo sin un vínculo que lo mantenga dentro de las Leyes de Dios, no como la Ley en sí conserva al universo tal como Dios lo creó, sino en una forma que se adapte a las necesidades que el Hijo de Dios cree tener. [...] En el mundo al que el error dio lugar existe otro propósito porque el mundo tiene otro Hacedor que puede reconciliar el objetivo del mundo con el propósito de Su Creador (T-25.III.4:1; 5:1).

Hago énfasis en este punto porque con frecuencia los estudiantes del Curso tomarán estas líneas, así como otras, fuera de contexto para mantener que Jesús enseña que Dios o el Espíritu Santo fabricaron el tiempo. Esto sería una lectura muy errada de lo que el Curso quiere decir realmente, que es que el tiempo «es transformado de la intención que tú le diste»; una intención de asesinato e infierno. Entregado al Espíritu Santo, el tiempo queda reinterpretado y es transformado en un medio de salir del infierno. Así, una vez más estamos hablando de propósito, y su cambio del del ego al del Espíritu Santo. Permíteme leer la cita de nuevo:

Tal es su santo propósito, diferente ahora del que tú le habías conferido: ser un medio para demostrar que el infierno era real, que toda esperanza acaba en desesperación y que la Vida Misma finalmente sucumbirá ante la muerte.

Así, este es el significado que dimos al tiempo. Si cambiamos de mentalidad, el Espíritu Santo es capaz de enseñarnos que el tiempo es irreal. El tiempo, por lo tanto, se convierte en un aula escolar en la que aprendemos que lo que realmente queremos es el Cielo. De hecho, el Cielo es lo que verdaderamente somos; y el infierno, la desesperación y la muerte son ilusiones.

Pasemos a la Lección 194, «Pongo el futuro en manos de Dios» (L-pl.194.4). Ya leí brevemente este pasaje en otro contexto, pero ahora lo repetiré y después continuaré. Empiezo por el cuarto párrafo, otra expresión clara del uso que hacen el Espíritu Santo y *Un curso de milagros* de nuestras ilusiones de tiempo para enseñarnos que no hay tiempo.

Tu futuro está en Manos de Dios, así como tu pasado y tu presente. Para Él son lo mismo y, por lo tanto, deberían ser lo mismo para ti también.

Esto refleja la verdadera continuidad del tiempo, de que todo es uno. Toda la extensión del tiempo, que abarca miles de millones de años, no es más que un instante ilusorio.

Sin embargo, en este mundo la progresión temporal todavía parece ser algo real. No se te pide, pues, que entiendas que el tiempo no tiene realmente una secuencia lineal. Solo se te pide que te desentiendas del futuro y lo pongas en Manos de Dios. Y mediante tu propia experiencia podrás comprobar que también has puesto en Sus Manos el pasado y el presente porque el pasado ya no te castigará más y el miedo al futuro ya no tendrá sentido.

Si llevamos nuestra culpa al Espíritu Santo —nuestras ilusiones a la verdad, nuestra oscuridad a la luz—, Él puede alejarlas de nosotros. Una vez más, vemos que *Un curso de milagros* nos pide que entreguemos la culpa del pasado, lo cual no solo nos libera de la creencia de que somos pecadores, sino que también nos libera del miedo de que el futuro nos castigará. Así, el miedo al futuro pierde su significado. Por eso, si no tenemos culpa en nuestras mentes, no podemos tener miedo. El miedo solo viene de la creencia inconsciente de que merecemos ser castigados por los pecados del pasado.

Libera el futuro. Pues el pasado ya pasó, y el presente, libre de su legado de aflicción y sufrimiento, de dolor y pérdida, se convierte en el instante en que el tiempo se escapa del cautiverio de las ilusiones por el que ha venido recorriendo su despiadado e inevitable curso. Cada instante que antes era esclavo del tiempo se transforma ahora en un instante santo, cuando la luz que se mantenía oculta en el Hijo de Dios se libera para bendecir al mundo.

La luz de Cristo había quedado oculta por las nubes de culpa en las que nos habíamos envuelto, y en ellas habíamos proyectado también nuestros pecados, viéndolos en otros en lugar de en nosotros mismos. La frase «curso despiadado e inevitable» refleja la descripción del mundo mencionada previamente en el Manual, en la que se dice que está viejo, agotado y sin esperanzas (M-1.4:4-5).

Pregunta: ¿Podría estar también vinculado a causa y efecto, o acción y reacción, porque dice que es un curso inevitable?

Respuesta: Sí, una vez que elegimos el pecado y la culpa del pasado, debemos inevitablemente ver el mundo como una prisión hostil y temible de la que no hay escapatoria. La desesperación es el efecto inevitable del pecado. La aceptación de la causa como verdadera hace automáticamente que el efecto también lo sea.

Este pasaje refleja asimismo el gran énfasis que se hace en el Curso en que no tenemos que buscar la luz, sino retirar las interferencias a la extensión natural de dicha luz a través de nosotros. En el contexto del amor que ha quedado enterrado dentro de nuestras mentes, el Curso dice, tal como ya hemos visto (véase p. 26 anterior):

> Tu tarea no es ir en busca del amor, sino simplemente buscar y encontrar todas las barreras dentro de ti que has levantado contra él. No es necesario que busques lo que es verdad, pero sí es necesario que busques todo lo que es falso (T-16.IV.6:1-2).

Y en otro pasaje:

> Este curso no pretende enseñar el significado del amor, pues eso está mucho más allá de lo que se puede enseñar. Pretende, no obstante, despejar los obstáculos que impiden experimentar la presencia del amor [...] (T-in.1:6-7).

Ahora el Hijo de Dios es libre, y toda su gloria resplandece sobre un mundo que se ha liberado junto con él para compartir su santidad.

Esta frase resume el mensaje básico de *Un curso de milagros*: a medida que nos perdonamos unos a otros, somos liberados. Puesto que nosotros, como Hijos de Dios separados, somos en último término parte de la mente una del ego, una mente de culpa o falta de perdón, el verdadero perdón deshace esta culpa como una, y así todos somos liberados y sanados conjuntamente. El capítulo siguiente trata específicamente de este asunto.

CAPÍTULO 7:

Culpa: El uso que el ego hace del tiempo

Antes de pasar al siguiente grupo de pasajes, permíteme comentar más sobre el uso que el ego hace del tiempo. Hemos venido hablando del tiempo en el Nivel Dos, que no es la visión metafísica que consideramos en la Primera parte. El contexto aquí es que todo lo que el ego fabricó, y continúa usando, es una defensa contra Dios. Tal vez la más poderosa de estas defensas es el tiempo, que el ego fabricó para protegerse de la amenaza que percibía en la eternidad. En conexión con esto, la culpa es el dispositivo más eficaz del ego para asegurarse de que creamos en el tiempo, porque tal como vamos a ver en algunos de los pasajes que estudiaremos, la culpa nos dice que los pecados de nuestro pasado ocurrieron y son reales. Así, esto significa que hemos de temer el castigo futuro que la culpa nos dice que merecemos. De este modo, el ego hace que tanto el pasado como el futuro sean reales, lo cual ancla con seguridad su versión del tiempo que oscurece el presente, la ventana a la eternidad.

Una de las ideas prominentes que encontramos en muchas, si no en todas las espiritualidades del mundo, tanto de Oriente como de Occidente, es que como el tiempo es real, la salvación debe adherirse a las leyes del tiempo. Así, en Occidente, y particularmente en el cristianismo, a las personas se les enseña que la manera de expiar los pecados del pasado es sacrificarse y sufrir ahora en el presente, para asegurarse así las recompensas del Cielo en el futuro. Esto refuerza claramente la defensa que hace el ego de la linealidad del tiempo. El paralelo oriental de esta noción es la ley del karma, también muy basada en el idea de que el tiempo es lineal. Esta visión oriental mantiene que tenemos que resolver o trabajar nuestros pecados del pasado a través de sucesivas reencarnaciones, lo cual es otra manera de decir que nuestra salvación está en el futuro.

Está claro que una de las cosas en las que se hace mayor énfasis a lo largo de *Un curso de milagros* es en que la salvación es ahora. Es el ahora que está representado por el observador en el cuadro 3. No resolvemos nuestra salvación a través de los sucesos que ocurren dentro del caleidoscopio, el lado derecho del cuadro. Los resolvemos al elegir, más allá del tiempo, soltar todo lo que parece estar en el tiempo. El Curso no está hablando del mismo tipo de cosas que encontramos, por ejemplo, en la Terapia Gestalt, que también hace énfasis en el aquí y ahora. El «aquí y ahora» del Curso está en un nivel mucho más profundo. No le preocupa fundamentalmente la simple actitud de vivir el presente y soltar el pasado, un proceso que sigue estando enfocado en el cuerpo, aunque esta es una parte significativa del proceso. Su objetivo último es soltar totalmente nuestra noción del tiempo. Esa es la razón por la que el Curso hace énfasis continuamente en que la salvación es ahora, dentro del instante santo que nos lleva directamente fuera de la linealidad del tiempo. Llegados a este punto, toda la naturaleza defensiva del tiempo colapsa y el ego mismo desaparece «en la nada de donde provino» (M-13.1:2).

Los pasajes que vamos a examinar ahora reflejan esta manera característica de contemplar el tiempo. Empezamos con el párrafo cuatro de «La función del tiempo» en el Capítulo 13 (T-13.IV.4):

El ego tiene una extraña noción del tiempo, y esa podría muy bien ser la primera de sus nociones que empiezas a poner en duda.

Tal como hace en muchos otros lugares del Curso, Jesús nos está pidiendo que *miremos* con él al sistema de pensamiento del ego. Siguen otros dos ejemplos destacados, incluyendo uno que ya hemos citado en la Primera parte:

> No temas examinar la relación de odio especial, pues tu liberación radica en que la examines. [...] Cuando se examina la

relación especial es necesario, antes que nada, darse cuenta de que comporta mucho dolor (T-16.IV.1:1; T-16.V.1:1).

Puedes llevar las «leyes» del caos ante la luz, pero nunca las podrás entender. [...] Contemplémoslas, pues, detenidamente, para poder ver más allá de ellas y entender lo que son y no lo que quieren probar [en otras palabras, no intentes dar sentido al mundo, sino más bien intenta entender la motivación del ego para mantener la ilusión de que hay un mundo «sostenido» por ciertas leyes]. Es esencial que se entienda cuál es su propósito porque su fin es crear caos y atacar la Verdad. Estas son las leyes que rigen el mundo que tú fabricaste. Sin embargo, no gobiernan nada ni necesitan violarse; necesitan simplemente contemplarse y transcenderse (T-23.II.1:1,4-7).

En este conjunto particular de pasajes Jesús nos está pidiendo que examinemos el uso manipulativo del tiempo que hace el ego a través de la culpa y el miedo. Una vez que comprendemos estas dinámicas y nos damos cuenta del propósito de la culpa, podemos dar un paso atrás y tomar conciencia de que no somos culpables por la razón que creemos. Lo único que ha sucedido es que hemos reproducido la cinta del ego en lugar de la del Espíritu Santo, al habernos enraizado en la creencia de que la culpa y el miedo eran reales y estaban justificados. El problema nunca es aquello de lo que nos sentimos culpables o a lo que tenemos miedo, sino más bien que hemos elegido convertirnos en esclavos de la culpa y el miedo asociados al tiempo. Así, entender el uso que el ego hace del tiempo nos permite realizar otra elección, y eso a su vez nos permite dar un paso importante para liberarnos de la naturaleza aprisionante del sistema de pensamiento del ego.

Volviendo al capítulo 13 del Texto (T-13.IV.4:2):

Para el ego el pasado es importantísimo y, en última instancia, cree que es el único aspecto del tiempo que tiene significado. Recuerda que el hincapié que el ego hace en la culpa le permite asegurar su continuidad al hacer que el futuro sea igual que el pasado, eludiendo

de esa manera el presente. La noción de pagar por el pasado en el futuro hace que el pasado se vuelva el factor determinante del futuro, convirtiéndolos así en un continuo sin la intervención del presente. Pues el ego considera que el presente es tan solo una breve transición hacia el futuro, en la que lleva el pasado hasta el futuro al interpretar el presente en función del pasado.

Ya hemos comentado suficientemente la continuidad del ego, de modo que no tenemos que repasar su dinámica con mucho detalle. «Continuidad», de acuerdo con el ego, es la vinculación de pasado y futuro, que se convierte en una defensa contra la «verdadera» continuidad del presente que conduce continuamente al Cielo. Por otra parte, la continuidad del ego es *su* cielo, que es meramente el infierno. Las teorías psicológicas más prominentes, casi todas ellas derivadas de Freud, son ejemplos de esto. En el caso típico, dichas teorías mantienen de un modo u otro que el niño es el padre del hombre; es decir, lo que ocurre en el pasado nos aprisiona y determina lo que será el futuro. Es como si nuestras experiencias pasadas tallaran nuestro futuro en piedra: su núcleo nunca puede ser cambiado, solo puede ser vestido de otra manera. Así, todo se contempla a través del filtro de nuestro pasado culpable.

El «ahora» no significa nada para el ego. El presente tan solo le recuerda viejas heridas, y reacciona ante él como si *fuera* el pasado. El ego no puede tolerar que te liberes del pasado, y aunque este ya pasó, el ego trata de proteger su propia imagen reaccionando como si todavía estuviera aquí.

La razón por la que el «ahora» no tiene significado es que en el instante santo, que es ahora, soltamos la culpa del pasado y el miedo al futuro que habían oscurecido la presencia continua del Espíritu Santo. Así, decir que el ego no es capaz de tolerar la liberación del pasado no es diferente de decir que el ego tiene miedo del amor, o que tiene miedo del perdón. Por tanto, la atracción de la culpa se convierte en la manera que tiene el ego de protegerse del Amor del Espíritu Santo, pues nuestra aceptación de dicho Amor implica el final de su sistema de pensamiento.

[El ego] **dicta tus reacciones hacia aquellos con los que te encuentras en el presente tomando como punto de referencia el pasado, empañando así su realidad actual. De hecho, si sigues los dictados del ego, reaccionarás ante tu hermano como si se tratara de otra persona, y esto sin duda te impedirá conocerlo tal como es.**

La primera declaración anuncia posteriores comentarios sobre el especialismo, y especialmente la sección «Sombras del pasado» del Capítulo 17. Una vez que vemos a través del filtro del pasado, no podemos ver la luz de Cristo que brilla en los demás. Más bien, lo único que veremos a su alrededor será una sombra de culpa que nosotros hemos puesto allí. La ponemos allí porque la hemos proyectado desde nuestras mentes en un intento mágico de escapar de la culpa de nuestro pasado. Un ejemplo de esto son las personas que tienen problemas sin resolver con su padre, y con las figuras de autoridad en general, y que a continuación contemplan cualquier figura de autoridad como si esa persona fuera su padre. El origen último del problema de autoridad es nuestra creencia en la separación de Dios, la única Autoridad. Véase, por ejemplo, las dos últimas secciones del Capítulo 3 del Texto, donde se comenta este importante tema (T-3.VI,VII).

Y recibirás mensajes de él basados en tu propio pasado porque al hacer que el pasado cobre realidad en el presente, no te permitirás a ti mismo dejarlo atrás. De este modo, tú mismo te niegas el mensaje de liberación que cada uno de tus hermanos te ofrece *ahora*.

El «mensaje de liberación», que es el mensaje de perdón, es que no hay pasado porque no hay pecado ni culpa. Este es el factor crucial porque la culpa es la que mantiene el sistema del ego de una pieza. Por lo tanto, en mi elección de ver a otro está mi elección de verme a mí mismo: culpable o inocente, aprisionado o libre.

Pregunta: Probablemente, el cerebro ha sido programado a lo largo de eones de evolución para reaccionar constantemente al pasado. De hecho, todo pensamiento parece lidiar con eso. ¿Qué método podríamos usar para superar este patrón de acción-reacción?

Respuesta: Krishnamurti hablaba con frecuencia de esto. El primer paso es reconocer, al menos intelectualmente, cuál es exactamente el propósito del tiempo desde el punto de vista del ego. A nivel práctico, cuando empezamos a enfadarnos, lo que significa que ya estamos atrapados en el sistema de pensamiento del ego, deberíamos dar un paso atrás con tanta rapidez como podamos y mirar cómo nos hemos pillado. En esto consiste la «pequeña buena voluntad»; en realidad no hay otra manera. La idea es tratar de detener la reacción del ego lo más cerca posible de su punto de partida.

A propósito, este proceso es similar a la práctica budista de dar un paso atrás y observar nuestros pensamientos, y como ejercicio es extremadamente útil. No estamos tratando de detener los pensamientos, sino simplemente dando un paso atrás y observándolos. En consecuencia, el poder de esos pensamientos disminuye porque su poder reside en que *no* sean vistos. Si estamos dando un paso atrás y observándonos a nosotros mismos empezar a sentirnos molestos, la parte de nosotros que observa no puede ser la parte que está molesta. Esto inicia el proceso de debilitar nuestra identificación con el ego. *Un curso de milagros* explica que no tenemos otra elección que la de elegir como guía al ego o al Espíritu Santo. No hay otras alternativas, y no podemos no elegir. El Texto lo explica así:

> [...] tú no puedes tomar decisiones por tu cuenta. La única cuestión es entonces con quién eliges tomarlas. Eso es todo. [...] No tomas decisiones por tu cuenta, independientemente de lo que decidas. Pues o bien se toman con ídolos o bien con Dios. Y le pides ayuda al anti-Cristo o a Cristo, y aquel que elijas se unirá a ti y te dirá lo que debes hacer (T-30.I.14:3-5,7-9).

El ego trata de enseñarnos que una vez que comienza la ira, se produce una reacción en cadena que debe seguir su curso hasta el final, y entonces, solo en algún momento futuro —una pocas horas, uno o dos días después— se acaba y volvemos a la normalidad. En cierto sentido, por supuesto, seguimos siendo un prisionero porque seguimos siendo víctimas de la ira hasta algún momento del futuro en el que volveremos a estar en paz. Y así este planteamiento sigue estando enraizado en una visión lineal del tiempo, afirmando la idea de que somos prisioneros de nuestro aprendizaje pasado.

Una vez más, el camino de salida de la prisión es simplemente detener la reacción tan rápido como sea posible. Admitimos que hacer esto resulta muy difícil, al menos al principio. Ahora bien, si fuera fácil, Jesús no hablaría de las dificultades con tanta frecuencia como lo hace. Dar un paso atrás y observarnos a nosotros mismos pasar por el proceso es útil incluso si no podemos detenerlo. Es mejor observarse uno mismo pasar por él que estar inmerso en él al cien por cien. Esto ciertamente es un progreso. Y cuando podemos mirar con calma y amabilidad a los ataques de nuestro ego, con el gentil amor de Jesús o del Espíritu Santo a nuestro lado, hemos completado efectivamente nuestra parte en el proceso de perdón. Este mirar con el amor a nuestro lado es lo que constituye los tres pasos del perdón que he comentado en otra parte.[12]

Ahora continuamos con la parte media del sexto párrafo «La función del tiempo» (T-13.IV.6:6):

El ego quiere conservar tus pesadillas e impedir que despiertes y te des cuenta de que pertenecen al pasado.

Podemos pensar en esto como que estamos sentados delante de la pantalla y tenemos dos botones que podemos pulsar, los botones de la pesadilla y del sueño feliz. El ego refuerza continuamente la idea de que nuestro mundo de pesadilla es la realidad: el pecado y la culpa son hechos, y nuestro castigo es merecido. Como hemos visto, esta es la base de las dimensiones pasada y futura del sistema de tiempo del ego, lo que el ego quiere que elijamos en lugar del botón del Espíritu Santo, que enseña que el único momento es ahora. Su enseñanza es que el perdón, no el miedo, es nuestra realidad en este mundo. En el punto en el que hacemos la elección correcta entramos en el sueño feliz, que acaba llevándonos a despertar.

Pregunta: A veces, las personas que se sienten solas en su situación actual pasan mucho tiempo recordando su infancia, o la infancia de sus hijos, etc. ¿Sería esta una manera de usar su pasado para mantener intactos los sueños de su ego?

---

12   Véase, por ejemplo, *El perdón y Jesús*, sexta edición inglesa, pp. 57-64.

Respuesta: Absolutamente. A esto es a lo que el Curso se refiere con fantasías, y las fantasías siempre son una defensa contra una realidad con la que no queremos lidiar. De este modo nos retiramos regresando a los recuerdos del pasado, que pueden ser recuerdos dolorosos que nos permitan decir: «Fui una víctima y por eso soy tan infeliz» o bien son recuerdos agradables que llevan a: «Entonces las cosas eran maravillosas», cuando en realidad no fue así. Ahora bien, creer que nuestro pasado fue feliz nos permite sentirnos tan desdichados como si nuestro pasado hubiera sido terrible, porque sentimos que nuestra experiencia actual de victimismo está justificada en contraste con nuestro pasado maravilloso. El ego nos atrapará independientemente de la forma del sueño.

Saltamos al párrafo siguiente (T-13.IV.7):

Es evidente que la percepción que el Espíritu Santo tiene del tiempo es exactamente la opuesta a la del ego. La razón de ello es igualmente clara, pues la percepción que ambos tienen del propósito del tiempo es diametralmente opuesta. Para el Espíritu Santo el propósito del tiempo es que finalmente se haga innecesario. El Espíritu Santo considera que la función del tiempo es temporal, al estar únicamente al servicio de Su función docente que, por definición, es temporal.

Esta es una estructura común a muchas secciones del Texto, donde la visión del ego se yuxtapone con la del Espíritu Santo. El propósito del ego es enseñarnos que el tiempo es real, mientras que el del Espíritu Santo es enseñarnos exactamente lo opuesto. En realidad, la última frase es un juego de palabras. La función del tiempo es temporal porque no va a durar. También es temporal porque ocurre dentro del tiempo, por definición. El Espíritu Santo dio el propósito del perdón al tiempo en respuesta al propósito que el ego le había dado, que es la culpa.

Continuamos con un pasaje citado parcialmente con anterioridad.

Hace hincapié, por lo tanto, en el único aspecto del tiempo que se puede extender hasta el infinito, ya que el ahora es lo que más se aproxima a la eternidad en este mundo. En la realidad del «ahora», sin pasado ni futuro, es donde se puede empezar a apreciar lo que es la eternidad. Pues solo el «ahora» está aquí, y solo el «ahora» ofrece las

oportunidades de los encuentros santos en los que se puede encontrar la salvación.

Todavía estamos operando dentro del segundo nivel, dentro de la naturaleza ilusoria de este mundo donde el tiempo se ve como lineal: pasado, presente y futuro. Pero el Espíritu Santo nos ayuda a usar la linealidad para perdonar el pasado, soltar el miedo al futuro y así retener el presente. Por tanto, está claro que no estamos hablando de la eternidad, que es independiente del tiempo, sino más bien de los pasos que nos conducen al Cielo dentro del sueño.

Otro punto: como he mencionado antes, esto no debe confundirse con el énfasis que hace la Gestalt en el presente, el «aquí y ahora», porque solo lo ve dentro de un contexto lineal y de «este mundo». Por su parte, *Un curso de milagros* habla de usar el «ahora» para llevarnos enteramente más allá del tiempo. Además, el planteamiento puramente psicológico de valorar el presente hace hincapié en nuestros sentimientos: vivimos nuestros sentimientos en el presente. La comprensión del Curso es que los sentimientos no son el factor clave, y más bien son efectos de los *pensamientos* que dan lugar a esos sentimientos.

Pregunta: En realidad, ¿no sería cierto decir que los sentimientos que supuestamente estamos experimentando en el ahora de acuerdo con los terapeutas Gestalt en realidad son el pasado de acuerdo con el Curso? En realidad no están ocurriendo en el presente, pues el «ahora» real es solo el momento en el que nos unimos a alguien.

Respuesta: Correcto. La visión Gestalt todavía está intrínsecamente ubicada dentro de este mundo, porque los sentimientos que resalta ocurren dentro del cuerpo, lo cual da realidad automáticamente al pasado. La visión del Curso es radicalmente diferente. No obstante, debe decirse que el énfasis que hace la Gestalt en el «aquí y ahora» fue una corrección útil de la comprensión freudiana de que el presente está aprisionado por el pasado.

Pregunta: En otras palabras, ¿estás diciendo que el primer paso de ser capaz de tomar distancia y observarse hacer algo está más en línea con el modelo psicológico, pero que el verdadero perdón te permitirá ir al siguiente paso de reconocer que los pensamientos y sentimientos expresados en realidad no son tú en absoluto?

Respuesta: Sí, eso es exactamente lo que estoy diciendo. Es el mirar amablemente al ego, con el Amor del Espíritu Santo a nuestro lado, lo que nos impulsa del mundo del ego al de Dios, liberándonos así completamente de la tiranía de los sentimientos, buenos y malos.

El ego, por otra parte, considera que la función del tiempo es extenderse a sí mismo en lugar de extender la eternidad, pues, al igual que el Espíritu Santo, el ego considera que el objetivo del tiempo es el mismo que el suyo.

Más adelante, el Capítulo 15 comenta el uso que el ego hace del infierno, que en realidad es la continuación de sí mismo (T-15.I.3-7). El uso que se hace aquí de la palabra «extender» es interesante, debido a su aplicación al ego. *Un curso de milagros* casi siempre emplea «extender» para el Espíritu Santo. Este pasaje es una excepción, y ofrece un buen ejemplo de que Jesús no es rígidamente consistente en términos de la forma, aunque es estrictamente consistente en términos del contenido.

El único propósito que el ego percibe en el tiempo es que, bajo su dirección, haya continuidad entre pasado y futuro, y que el presente quede excluido a fin de que no se pueda abrir ninguna brecha en su propia continuidad. Su continuidad, por consiguiente, te mantiene en el tiempo, mientras que el Espíritu Santo quiere liberarte de él. La interpretación que el Espíritu Santo hace de los medios para alcanzar la salvación es la que tienes que aprender a aceptar si quieres compartir Su objetivo, que no es otro que tu salvación.

El Espíritu Santo usa el tiempo, como lo hace el ego, pero el propósito del Espíritu Santo al usar el tiempo es liberarnos de él, mientras que el propósito del ego es enraizarnos todavía más en su mundo. A todos nos gustaría compartir el objetivo de salvación del Espíritu Santo porque hay una parte de nosotros que es profundamente desdichada en el mundo que hemos fabricado. Sin embargo, primero debemos desaprender las lecciones del ego de que el tiempo nos protegerá de la venganza de la eternidad. Así, en primer lugar nuestras mentes deben elegir aceptar la verdad del Espíritu Santo y Su amabilidad. La práctica del perdón es el medio por el que desaprendemos las enseñanzas del ego de que la salvación es separación, y después nos unimos al Espíritu Santo y unos a otros en nuestro viaje conjunto a través del tiempo hacia nuestro objetivo: primero, el instante santo y, después, nuestro hogar en la eternidad.

Tú también interpretarás la función del tiempo según interpretes la tuya.

Si decidimos que nuestra función es atacar, separar y mantener el ego, entonces, por supuesto, veremos el tiempo como un medio de alcanzar esos objetivos. Si, por otra parte, decimos que nuestra función aquí es perdonar, entonces el tiempo se verá como un medio de cumplir esa función. Una vez más, en primer lugar nosotros decidimos lo que queremos en nuestras mentes, y después pensamos y nos comportamos de acuerdo a ello: la proyección da lugar a la percepción (T-13.V.3:5; T-21.in.1:1).

Si aceptas que tu función en el mundo del tiempo es curar, harás hincapié únicamente en el aspecto del tiempo en el que la curación puede tener lugar. La curación no se puede llevar a cabo en el pasado. Tiene que llevarse a cabo en el presente para así liberar el futuro.

En la tradición psicoanalítica, así como en otros sistemas psicológicos, la curación siempre se dirige hacia el pasado. Volvemos a las heridas y a las frustraciones del pasado para liberarlas, y eso es lo que nos cura en el presente. Por supuesto, lo único que ha ocurrido es que se ha hecho real el pasado y se ha establecido como causa de nuestros problemas presentes. De esta manera a la mente, que solo existe en el presente, se le niega su poder. Al haberse vuelto impotente, la mente es incapaz de elegir la verdadera curación y la paz. La curación y la paz que pueden resultar son espurias en el sentido de que no duran; la verdadera causa de la tensión —la culpa de la mente— ha permanecido sin ser examinada, y por lo tanto sin ser curada. A otro nivel, por supuesto, la curación se facilita en cualquier momento en que dos personas se unen en el deseo de ayudar y ser ayudadas. Esta curación, no obstante, no tiene nada que ver con la forma de la ayuda —en este caso con alguna aplicación de la teoría psicoanalítica—, sino más bien con la unión en la mente de terapeuta y paciente. El anexo de Psicoterapia del Curso comenta esto:

> La curación está restringida tanto por las limitaciones del psicoterapeuta como por las del paciente. El objetivo del proceso es, por lo tanto, trascender esos límites. Ninguno de los dos puede hacer esto por su cuenta, pero cuando se unen, se les proporciona el potencial para trascender toda limitación. La medida de su éxito depende ahora de cuánto de ese potencial estén dispuestos a utilizar. [...] Su progreso se convierte en un asunto de decisión: pueden llegar casi hasta el Cielo o no alejarse más que a uno o dos pasos del infierno. [...] Pero al final siempre se produce algún grado de éxito. Hay uno que pide ayuda; hay otro que escucha y responde tratando de ayudar. Esa es la fórmula de la salvación, y no puede sino curar (P-2.III.2:1-4,6; 3:3-5).

Esta interpretación vincula el futuro al presente, y extiende el presente en vez del pasado. Mas si crees que tu función es destruir, perderás de vista al presente y te aferrarás al pasado a fin de asegurar un futuro destructivo.

La primera frase hace referencia a la interpretación del Espíritu Santo de lo que hace la verdadera curación. Ahora nuestro futuro se convierte en una extensión de la curación del presente, que deshace la creencia en el pecado del pasado. Ahora la paz resultante se extiende a través de nosotros, tanto en la dimensión del tiempo (del presente hacia el futuro) como del espacio (de cada uno hacia el otro). Sin embargo, si yo creo que mi función es destruir, me sentiré culpable. Me enfocaré en los pecados de mi pasado y los proyectaré sobre el futuro. Así, siguiendo las leyes del ego, estas proyecciones de la mente volverán inevitablemente para atacarme. Como dice el Texto:

> Por lo tanto, la culpa que siento por mis pensamientos de destruir el mundo exige que a continuación el mundo trate

de destruirme. Estas proyecciones de culpa, en lugar de ser la base de un mundo externo «objetivo», son la base de todo temor. El Curso hace énfasis continuamente en que el principal impulso del ego es destruir: el Cielo, Dios y Cristo. Y esta destrucción se origina en la mente y solo acabará en la mente, a pesar de sus aparentes apariciones en el mundo.

Y el tiempo será tal como tú lo interpretes, pues, de por sí, no es nada.

Como todo lo demás en el mundo, el tiempo es neutral. Aunque el ego lo fabricó como un ataque, el tiempo se vuelve neutral en la medida en que tenemos la elección de continuar usando las cosas del mundo para el propósito de atacar o usarlas como un medio de perdonar el ataque.

Pregunta: ¿Qué pasa si estás orientado hacia tu profesión, y ves tu función como la de ser jardinero o cartero, en lugar de entender la asociación entre una profesión y los dos propósitos de los que el Curso habla aquí?

Respuesta: Para ti, entonces, el tiempo podría ser un medio para apartarte del terrible presente en el que sientes que estás. Así, podrías anhelar el día en que puedas retirarte y ser libre de lo que percibes como el oneroso trabajo de ser cartero, jardinero, o cualquier otra cosa. Entonces el tiempo se experimenta como una prisión en el presente de la que tienes la esperanza de escapar en el futuro, y obviamente aquí el tiempo se ha hecho muy real, siendo el medio que el ego usa para «escapar» del «presente» doloroso.

Incluso si te gusta hacer tu trabajo, seguirás teniendo el mismo miedo, aunque de otra forma diferente: «Me encanta mi trabajo, pero qué pasa si lo pierdo debido a una lesión, a que soy despedido, o llego a la jubilación? ¿Qué hago entonces?». El placer que está asociado con la forma, experimentado en el presente aparente, es vulnerable a cambios en el futuro, y ahora el tiempo se vuelve real al convertirse en el enemigo. En estos ejemplos no se piensa conscientemente en el tiempo como en algo destructivo, pero podemos ver que su contenido subyacente ciertamente no es amoroso.

Pregunta: En último término, vivir en el tiempo es un aprisionamiento, porque sus limitaciones restringen nuestra verdadera libertad de vivir en el presente con el Espíritu Santo. Sin embargo, nos enraizamos en el mundo de muchas maneras. Nos dejamos atrapar muy fácilmente en la exigencia del mundo de llegar a ser alguien, de hacer algo, de incrementar nuestro conocimiento, etc. En realidad, ¿es posible vivir en el mundo del tiempo y no quedarse atascado en él, sintiéndose como un prisionero o un alienígena?

Respuesta: Absolutamente. Jesús lo hizo, y él se ha convertido en el modelo que tratamos de emular para nuestro viaje por el tiempo. En muchos de sus escritos los gnósticos usaron las palabras exactas que encontramos en *Un curso de milagros*, en cuanto a vernos a nosotros mismos como extraños, alienígenas y prisioneros de este mundo. Estos gnósticos no podían esperar a escapar del mundo. Pero, ves, ellos también se quedaron atascados en la ilusión de hacer real el mundo de tiempo y espacio. Por eso acabaron cometiendo los mismos errores que encontramos en otros movimientos religiosos.

No obstante, la idea correcta consiste en reconocer que si bien somos extranjeros aquí, aún así podemos identificarnos con el propósito del Espíritu Santo para el mundo. De esta manera nuestra actitud cambia, y se vuelve posible estar en este mundo y no sufrir, no porque se nieguen los aparentes sufrimientos del mundo, sino más bien porque nos damos cuenta de que el cuerpo tiene un significado y un propósito diferentes. No hace falta añadir que este cambio no resulta fácil. Hace falta muy buena voluntad y un gran aprendizaje para empezar estando atascado en el cuerpo y después darse cuenta de que podemos verlo de otra manera. Todos nos hemos permitido estar sometidos al tremendo y excesivo aprendizaje que nos ha enseñado que el cuerpo debe usarse para atacar y separarse, y que, a su vez, será atacado, sufrirá, se sacrificará y morirá. Estamos hablando de un cambio masivo en nuestra forma de pensar. Esto es lo que Jesús escribe sobre dicho aprendizaje:

> Nadie que entienda lo que has aprendido [...] podría jamás dudar del poder de tu capacidad para aprender. No hay un poder más grande en todo el mundo. El mundo se construyó mediante él, y aún ahora no depende de nada más. Las lecciones que te has enseñado a ti mismo las aprendiste con tanto esmero y se encuentran tan arraigadas en ti que se alzan como pesadas cortinas para nublar lo simple

y lo obvio. [...] Por muy difícil que haya sido, has seguido dando cada paso sin quejarte, hasta construir un mundo de tu agrado. Y cada una de las lecciones que configuran al mundo procede del primer logro de tu aprendizaje, el cual fue de tal enormidad que, ante su magnitud, la Voz del Espíritu Santo parece débil e inaudible. El mundo comenzó con una extraña lección, lo suficientemente poderosa como para dejar a Dios relegado al olvido y a Su Hijo convertido en un extraño ante sus propios ojos, exiliado del hogar donde Dios Mismo lo ubicó (T-31.I.3:1-4; 4:3-5).

Este proceso de reenfocar nuestro pensamiento puede ser especialmente complicado porque el ego se filtrará sutilmente en cualquier cosa, como una quinta columna. Entonces, su lema sería: «Si no puedes con ellos, únete a ellos». Así, el ego toma un libro como *Un curso de milagros*, que está tan libre de ego como un libro puede estar, y lo usará para sus propósitos. Como dijo Jesús del cuidado con el que el Curso fue escrito:

He tomado las máximas precauciones para usar palabras que sean casi imposibles de distorsionar, pero siempre es posible tergiversar los símbolos si así se desea (T-3.I.3:11).

Cómo mínimo, se puede decir que el ego es muy sutil en su operar.

Pregunta: En realidad, estás hablando del cambio que es necesario para des-atascarnos, que ni siquiera se puede expresar con palabras. Casi parece ser un proceso misterioso, algún tipo de «clic», comprensión o reconocimiento que nos cambiará haciéndonos salir de nuestros egos.

Respuesta: Sí, y esto se debe a que el cambio se produce más allá de nuestra experiencia consciente. Recuerda que el problema, si vuelves al cuadro 3, no es lo que ocurre en el círculo del lado derecho, sino que más bien guarda relación con la elección que hace el observador, que está en último término más allá de este mundo de tiempo y espacio. Una vez más, el observador está fuera del tiempo, y no es nuestro yo que experimentamos conscientemente. Tal como todos hemos experimentado y notado, este proceso no es fácil. Es relativamente simple practicar este Curso creyendo que realmente estamos haciendo lo que dice, cuando, de hecho, ni siquiera hemos empezado a descender a sus profundidades. No es simplemente un proceso de amar a todos, aunque en último término ese amor es lo que Jesús enseña. Aprender a amar como él involucra una masiva inversión del pensamiento. Cuando esta tarea comienza a parecernos abrumadora, siempre es de ayuda recordar la seguridad de Jesús, como hemos citado antes, de que «el desenlace es tan seguro como Dios» (T-4.II.5:8).

Volvamos al Capítulo 6 del Texto, a la sección «La alternativa a la proyección», párrafo diez (T-6.II.10). Aquí, el Curso vuelve a describir la diferencia entre el uso del tiempo del Espíritu Santo y el del ego, pero ahora la diferencia se presenta de otra manera:

El Espíritu Santo hace uso del tiempo, pero no cree en él.

Esta declaración se basa en la familiar idea bíblica de estar en el mundo pero sin ser del mundo: vivir en un mundo de formas y símbolos, adhiriéndose a ellos, y sin embargo reconocer su irrealidad básica. Tal vez la expresión más clara de este tema se encuentra en la Lección 184:

> Sería en verdad extraño si se te pidiese ir más allá de todos los símbolos del mundo y los olvidaras para siempre y, al mismo tiempo, asumir una función docente. Todavía tienes necesidad de usar los símbolos del mundo por algún tiempo. Mas no te dejes engañar por ellos. No representan nada en absoluto [...] Usa todos los nombres y símbolos nimios que delinean el mundo de la oscuridad. Mas no los aceptes como tu realidad (L-pI.184.9:1-4; 11:1-2).

Cuando en el siguiente capítulo comentemos los pasajes de *Un curso de milagros* que hacen referencia al plan del Espíritu Santo para nosotros, así como a Su resolución de problemas en el mundo, reconoceremos que estos pasajes del Texto son ejemplos de que, en el Curso, Jesús nos habla de un modo que podemos entender. Se habla del Espíritu Santo como de una persona que usa el tiempo aquí, pero sin creer en él. Así, ahora el Espíritu

Santo puede usar de otra manera lo que el ego fabricó para servir a su propósito.

Puesto que Él [Espíritu Santo] **procede de Dios, usa todo para el bien, pero no cree en lo que no es verdad. Puesto que se encuentra en tu mente, esta también puede creer solo lo que es verdad.**

Una vez más, el Espíritu Santo usa todas las cosas de este mundo para enseñarnos qué es verdad y qué es ilusión, pero Él no cree en nada de este mundo porque no es el reino de la verdad. El mundo o bien es todo verdadero o todo falso y, por lo tanto, lo que el mundo es debe ser lo opuesto al Cielo. Así, si Dios es verdad, el mundo debe ser completamente falso. La parte de nuestra mente (llamada la mente correcta en los primeros capítulos del Texto) en la que el Espíritu Santo reside es la parte que comparte Su reconocimiento de lo que es verdadero y de lo que es falso. En el Nivel Uno, nada de este mundo es verdad. Sin embargo, en el Nivel Dos, cualquier cosa que refleje el perdón y la curación es verdadera; y cualquier cosa que refuerce la separación y el ataque es falsa. El reconocimiento de esta distinción viene de nuestra mente correcta.

El Espíritu Santo puede hablar únicamente en favor de eso porque habla en favor de Dios. Te insta a que le devuelvas toda tu mente a Dios, ya que en realidad tu mente nunca se separó de Él. Si nunca se separó de Él, solo tienes que percibirla tal como es para que retorne a Él. Tener plena conciencia de la Expiación es, por lo tanto, reconocer que *la separación nunca tuvo lugar*. El ego no puede prevalecer frente a esto porque es una afirmación explícita de que él nunca existió.

No se puede pedir una declaración más clara sobre la Expiación, y sobre lo que entraña su aceptación. Nosotros creemos que abandonamos a Dios, pero en realidad lo imposible no ha ocurrido. El hecho de que se use la palabra «percepción» («solo tienes que percibirla tal como es para que retorne a Él») nos dice que Jesús está hablando de este mundo. La percepción de la verdadera realidad de la mente es lo que el Curso denomina verdadera percepción o el mundo real. Desde ese punto es desde donde procede el final del tiempo, que culmina con el último paso que da Dios. Así, la aceptación de la Expiación es la negación del «hecho» del ego de que la separación ha ocurrido realmente.

La última frase de este pasaje está tomada de la declaración del evangelio de Mateo en la que Jesús dice a Pedro: «Y yo te digo: Tú eres Pedro y sobre esta piedra edificaré mi iglesia; y las puertas del infierno no prevalecerán contra ella» (Mateo 16:18, Versión del Rey Jacobo). El ego no puede detener el reconocimiento de que la separación nunca ocurrió, porque esa verdad ya está presente en nuestras mentes a través del Espíritu Santo. Por supuesto, esta verdad conlleva la verdad de que el ego nunca ocurrió. A propósito, esta alusión evangélica aparece con frecuencia en el Curso, como en esta referencia temprana en el Texto, ya citada anteriormente:

> *El Reino está perfectamente unido y perfectamente protegido, y el ego no prevalecerá contra él. Amén.*

> Esto se ha escrito en forma de oración porque así puede serte más útil en momentos de tentación. Es una declaración de independencia (T-4.III.1:12–2:2).

El ego puede aceptar la idea de que es necesario retornar porque puede, con gran facilidad, hacer que parezca difícil.

Así, una de las técnicas básicas del ego queda expuesta aquí. A un nivel, todos reconoceríamos que lo que *Un curso de milagros* nos pide que hagamos es difícil. Pero, decir eso y permitir que la «realidad» influya en nuestra aceptación de la Expiación en el presente es caer en la trampa de dar realidad al tiempo, el propósito último del ego.

Pregunta: Esa maniobra del ego nos vuelve a poner en un estado de devenir, tachando el instante santo, ¿es así?

Respuesta: Correcto. Por eso, como he dicho antes, el Curso enfatiza que la salvación es ahora, lo que significa que podemos desconectar la terrible cinta del ego que estamos viendo en la pantalla de vídeo. Por tanto, el enfoque siempre está en el observador situado más allá del tiempo, todavía no en la eternidad, sino más allá del tiempo. Desde esa posición en nuestras mentes, podemos elegir qué aspectos del tiempo observaremos. Los aspectos del tiempo que el Espíritu Santo nos aconseja que observemos son los del sueño feliz.

Sin embargo, el Espíritu Santo te dice que incluso el retorno es innecesario porque lo que nunca ocurrió no puede ser difícil.

Aquí es donde *Un curso de milagros* difiere de las espiritualidades del mundo (casi todas ellas), que operan dentro del marco temporal lineal, en el que deshacemos los pecados del pasado a través de acciones presentes, en preparación para el futuro: todo lo cual da realidad al tiempo. Como el Curso dice en la sección «No tengo que hacer nada» (T-18.VII.4:10-11), esto no significa que los demás caminos no vayan a funcionar, pues deben hacerlo si su objetivo es Dios. Pero llevarán un periodo de tiempo mucho más largo debido a la realidad que se otorga a los trucos temporales del ego.

Mas tú puedes hacer que la idea de retornar sea a la vez necesaria y difícil. Con todo, está muy claro que los que son perfectos no tienen necesidad de nada, y tú no puedes experimentar la perfección como algo difícil de alcanzar, puesto que eso es lo que eres.

Incluso cuando usamos la analogía de la alfombra, como hacemos en el cuadro 2, estamos dentro del marco del sistema de pensamiento del ego, porque la alfombra refleja un proceso lineal; a saber, que nos alejamos de Dios al principio y ahora tenemos que retornar. Por eso, aunque habla de un viaje, *Un curso de milagros* a menudo nos recuerda que el viaje ya ha terminado y que somos perfectos en Dios. Como se ha mencionado antes (véase más arriba, pp. 125-128), el primer capítulo del Texto comenta este «retorno» en términos del marco de referencia horizontal que está enraizado en el tiempo, y del vertical que transciende el tiempo y solo existe en el presente (el instante santo) (T-1.II.6:1-3). Así, el milagro es el cambio repentino del plano horizontal al vertical.

Así es como tienes que percibir las Creaciones de Dios, de modo que todas tus percepciones estén en línea con la única manera de ver del

Espíritu Santo. Esta línea es la línea directa de comunicación con Dios, y le permite a tu mente converger con la Suya.

Esto sería un ejemplo de la espiral del cuadro 6, que hemos considerado antes. La espiral con todas sus curvas representa las diferentes maneras en que percibimos los patrones cambiantes de nuestro mundo perceptual. Cuando nuestras percepciones están alineadas con el perdón del Espíritu Santo, de modo que vemos que todo y todas las cosas sirven al mismo propósito, la espiral se endereza y no hay diferencias: vemos a todos como hermanos y hermanas en Cristo, pidiendo amor o expresando amor. Por lo tanto, vemos todas las situaciones como oportunidades que nos ayudan a aprender esta lección. Así, la espiral representa la visión lineal del tiempo: pasado, presente y futuro. Su enderezamiento completo simboliza vivir únicamente en el momento presente, en el ahora que es el instante santo y en el mundo real. Llegados a este punto, tenemos «línea directa» con Dios, puesto que todas las interferencias a Su recuerdo han sido retiradas.

Nada está en conflicto en esta percepción, ya que significa que toda percepción está guiada por el Espíritu Santo, cuya Mente está fija en Dios.

En el dictado original hubo cierta discusión entre Jesús y Helen sobre la noción freudiana de fijación, que dio como resultado varios juegos de palabras. Dicho de manera breve, la fijación ocurre cuando un problema no resuelto en la infancia se queda fijado en la psique, y a continuación todo lo demás que esa persona experimenta en el futuro le remite a ello. En este pasaje la idea es que nuestras mentes no deberían estar fijadas en el pasado, sino solo en Dios. Y así, todas las experiencias aquí se entenderían a la luz de Dios, y nuestro comportamiento estaría guiado automáticamente por Su Voz.

Solo el Espíritu Santo puede resolver conflictos porque solo el Espíritu Santo está libre de conflictos. Él percibe únicamente lo que es verdad en tu mente y lo extiende solo a lo que es verdad en otras mentes.

Esta es otra de las declaraciones claras del Curso que indican que no podemos hacer esto por nosotros mismos. Cualquier pensamiento amoroso que tengamos no viene de nosotros, sino del Espíritu Santo en nuestras mentes. Solo esa presencia de Amor está libre de conflicto. Esta es otra manera de decir que el amor sin ambivalencia es imposible en este mundo (T-4.III.4:6). Todo nuestro amor tendrá algún aspecto de conflicto en él porque no estaríamos en este mundo si no hubiéramos hecho real el conflicto del ego. De hecho, desde el punto de vista del Espíritu Santo, por eso estamos aquí: para deshacer ese conflicto.

No obstante, aunque el amor puro no se puede expresar en este mundo, puede ser expresado desde el Espíritu Santo a través de nosotros cuando elegimos perdonar. Una vez más, por eso estamos aquí: para aprender a perdonar. Y así, el hecho de que estemos en el mundo y hayamos elegido nuestro camino espiritual ya refleja una decisión tomada en la mente de retornar al Espíritu Santo para que sea nuestro Maestro. Por tanto, la idea básica de *Un curso de milagros* es que aprendamos a deshacer la culpa en nuestras mentes, lo cual permite que la percepción del Espíritu Santo se extienda a través de nosotros. Llegados a este punto solo percibimos como real la luz de Cristo en nosotros, y por lo tanto también unos en otros.

Ahora volvemos a la sección «Tiempo y eternidad» en el Texto (T-5.VI.1):

Dios en Su Conocimiento no está esperando, pero a Su Reino le falta algo mientras tú esperes. Todos los Hijos de Dios están esperando tu retorno tal como tú estás esperando el suyo. En la eternidad las demoras no importan, pero en el tiempo son ciertamente trágicas.

Como creemos que hemos salido del Reino, somos nosotros los que nos sentimos desposeídos y esperamos nuestro retorno; no es así para Dios, Quien sabe que en realidad nunca nos fuimos. Por tanto, en el nivel de la verdad todos estamos en el Cielo; sin embargo, dentro del sueño, esperamos que nuestras identidades aparentemente separadas retornen a casa. El retraso en nuestro retorno es «trágico» por todo el dolor que nos está causando. Si miras al cuadro 3 y piensas en sentarte frente a la pantalla eligiendo contemplar continuamente películas de miedo, sacrificio y sufrimiento, muerte y dolor, eso es ciertamente trágico. No es trágico desde el punto de vista de la eternidad, porque en la eternidad ya estamos en casa, pero es trágico debido a las pesadillas a las que nos sometemos continuamente.

Has elegido estar en el tiempo en vez de en la eternidad, por consiguiente, crees *estar* en el tiempo. Sin embargo, tu elección es a la vez libre y modificable.

Aquí estamos, mirando estas películas que describen una visión lineal del tiempo, creyendo realmente que estamos en los cuerpos que observamos en esas películas. En verdad, por supuesto, solo estamos re-experimentándolas en nuestras mentes. Sin embargo, nosotros creemos estar en el tiempo porque *elegimos* que así fuera. Por lo tanto, con la misma facilidad podemos cambiar nuestra elección, siendo el propósito fundamental de *Un curso de milagros* ayudarnos a hacer exactamente eso.

No te corresponde estar en el tiempo. Te corresponde estar únicamente en la eternidad, donde Dios Mismo te ubicó para siempre. Los sentimientos de culpabilidad son los que perpetúan el tiempo.

Este es uno de los primeros lugares del Texto donde se habla realmente de la culpa, tema que se trata muy detenidamente más adelante, comenzando en el Capítulo 13. Una vez más, la culpa preserva el tiempo, enseñándonos que hemos pecado en el pasado y por lo tanto tenemos que tener miedo en el presente del castigo que nuestros egos nos dicen que va a recaer sobre nosotros. Así, la culpa nos enseña que *nos corresponde* estar en el tiempo, pues no merecemos estar con Dios en la eternidad.

[Los sentimientos de culpa] inducen miedo a las represalias o al abandono, garantizando así que el futuro sea igual que el pasado. En esto consiste la continuidad del ego, la cual le proporciona una falsa sensación de seguridad al creer que tú no puedes escaparte de ella.

Esta es la continuidad del sistema del ego, con el que ya estamos familiarizados. Así tenemos una ilustración más de que el Curso se repite a sí mismo una y otra vez, utilizando los mismos temas. La «falsa sensación de seguridad» es la idea de que dentro de este sistema no hay escape. El ego cree que está seguro para siempre mientras nosotros nos mantengamos dentro de su sistema de pensamiento, que es adonde nos lleva el sentimiento de culpa.

Pero no solo puedes [escapar], sino que tienes que hacerlo. Dios te ofrece a cambio la continuidad de la eternidad. Cuando decidas hacer este intercambio, reemplazarás simultáneamente la culpa por la dicha, la crueldad por el amor y el dolor por la paz. Mi papel consiste únicamente en desatar las cadenas que aprisionan tu voluntad y liberarla.

La «continuidad de la eternidad» viene a nosotros cuando elegimos el instante santo, el cual, como hemos visto, se convierte en una ventana a la eternidad. Esta es la continuidad del Amor de Dios, del Cielo brillando a través de nuestras mentes, ahora sanadas por nuestra aceptación de Jesús como nuestro maestro. A través de la «pequeña dosis de buena voluntad» de dejar nuestra voluntad en sus manos, deshacemos la decisión de separarnos que era el problema original. Él no puede lograr esto por nosotros sin que nosotros elijamos unirnos a él. Tal como escribe anteriormente en el Texto:

> Des-hacer el miedo *es* tu responsabilidad. Cuando pides que se te libere del miedo, estás implicando que no lo es. En lugar de ello, deberías pedir ayuda para cambiar las condiciones que lo suscitaron. Esas condiciones siempre entrañan el estar dispuesto a permanecer separado (T-2.VI.4:1-4).

Tu ego no puede aceptar esta libertad y se opondrá a ella siempre que pueda y en cualquier forma que pueda. Y puesto que tú eres su hacedor [del ego], reconoces lo que él puede hacer, pues le conferiste el poder de hacerlo.

Esto refleja la crueldad del posicionamiento del ego en su última trinchera, cuando nos comprometemos cada vez más con la libertad que aporta el perdón del Espíritu Santo en lugar de con la tiranía de la culpa y el ataque del ego. Como el Texto afirma con respecto al ego cuando nosotros «respondemos al Espíritu Santo»:

> Es muy probable, pues, que el ego te ataque cuando reaccionas amorosamente, puesto que te ha evaluado como incapaz de ser amoroso y estás contradiciendo su juicio. [...] En ese

caso es cuando pasa súbitamente de la sospecha a la perversidad, ya que su incertidumbre habrá aumentado. [...] -Permanece receloso mientras te desesperes contigo mismo. Pasa a la perversidad cuando decides no tolerar más tu autodegradación e ir en busca de ayuda. [...] El ego no escatimará esfuerzo alguno por rehacerse y movilizar sus recursos en contra de tu liberación (T-9.VII.4:5,7; T-9.VIII.2:8-9; 4:5).

Esta crueldad es análoga a la «noche oscura del alma» descrita por San Juan de la Cruz, el gran místico español del siglo XVI.

Acuérdate siempre del Reino; y recuerda que tú que formas parte de él jamás te puedes perder. La Mente que estaba en mí está en ti, pues Dios crea con absoluta imparcialidad. Deja que el Espíritu Santo te recuerde siempre Su imparcialidad y déjame enseñarte cómo compartirla con tus hermanos. ¿De qué otra manera, si no, se te puede brindar la oportunidad de reivindicarla para ti mismo?

La segunda frase del pasaje anterior nos recuerda la declaración de San Pablo: «Haya pues, en vosotros, esta actitud [mente] que también estaba en Cristo Jesús» (Filipenses 2:5). Así, Jesús está diciendo aquí que la Mente del Espíritu Santo que estaba en él, y que representa el deshacimiento total del especialismo —Dios no hace excepciones y no tiene favoritos: tiene «perfecta imparcialidad»—, está también en cada uno de nosotros. En este sentido no hay diferencia entre nosotros y Jesús. Lo que él vivió con tanta perfección nosotros podemos aprenderlo del Espíritu Santo.

Lo que estamos comentando aquí puede verse con mucha claridad en los cuadros 2 y 3. Como ya hemos dicho antes, en ese instante en que el ego fabricó el mundo de tiempo y espacio (la alfombra del guion se desplegó), al mismo tiempo el Espíritu Santo dio su corrección. Esa corrección fue dada para todas y cada una de las circunstancias, relaciones y situaciones que el ego fabricó. Cada vez que tuve un pensamiento de enfado hacia alguien, desde ese mismo instante también hubo una corrección en mi mente. Combinando símbolos, podemos decir que sobre esta alfombra de tiempo hay una película de curación, fotograma a fotograma, de la película que contiene todos los errores del ego.

Entonces podemos tomar los cuadros 2 y 3, y en lugar de ver este proceso como lineal, entenderlo holográficamente, como que todo ocurrió en ese instante. A continuación, a medida que nos sentamos en la silla del observador, nos hablan dos voces: el ego diciéndonos que continuemos viéndonos a nosotros mismos como una víctima; y al mismo tiempo el Espíritu Santo nos apremia a retornar a esa misma situación y experimentarla a través de una visión de perdón. En lugar de atacar a esa persona y/o vernos a nosotros mismos como víctimas del ataque, vemos a esa persona como nuestro hermano o hermana en Cristo; en lugar de cintas de juicio y enfado, ahora hemos elegido re-experimentar las cintas de perdón. En general, la situación es la misma en la forma, pero con diferente contenido o propósito: imparcialidad en lugar de especialismo. Este es el significado de acudir a Jesús en busca de ayuda: recordamos la «perfecta imparcialidad» de Dios que ya está presente en nosotros, y permitimos que Jesús nos enseñe el final del especialismo a través del perdón. Al compartir esta enseñanza con otros, llegamos a aprenderla para nosotros mismos.

Ambas voces hablan simultáneamente en favor de diferentes interpretaciones de una misma cosa, o casi simultáneamente, pues el ego siempre habla primero. Las interpretaciones que representan la otra alternativa no se hicieron necesarias hasta que se concibió la primera de ellas.

Así, aunque todo esto ocurrió en un instante, la corrección del Espíritu Santo no habría existido si primero no hubiera existido el error del ego. Y volvemos a ver que la corrección del guion del Espíritu Santo es esencialmente el primer guion del ego —de culpa y odio—, perdonado y visto de otra manera. Por lo tanto, cuando Jesús dice que el guion ya está escrito, se está refiriendo al guion del ego que vino primero. Solo después de que se comete el error se aplica la corrección del Espíritu Santo.

Pregunta: Creo que la idea de que el ego siempre habla primero a menudo puede ser malentendida. ¿No significa que sin el ego no habría necesidad de corrección?

Respuesta: Sí, eso es correcto. Pero eso no significa que si meditas o rezas, la primera voz que oigas siempre será la del ego. Ni siquiera estaríamos meditando o rezando si no creyéramos que estamos aquí en un cuerpo, lo cual, por supuesto, es una creencia del ego. Y así, nuestro deseo de rezar en realidad es una respuesta a la errónea creencia anterior de que estamos separados de Dios y de que estamos realmente aquí en el mundo. Por lo tanto, estas frases se están refiriendo al proceso mayor de corrección del que hemos estado hablando.

Ahora saltaremos al último párrafo de la sección (T-5.VI.12). El párrafo anterior habló de que el Espíritu Santo enseñó a Jesús a tener una paciencia infinita; esa paciencia es el contexto del pasaje que leemos a continuación:

Ahora debes aprender que solo la paciencia infinita produce resultados inmediatos.

Los «efectos inmediatos» tienen lugar cuando cambiamos del vídeo del ego al del Espíritu Santo. Ese cambio puede ocurrir inmediatamente, y su efecto puede experimentarse inmediatamente. Mi paciencia al darme cuenta de que tú tienes un ego que estás resolviendo, y yo tengo un ego que estoy resolviendo, y que ninguno de ellos es real, me permite no tomarme nada de ello en serio, y no quedarme atrapado en creer en la visión del tiempo que tiene el ego. En ese instante santo, cuando se produce ese cambio, experimento los «efectos inmediatos»: mientras que antes estaba inquieto, enfadado y molesto, ahora me siento en paz. Asimismo, mi insistencia en tener un marco temporal en el que debe realizarse la salvación es siempre una trampa del ego, porque da realidad al tiempo. Por lo tanto, yo no puedo dictar cuándo ocurrirá el cambio al instante santo; esa es la función del Espíritu Santo.

Así es como el tiempo se intercambia por la eternidad. La paciencia infinita recurre al amor infinito y, al producir resultados *ahora*, hace que el tiempo se haga innecesario. Hemos dicho repetidamente que el tiempo es un recurso de aprendizaje que será abolido cuando ya no sea necesario.

Viéndonos a nosotros mismos en el contexto del cuadro 3, podemos cambiar repentinamente de creer en la realidad de las cintas de vídeo del ego con respecto al tiempo, a darnos cuenta por fin de que todo es una ilusión, nada más que un frágil velo que trataba de ocultar la eternidad. Ese velo es el que Jesús rasgó al demostrar el poder del amor en presencia del aparente ataque. El tiempo no tiene poder sobre la eternidad. Por lo tanto, aprender esta lección es el único propósito que el tiempo tiene para nosotros. Cuando la lección se aprende, y podemos estar ante la pantalla de vídeo diciendo «ya no quiero esto», el tiempo deja de tener significado, y por lo tanto dejará de existir.

El Espíritu Santo, que habla en favor de Dios en el tiempo, sabe también que el tiempo no tiene sentido. Él te recuerda esto en todo momento porque Su función especial consiste en conducirte de regreso a la eternidad y permanecer allí para bendecir tus creaciones.

Dentro de la visión lineal del tiempo, el Espíritu Santo no puede completar Su función hasta que el último Hijo de Dios haya despertado del sueño. La descripción del Espíritu Santo retornando a la eternidad y bendiciendo nuestras creaciones hace referencia a este pasaje anterior del Texto:

> Cuando la Expiación se complete y toda la Filiación sane, dejará de haber una llamada a retornar. Pero lo que Dios crea es eterno. El Espíritu Santo permanecerá con los Hijos de Dios para bendecir las creaciones de estos y mantenerlas en la luz de la dicha (T-5.I.5:5-7).

Como tantas otras declaraciones que hemos comentado, esta no debería tomarse literalmente en el nivel de la *forma*. Más bien, su mensaje es el contenido de la naturaleza eterna del amor.

CAPÍTULO 8:

El plan del Espíritu Santo

El siguiente grupo de pasajes que consideraremos trata sobre la idea de que el Espíritu Santo tiene un plan para nosotros. Si estas secciones se toman fuera de contexto, ciertamente puede creerse que significan que el Espíritu Santo hace cosas en el mundo. Ahora me gustaría explicar brevemente este asunto, y después usaré pasajes específicos para comentarlo más detenidamente.

Como ya hemos visto, *Un curso de milagros* emplea los diversos símbolos del mundo, pero nos enseña algo muy diferente de lo que dichos símbolos acostumbran a representar. La Lección 99, el primer conjunto de pasajes que vamos a examinar, habla del plan de Dios. Anteriormente, cuando comentamos la noción del futuro tal como se presenta en la Lección 194, «Pongo el futuro en Manos de Dios», vimos que el Curso enseña que no hay pasado, presente ni futuro en la Mente de Dios, pues todos ellos son uno. Pero como nosotros todavía creemos en la progresión temporal del tiempo, Jesús se acerca a nosotros en términos de esta creencia. También encontramos esto en la Lección 99.

Como hemos visto en muchos, muchos lugares, el Curso está dirigido a corregir el pensamiento erróneo del mundo en general, y del mundo teológico cristiano en particular. Uno de los principales puntos de la teología cristiana sobre la salvación es que Dios nos permite sufrir en el presente como un modo de alcanzar la salvación futura. Oí una de las descripciones más sorprendentes de este principio, de la Madre Teresa, cuando describió el sufrimiento como un beso de Dios.

Si piensas detenidamente en esta posición, sus implicaciones son atemorizantes. En un sorprendente pasaje del Texto, Jesús describe nuestro mundo de sufrimiento: «El mundo que ves es el sistema ilusorio de aquellos a quienes la culpa ha enloquecido. Contempla detenidamente este mundo y te darás cuenta de que así es». Y concluye su gráfica descripción con: «Si este fuese el mundo real, Dios sería ciertamente cruel» (T-13.in.2:2-3; 3:1). No obstante, dentro del sistema de pensamiento que la Madre Teresa representa, el de la Iglesia Católica Romana tradicional, la noción de que Dios permite que suframos porque nos ama es muy reconfortante. Puesto que todos sufrimos, creer que esa es la Voluntad de Dios —de hecho, un beso de Dios— a un nivel puede ciertamente proveer alguna medida de consuelo. Pero, cuando se examina más de cerca, esta creencia de que Dios permite que suframos ahora para que seamos felices en el futuro encaja muy bien con la visión del ego de que el sacrificio forma parte del trato de amor especial con Dios: sufriremos y nos sacrificaremos ahora para que Dios nos vuelva a acoger en Su Reino más adelante. Es muy aparente que la mayoría de la gente, incluso los que no fueron educados en un ambiente religioso, aceptan implícitamente la idea de que sufrimos ahora para tener paz en el futuro. La ética protestante del trabajo, apenas restringida a los protestantes, por supuesto, es un claro ejemplo de este tipo de pensamiento.

Otra creencia común a lo largo de estas líneas, que aparentemente se refleja en un pasaje que vamos a examinar enseguida, es que Dios colocará impedimentos en nuestro camino para que tropecemos, caigamos y suframos, de modo que podamos aprender Sus lecciones y más adelante seamos liberados del dolor. En cierto sentido, *Un curso de milagros* dice lo mismo, pero deja claro que este no es el plan de Dios. Jesús dice que las cosas serán difíciles, pero esto forma parte del plan del ego, no del plan de Dios. Si dejamos que el Espíritu Santo se una a nosotros en nuestras dificultades, Él puede enseñarnos las lecciones que más nos ayudarán: «Todas las cosas son lecciones que Dios quiere que yo aprenda» (L-pI.193). No obstante, es esencial recordar que no es Dios quien escribe el guion. Dios no hace que seamos castigados; Él no pone piedras en nuestro camino y nuestro sufrimiento no es un beso Suyo.

Por lo tanto, los pasajes siguientes deben entenderse dentro de este contexto: representan un intento de corregir la idea de que Dios nos castiga en el presente o en el futuro. Por eso el mensaje toma la forma que toma. Básicamente, consideraremos que el plan, tal como se presenta en los pasajes siguientes, está en dos niveles. El primero es el plan general de la Expiación que deshace la separación; el segundo expresa el plan dentro del contexto de corregir nuestros conceptos erróneos de que Dios nos castiga y nos hace sufrir.

Comencemos con la Lección 99 del Libro de ejercicios, empezando desde el párrafo cuatro (L-pI.99.4:1–6:1). Por cierto, a partir de aquí todo el Libro de ejercicios está escrito en verso blanco.

¿Qué podría unir a la mente y a los pensamientos separados con la Mente y el Pensamiento que están eternamente unidos? ¿Qué plan podría conservar la verdad intacta y, al mismo tiempo, reconocer las necesidades que plantean las ilusiones y proponer medios con los que eliminarlas sin atacar y sin ápice alguno de dolor?

Ambos niveles —el metafísico y el práctico— quedan reflejados en este pasaje. El concepto de que el plan contiene la verdad íntegra refleja la verdad del Cielo, lo que significa que todas las cosas de este mundo son una ilusión: Nivel Uno. El cambio al Nivel Dos ocurre en la segunda parte de la frase anterior, que afirma que al mismo tiempo el plan reconoce «las necesidades que plantean las ilusiones». En otras palabras, la verdad del Cielo ha sido traducida para nosotros en símbolos y formas de este mundo de ilusiones. De hecho, en este punto al Espíritu Santo se le describe como un traductor:

> Para que las leyes puedan ser útiles tienen que comunicarse. En efecto, tienen que ser traducidas para aquellos que hablan distintos idiomas. No obstante, un buen traductor, si bien tiene que alterar la forma de lo que traduce, jamás altera el significado. De hecho, su único propósito es cambiar la forma de modo que la traducción conserve el significado original. El Espíritu Santo es el Traductor de las Leyes de Dios para aquellos que no las entienden (T-7.II.4:1-5).

El hecho mismo de que Jesús esté hablando de deshacer ilusiones nos dice que es en este nivel, en el que experimentamos las ilusiones como reales, donde deben quedar deshechas. De modo que operamos dentro de este mundo de ilusiones, solo que lo que hacemos con ellas no es atacarlas, sin perdonarlas.

¿Qué podría ser este plan sino un Pensamiento de Dios mediante el cual se pasa por alto lo que nunca ocurrió y se olvidan los pecados que nunca fueron reales?
El Espíritu Santo conserva este plan de Dios en la Mente de Dios y en la tuya exactamente como lo recibió de Él.

El «plan de Dios», una vez más, es la Expiación, cuya aceptación es el reconocimiento de que la separación nunca ocurrió. Sin pecado, culpa ni miedo al castigo no es necesaria ninguna defensa, y así la base del sacrificio y de la relación especial desaparecen. El plan no es otra cosa que la presencia del perfecto Amor de Dios en nuestras mentes, que siendo de Dios nunca puede cambiar y permanece como siempre es. Como un faro de luz en la oscuridad de nuestras mentes divididas, nos llama incesantemente a retornar a esta luz, que refleja la luz de nuestra Fuente.

El Espíritu Santo es la presencia del Amor de Dios, el puente entre la mente dividida y la Mente de Dios. Este puente, que deshace automáticamente la brecha entre Dios y Su Hijo, es la Expiación. A propósito, aquí encontramos la idea de que el Espíritu Santo es «el vínculo de comunicación entre Dios y Sus Hijos separados» (T-8.VII.2:2; véase también T-6.I.19:1; T-10.III.2:6; T-13.XI.8:1).

Dicho plan no tiene nada que ver con el tiempo toda vez que su Fuente es intemporal. No obstante, opera dentro del tiempo debido a tu creencia de que el tiempo es real.

Una vez más, encontramos que se expresan los dos niveles. La primera frase es una declaración típica del Nivel Uno, y refleja la idea de que el Espíritu Santo (el plan de Expiación) es parte de Dios (nuestra Fuente intemporal), y por lo tanto está separado de la ilusión. La segunda frase refleja solo la ilusión, la función perceptual del Espíritu Santo de estar dentro de nuestra mente correcta, corrigiendo nuestros pensamientos errados. Lo que es importante aquí es el reconocimiento de que Él es *percibido* operando dentro del marco de este mundo, uniéndose a nosotros en el sistema de pensamiento del ego que mantiene que el tiempo y el espacio son reales. Él se une a nosotros para enseñarnos que en último término el tiempo y el espacio son ilusorios.

La enseñanza del Espíritu Santo se lleva a cabo mediante Su deshacimiento del «pegamento» que nos enraíza a este mundo de tiempo y espacio. Ese «pegamento» es nuestra culpa y nuestro miedo al castigo de Dios. En realidad, por supuesto, el Espíritu Santo no «hace» nada. Más bien, Él es simplemente un Pensamiento en nuestras mentes divididas, el recuerdo del Amor de Dios que trajimos con nosotros al sueño cuando nos quedamos dormidos y empezamos el sueño de separación. Así, la Suya es una presencia de Amor y luz que «llama» a nuestra atención a volver al punto en nuestras mentes en que elegimos al ego, lo que ahora nos da la oportunidad de volver a elegir. Sin embargo, nuestra experiencia puede ser que Él es una presencia activa que realmente hace cosas para nosotros.

Así, el Espíritu Santo opera dentro de este marco temporal aunque sabe que el espacio y el tiempo no son reales. Sin embargo, Él no borra la creencia en el tiempo y el espacio, lo cual nos despertaría del sueño con demasiada rapidez, precipitándonos al pánico. Más bien, el Espíritu Santo cambia nuestros sueños de pesadilla por sueños felices. Esto produce la experiencia de seguir en la mente dividida, viviendo dentro del mundo del tiempo y el espacio, pero solo en el presente, no en el pasado ni en el futuro. Así, lo que se deshace no es el sueño mismo, sino simplemente esa parte del sueño que contiene nuestra culpa y la creencia de que Dios nos castigará. Como dice el Texto con respecto al milagro:

> El milagro no te despierta, sino que simplemente te muestra quién es el soñador. Te enseña que mientras estés dormido puedes elegir entre diferentes sueños, dependiendo del propósito que le hayas adscrito a tu soñar. ¿Deseas sueños de curación o sueños de muerte? (T-28.II.4:2-4).

El Espíritu Santo contempla impasible lo que tú ves: el pecado, el dolor y la muerte, así como la aflicción, la separación y la pérdida. Mas Él sabe que hay algo que no puede sino seguir siendo verdad: que Dios sigue siendo Amor, y que eso que ves no es Su Voluntad.

Este es el Pensamiento que lleva las ilusiones a la verdad y las ve como apariencias tras las cuales se encuentra lo inmutable y lo seguro.

El Espíritu Santo no niega nuestra experiencia de dolor, pero Su amor mira inmediatamente más allá de él al miedo que lo causó, y más allá de eso al Amor que es nuestra única realidad. Esta es una idea central en *Un curso de milagros*, y se declara aún más explícitamente en este importante pasaje del Texto:

> El Espíritu Santo, sonriendo dulcemente, percibe la causa y no presta atención a los efectos. ¿De qué otra manera podría corregir tu error, cuando has pasado por alto la causa enteramente? Él te exhorta a que lleves todo efecto temible ante Él para que juntos miréis su descabellada causa y os riáis juntos por un rato. *Tú* juzgas los efectos, pero *Él* ha juzgado su causa. Y mediante su juicio se eliminan los efectos (T-27.VIII.9:1-5).

Anteriormente en el Texto se nos anima a que, cuandoquiera que tengamos la tentación de sentirnos molestos por cualquier aspecto del mundo separado, recordemos estas líneas:

> Cuando te parezca ver alguna forma distorsionada del error original tratando de atemorizarte, di únicamente: «Dios es Amor, no miedo», y desaparecerá (T-18.I.7:1).

Más adelante, en el Libro de ejercicios, esta idea se convierte en parte de la lección del quinto repaso que dice: «Dios es solo Amor y, por ende, eso es lo que soy yo». Este pasaje que estamos considerando de la Lección 99 también es el precedente de la Lección 187, que dice:

> Tampoco puede dejar de reconocer las múltiples formas en que este [el sacrificio] se puede manifestar. Se ríe asimismo del dolor y de la pérdida, de la enfermedad y de la aflicción, de la pobreza, del hambre y de la muerte (L-pI.187.6:3-4).

El «él» de este pasaje hace referencia al Hijo de Dios dotado de mentalidad recta, a cuya percepción todos aspiramos. Por supuesto, la risa no es la risa burlona del ego, sino la suave risa del Espíritu Santo, nacida de la conciencia de la naturaleza intrínsecamente ilusoria del mundo y de todo su sufrimiento. *Nosotros* juzgamos los terribles efectos de nuestra creencia en el pecado y la separación, pero la presencia del Amor de Dios en el Espíritu Santo «juzga» la causa del pecado como meramente imposible. El miedo es la causa de todos los problemas del mundo, y el miedo ya ha sido deshecho por el Amor del Espíritu Santo.

Al alinear nuestras mentes con el Espíritu Santo, Su percepción se convierte en la nuestra. Así, no negamos lo que ven los ojos del cuerpo, sino que más bien damos a lo que vemos otra interpretación. Como ya hemos observado, Jesús es el ejemplo brillante de este principio. Esta suave risa como respuesta a la aparente realidad del mundo perceptual es la idea de la Expiación. Llevamos la ilusión del ego —nuestra culpa, miedo y creencia en la separación— a la verdad de que todos estamos unidos; y miramos más allá de las apariencias de la oscuridad del ego a la luz de Cristo que brilla en nosotros. El Manual describe este cambio de percepción:

> Los ojos del cuerpo continuarán viendo diferencias. Pero la mente que se ha permitido a sí misma ser curada ya no las tendrá en cuenta. Habrá quienes parezcan estar más «enfermos» que otros y los ojos del cuerpo informarán, como antes, de los cambios que se produzcan en su aspecto. Mas la mente que se ha curado los pondrá a todos bajo una misma categoría: la de irreales (M-8.6:1-4).

Mientras continuamos comentando el plan del Espíritu Santo para nosotros, volvamos al Libro de ejercicios, Lección 135: «Si me defiendo he sido atacado», párrafo once (L-pl.135.11).

La mente que ha sanado no planifica. Simplemente lleva a cabo los planes que recibe al escuchar a una Sabiduría que no es la suya.

Esta es una de las ideas más malinterpretadas y peor aplicadas del Curso, porque muchos estudiantes se detienen en la primera frase y no continúan hasta la segunda. Entonces concluyen que como una mente sanada no planifica, ellos deberían deshacerse de sus calendarios y libros de citas, renunciar a sus pólizas de seguros y simplemente no planificar en absoluto: solo vivir el momento presente. No obstante, no leen la frase siguiente, que claramente no nos dice que no planeemos. Más bien, se nos dice que planeemos, pero no por nuestra cuenta. El Espíritu Santo es la Sabiduría que consultamos, y así llevamos a cabo los planes que Él nos da.

[La mente sanada] **espera hasta que se le indica lo que tiene que hacer, y luego procede a hacerlo. No depende de sí misma para nada, aunque confía en su capacidad para llevar a cabo los planes que se le asignaron. Descansa serena en la certeza de que ningún obstáculo puede impedir su avance hacia el logro de cualquier objetivo que sirva al plan mayor que se diseñó para el bien de todos.**

No se nos está pidiendo que *no* estemos activos en el mundo, sino simplemente que no actuemos por nuestra cuenta. El «plan mayor» es el plan de la Expiación, en el que nadie pierde y todos ganan. Los obstáculos a los que se hace referencia consisten en cualquier cosa de este mundo que creamos que es un problema. El modo más antiguo y tradicional de considerar los obstáculos es que son regalos de Dios, como ya hemos visto. A través de nuestro sufrimiento y abriéndonos camino en medio de estos obstáculos y problemas —los caminos por los que Dios nos muestra Su Amor— llegamos a conocer Su Voluntad. El Libro de Job, en la Biblia, es una expresión muy poderosa de esta forma de pensar.

Así, aquí el Curso nos enseña que cualquier obstáculo que creamos que está presente puede ser superado cambiando de mentalidad al respecto. El significado del perdón no es que cambiemos a las otras personas o al mundo, sino que reconozcamos que lo que nos molesta no está fuera de nosotros. Es nuestra forma de percibir a otras personas y al mundo lo que nos causa inquietud. Al retirar los obstáculos de nuestra mente, que son diferentes expresiones de nuestra propia culpa, nuestra mente se cura; y puesto que las mentes están unidas, la curación de nuestra mente también cura a la Filiación entera. Este es el «plan mayor» establecido para el bien de todos. Cada uno de nosotros cumple la función especial de perdonar nuestras relaciones especiales (T-25.VI.5). Como explica el Curso con relación al «secreto de la salvación», somos nosotros los que nos estamos produciendo todo el dolor y el sufrimiento a nosotros mismos:

> Basta con que aprendas esta lección para que te libres de todo sufrimiento, no importa la forma en que este se manifieste. El Espíritu Santo repetirá esta lección inclusiva de liberación hasta que la aprendas, independientemente de la forma de sufrimiento que te esté ocasionando dolor. Esta simple verdad será Su respuesta, sea cual sea el dolor que lleves ante Él. Pues esta respuesta elimina la causa de cualquier forma de pesar o dolor. La forma no afecta Su respuesta en absoluto, pues Él quiere mostrarte la única causa de todo sufrimiento, no importa cuál sea su forma. Y comprenderás que los milagros reflejan esta simple afirmación: «Yo mismo fabriqué esto y es esto lo que quiero des-hacer» (T-27.VIII.11).

Saltemos ahora a la Lección 135, párrafo diecisiete (L-pl.135.17).

Las defensas son los planes que decides poner en marcha para atacar la verdad.

Esta lección y la siguiente tratan de las defensas, situadas en el contexto de la enfermedad. El ego comienza haciendo real el pecado al decirnos que «tenemos un problema», y a continuación procede a erigir una defensa (el mundo y el cuerpo) para protegernos de este problema inventado y por lo tanto inexistente. Entre tanto, el ego nos engaña para que creamos que todas nuestras energías deberían dirigirse a resolver los reflejos del mencionado problema, que podrían manifestarse internamente (psicológicamente) o externamente. Y en todo momento el problema del pecado y la culpa (en sí mismos una defensa contra el Amor de Dios) se mantiene oculto y protegido en nuestras mentes.

Por ejemplo, digamos que yo tengo una fobia específica. Empiezo a decir que este es un problema real, y que voy a diseñar una manera de protegerme de él. Podría hacerlo evitando el objeto de la fobia, o a través de una dinámica de contra-fobia: ir en contra de la fobia, intentando demostrar así que no tengo miedo de ella. La idea crucial es que nosotros mismos establecemos toda la situación. Definimos el problema y a continuación decidimos cuál es la respuesta. Como vimos antes, la sección «No tengo que hacer nada» enseña que no tengo que hacer nada por mi cuenta (al menos si realmente deseo ser feliz). No empiezo definiendo un problema y después pienso que tengo que hacer algo al respecto. Más bien, dejo que el Espíritu Santo me guíe, permitiéndole que me ayude a darme cuenta de que el problema no es en absoluto tal como lo he percibido. Mi único problema es creer que estoy separado. Así, en términos de la fobia, si bien por una parte puedo tratar de retirar los síntomas fóbicos a través de alguna forma de lo que el Curso llamaría magia —por ejemplo, psicoterapia, modificación de conducta o medicación—, por otra parte trato de retirar la causa de la fobia, que es la culpa en mi mente surgida de la decisión de estar separado.

Su objetivo [de las defensas] es seleccionar aquello a lo que le das tu conformidad y descartar lo que consideras incompatible con lo que crees que es tu realidad. No obstante, lo que queda al final no tiene ningún significado. Pues tu realidad es la «amenaza» que tus defensas quieren atacar, ocultar, despedazar y crucificar.

No nos damos cuenta de que la autoimagen de nuestro ego, que en su origen es pecaminosa, culpable y débil, y requiere una defensa continua, es en sí misma una defensa. La verdadera amenaza no es el mundo externo, ni ninguno de los pensamientos que sentimos que son potencialmente dañinos para nosotros; la amenaza real para el ego es la verdad de quiénes somos. El tema vuelve a retomarse en la lección siguiente, que dice que la enfermedad es una defensa contra la verdad. Si pensamos que estamos sentados en la silla del observador (cuadro 3), nos damos cuenta de que las cintas de pesadilla que reproducimos repetidamente, una y otra vez, son cintas que contienen algún aspecto de nuestra culpa, el odio hacia nosotros mismos del cual tenemos que defendernos.

A veces la forma de la defensa es atacar a otras personas, lo que nos lleva a ser desagradables y crueles. Otras veces la defensa viene bajo la forma de una enfermedad. Y a veces nuestras defensas no parecen funcionar en absoluto y nos sentimos inundados de ansiedad, terror, culpa y depresión. No obstante, el resultado sigue siendo el mismo, porque incluso si nos sentimos inundados de ansiedad y depresión, se refuerza la idea de que somos egos culpables.

Así, incluso cuando las defensas del ego no parecen estar funcionando, realmente están ahí, al menos desde el punto de vista del ego. Siempre estamos tratando de seleccionar esas defensas que creemos que funcionarán mejor que otras. En realidad, ninguna de ellas puede tener verdadero éxito a la hora de traernos paz. El hecho mismo de que necesitamos elegir ciertos aspectos de nuestro mundo con los que relacionarnos refleja nuestra creencia de que hay algo debilitado dentro de nosotros que tiene que ser protegido. Obviamente, esto da realidad a todo el sistema del ego.

¿Qué no ibas a poder aceptar si supieras que todo cuanto sucede, todo acontecimiento, pasado, presente y por venir, es amorosamente planeado por Aquel Cuyo único propósito es tu bien?

Esto puede interpretarse como que significa que el Espíritu Santo actúa en este mundo y planea nuestras vidas externas. Si recordamos lo que comentamos antes sobre la metafísica del tiempo, podemos ver que evidentemente este no puede ser el caso, porque en este nivel no hay pasado, presente y futuro. En otras palabras, todo ha ocurrido ya. Además, como acabamos de ver, el Espíritu Santo no trata con el mundo de la forma o los efectos (los problemas del mundo), sino solo con el contenido o causa (la creencia de la mente en la realidad del pecado).

Volvamos a considerarnos como observadores sentados frente a una pantalla. Tenemos una colección de cintas de la pesadilla del ego y otra colección que contiene la corrección del Espíritu Santo para todos los errores. Tanto el problema como la respuesta ocurrieron simultáneamente en esa fracción de segundo. Así, este pasaje nos dice que mientras estamos sentados en la silla del observador, el Espíritu Santo está dentro de nuestras mentes susurrándonos: «Te sentirás mejor si reproduces mis cintas de unión, perdón y curación, en lugar de las cintas del ego de condena y juicio». Este pensamiento de perdón constituye el plan del Espíritu Santo. Las palabras parecen sugerir que el Espíritu Santo opera en el tiempo, pero esto es para corregir la noción de que Dios o el Espíritu Santo actúan para castigarnos, haciéndonos sufrir por amor para que al final podamos alcanzar el Reino, o bien como una expresión de Su ira vengativa, justificada por nuestro pecado contra el Cielo.

Otra analogía es la de estar sentados en el cine viendo las imágenes ir y venir en la pantalla. Digamos que cae polvo sobre el proyector y aterriza sobre la película mientras esta está pasando, proyectando una imagen negra sobre la pantalla que estropea la escena. No tratamos de arreglar, cambiar o limpiar la pantalla, porque allí no hay nada que arreglar. Más bien, vamos a la fuente del problema, el polvo que ha caído sobre la película. Asimismo, como hemos visto, el Espíritu Santo no lidia con los efectos, la proyección sobre la pantalla de nuestras vidas, sino que más bien Su Amor deshace la causa: la culpa en nuestras mentes. A medida que nuestras mentes se limpian, nuestra percepción también se limpia, y todo el dolor y sufrimiento —que no es nada más que una proyección de lo que está en nuestras mentes— quedan deshechos a medida que desaparecen de vuelta en la nada del pecado y la culpa en los que se originaron.

En caso de que el estudiante del Curso esté confundido con respecto al «plan» del Espíritu Santo, pensando que pueda incluir sucesos dolorosos, se ofrecen las líneas siguientes:

Tal vez has malentendido Su plan, pues Él nunca podría ocasionarte dolor. Mas tus defensas no te dejaron ver Su amorosa bendición iluminando cada paso que diste.

Esto significa que el Espíritu Santo ha tomado el antiguo guion de dolor y sufrimiento y lo ha cambiado para nosotros; no en cuanto a la forma, sino en cuanto al contenido. Nuestra única elección es qué cinta de vídeo vamos a ver. Por lo tanto, la razón por la que Jesús hace énfasis en que las cosas están amablemente planificadas no es que el Espíritu Santo planifique cosas para nosotros: esto no podría ser porque todo ha ocurrido ya, por no mencionar el hecho de que Él solo mira a la causa, y no ve los efectos que no están allí. El propósito de hacer énfasis en el amable plan del Espíritu Santo es corregir cualquier percepción errada de que Él no planifica *amablemente*, sino con ira y juicio.

Pregunta: Hay una parte en el Manual para el maestro que suena parecida a esto. Jesús dice: «En el pasado tampoco se produjeron errores ni ocurrió nada que no sirviera para beneficiar al mundo, así como a aquel a quien aparentemente le ocurrió» (M-4.VIII.1:6).

Respuesta: Esto está expresando la misma idea. Pero la interpretación de este pasaje nos ayuda a tener en mente el símbolo del camino dual del cuadro 2: el antiguo guion lleno de dolor, sufrimiento y muerte, etc., y debajo de él la corrección. Ambos ocurrieron simultáneamente.

Pregunta: Si no tienes esa comprensión en la mente, puedes malinterpretarlo y acabar pensando: «Oh, ¡esto es lo que quiere el Cielo! Mira los sucesos que Él ha planeado para hoy».

Respuesta: Por desgracia, eso es lo que hace la gente, y acaban teniendo la idea de que el plan del Espíritu Santo requería que yo fuera violado o perdiera mi casa, mis posesiones y mis seres queridos, todo ello para enseñarme que no soy un cuerpo. Como reza el dicho: «Con amigos así, ¿quién necesita enemigos?». No parece importar que haya tantos otros lugares en los tres libros que refuten categóricamente esta idea. Recuerda que el plan del ego pide que hagamos del Espíritu Santo un monstruo cruel y vengativo.

Pregunta: Esto es similar a lo que algunas personas hacen con las líneas de la Biblia, como esa que dice que para seguir a Jesús tienes que odiar a tu madre y a tu padre.

Respuesta: Por desgracia, es cierto que este tipo de líneas han sido arrancadas de su contexto y usadas para justificar todo tipo de pensamientos del ego, el opuesto exacto de su verdadero significado. Llegados a este punto, recordemos un pasaje citado anteriormente. Refiriéndonos a la creencia tradicional cristiana de que Dios exigía el sufrimiento y el sacrificio de Su propio Hijo, Jesús dice: «El auténtico cristiano, sin embargo, debería hacer una pausa y preguntarse: '¿Cómo iba a ser posible esto?'» (T-3.I.1:8).

Esta línea siguiente es de gran belleza:

Mientras hacías planes para la muerte, Él te conducía dulcemente hacia la vida eterna.

El Espíritu Santo da un giro al guion del ego, que contiene nuestros planes para la muerte. Nuestros planes para la muerte, que en realidad creemos que son planes para la vida, son las defensas que nuestros egos han establecido para protegernos del castigo de Dios. En medio de ellos, tanto si las defensas toman la forma de problemas externos, como si están asociadas con nuestras tensiones físicas o mentales, la amorosa presencia del Espíritu Santo sigue guiándonos suavemente hacia casa. Una cita anterior del Texto dice: «Junto a la crucifixión se encuentra la redención» (T-26.VII.17:1). En el corazón del dolor de la culpa, en nuestras mentes, también está presente la redención, si tomamos la decisión de retirar el dedo del botón del ego y ponerlo en el botón del Espíritu Santo, cambiando así de las cintas de vídeo de pesadillas a las de sueños felices. La elección siempre es nuestra.

Tu presente confianza en Él es la defensa que te promete un futuro tranquilo, sin ningún vestigio de sufrimiento y lleno de un júbilo que es cada vez mayor, a medida que esta vida se vuelve un instante santo, ubicado en el tiempo, pero enfocado solo en la inmortalidad.

A pesar de toda la desdicha «objetiva» de este mundo, o lo que parece ser la desdicha de ser un prisionero de este mundo, hay otra manera de mirar al mundo: a través del instante santo que nos lleva más allá de las percepciones del ego. El mundo mismo no cambia, como ya hemos visto, pero nuestras percepciones cambian y también nuestras actitudes con respecto al mundo, puesto que ambas son una. Una vez que este nuevo significado se extiende desde nuestras mentes, el mundo cambia: causa y efecto, fuente e idea, permanecen sin separación.

Pregunta: ¿Cuál es la definición de «tranquilo» en este contexto?

Respuesta: Significa que no está alterado por los pensamientos del ego. Esto es importante. Incluso las más inquietantes situaciones del mundo, como por ejemplo ser prisionero de Auschwitz, no pueden tener efecto sobre nuestra paz interior siempre que percibamos la situación a través de los ojos del Espíritu Santo. La causa de todas nuestras inquietudes y alteraciones no reside fuera de nosotros, sino en las elecciones de nuestra mente. Recuerda este importante pasaje del Libro de ejercicios ya citado anteriormente:

El aparente costo de aceptar la idea de hoy es el siguiente: significa que nada externo a ti puede salvarte ni nada externo a ti puede brindarte paz. Significa también que nada externo a ti puede hacerte daño, perturbar tu paz o disgustarte en modo alguno (L-pI.70.2:1-2).

Por lo tanto, aunque todavía estamos viviendo en el mundo del tiempo, mediante la elección de la paz del instante santo obedecemos la amorosa ley de la eternidad, reflejada aquí en nuestro perdón de nosotros mismos y de otros.

Si no permites que ninguna defensa, excepto tu presente confianza [el énfasis está en la confianza presente, y se repite del comienzo del párrafo] **dirija el futuro, esta vida se convertirá en un encuentro significativo con la verdad, que era lo que tus defensas querían ocultar.**
   Sin defensas, te conviertes en una luz que el Cielo, lleno de gratitud, reconoce como propia. Esa luz te conducirá por los caminos que se diseñaron para tu felicidad, de acuerdo con el plan ancestral que comenzó al nacer el tiempo.

En este contexto podemos pensar en las defensas como nubes de culpabilidad, una metáfora destacada en las primeras lecciones del Libro de ejercicios, así como en el Texto. Cuando estas nubes de culpa desaparecen, se le permite brillar a la luz de Cristo que ya está en nosotros. Y, así, en el instante en que nació el tiempo y emergió el guion del ego, también nació el antiguo plan del Espíritu Santo. Parece ocurrir en el tiempo, pero, en realidad, está *más allá* del tiempo. El «plan» pide que reconozcamos cada situación como una oportunidad de perdonar y sanar nuestras mentes. Esto es lo que se nos recuerda en el Texto:

Cuando te encuentras con alguien, recuerda que se trata de un encuentro santo. Tal como lo consideres a él, así te considerarás a ti mismo. Tal como lo trates, así te tratarás a ti mismo. Tal como pienses de él, así pensarás de ti mismo. Nunca te olvides de esto, pues en tus semejantes o bien te encuentras a ti mismo o bien te pierdes a ti mismo. Cada vez que dos Hijos de Dios se encuentran, se les proporciona una nueva oportunidad para salvarse. No dejes de darle la salvación a nadie para que así la puedas recibir tú (T-8.III.4:1-7).

Tus seguidores unirán su luz a la tuya, y esta aumentará hasta que el júbilo ilumine al mundo. Y nuestros hermanos gustosamente dejarán a un lado sus engorrosas defensas, que de nada les sirvieron y solo les causaban terror.

A medida que elegimos perdonar y soltar las nubes de culpa que oscurecían la luz de Cristo en nuestras mentes, esa luz brilla en las mentes de todos, pues sus luces también brillan. Así crece el círculo de Expiación (T-14.V). Tal vez la expresión última de esta visión está al final mismo del Texto, en el contexto de la oración de Jesús a nuestro Padre:

> Te doy las gracias por lo que mis hermanos son. Y según cada uno de ellos elija unirse a mí, el himno general de gratitud que se eleva desde la tierra hasta el Cielo se convertirá, de unas cuantas notas sueltas, en un coro todo-abarcador, que brota de un mundo redimido del infierno y que te da las gracias a Ti (T-31.VIII.11:4-5).

Hay un pasaje paralelo en el Texto, al final de la sección «La entrada al arca» (T-20.IV.8). Dice básicamente lo mismo, pero de otra manera. Veámoslo ahora:

Tal vez te preguntes cómo vas a poder estar en paz si, mientras estés en el tiempo, aún queda tanto por hacer antes de que el camino que lleva a la paz esté libre y despejado.

Esto expresa el sentimiento inevitable y ya mencionado de los estudiantes del Curso cuando comienzan a apreciar la enormidad del sistema de pensamiento del ego, por lo que tienden a decir: «Dios mío, ¿cómo va a poder deshacerse todo esto?». Hay otro pasaje en el Texto, ya citado parcialmente, que transmite el mismo mensaje:

Estar listo es solo el comienzo de la confianza. Tal vez pienses que esto implica que tiene que transcurrir mucho tiempo entre el momento en que estás listo y aquel en el que alcanzas el dominio, pero permíteme recordarte que el tiempo y el espacio están bajo mi control [de Jesús] (T-2.VII.7:8-9).

La idea mencionada antes es importante aquí: no tenemos que ser perfectos, y no tenemos que haber dominado completamente algo a fin de estar listos para llevarlo a cabo. Estar preparado no significa haber alcanzado la maestría. Muy, muy pocos han dominado este sistema de pensamiento, pero eso no significa que la gente no esté preparada para practicarlo. Sin embargo, si pensamos que deshacer nuestra culpa es imposible, o si nos sentimos abrumados por la tarea y pensamos que aprender a perdonar nos va a llevar una enorme cantidad de tiempo, en este punto Jesús entra a recordarnos que el tiempo y el espacio están bajo su control, y por lo tanto el milagro tiene el poder de acortar el tiempo. En otras palabras, el milagro puede ayudarnos a cambiar repentinamente de la pesadilla del ego al sueño feliz del Espíritu Santo. Una vez más, parece que es una tarea enorme e imposible, pero eso se debe a que creemos que el tiempo es real.

Quizá te parezca que esto es imposible. Pero pregúntate si es posible que Dios hubiese podido elaborar un plan para tu salvación que pudiera fracasar. Una vez que aceptes Su plan como la única función que quieres desempeñar, no habrá nada de lo que el Espíritu Santo no se haga cargo por ti sin ningún esfuerzo por tu parte. Él irá delante de ti despejando el camino, y no dejará escollos en los que puedas tropezar ni obstáculos que pudieran obstruir tu paso.

En este pasaje podemos reconocer el significado del uso que el Curso hace de las palabras, y la repetición de algunas de ellas como el término «obstáculos». El riesgo de interpretarlas erróneamente disminuye de manera considerable si reconocemos que este mensaje es una corrección de otra forma de pensar. Ya hemos considerado esto antes. La visión tradicional era que Dios ponía piedras en nuestro camino, y a través del proceso de superar esos obstáculos encontrábamos Su Amor. Aquí Jesús nos está diciendo que es al revés. La frase «despejando tu camino» es bíblica, son las palabras de Juan el

Bautista tomadas de Isaías (Isaías 40:3; Juan 1:23). Podemos pensar en esto en términos del cuadro 6, que retrata el sinuoso camino del ego en forma de una espiral. El camino del Espíritu Santo es una línea recta que supera todas las barreras de la separación del ego. Ahora bien, esto parece sugerir que el Espíritu Santo arregla cosas para nosotros, que Él resuelve el futuro. Sin embargo, este no puede ser el caso si el tiempo es una ilusión.

Volviendo a establecer este punto, estos pasajes se nos presentan precisamente porque nosotros creemos que el tiempo es real, y por lo tanto, tal como se nos pide que «Pongamos el futuro en Manos de Dios» (L-pI.194), aquí también se nos pide que confiemos en que el Espíritu Santo se encargará de las cosas por nosotros. Por lo tanto, su manera de ayudarnos es recordarnos que podemos cambiar de mentalidad, podemos cambiar de canal para re-experimentar los sueños felices de perdón en lugar de pesadillas. Esto no significa que Él haga cosas en el mundo porque, como el Curso insiste una y otra vez, el mundo no existe, tal como el futuro no existe, sino solo los guiones que ya han sido completados.

Así, el Espíritu Santo opera en nuestras mentes dentro de la ilusión de la existencia del tiempo, y de que hay cosas que hacer y obstáculos que superar. Pero eso solo se debe a que es ahí donde creemos estar. Anteriormente en el Texto, como ya hemos visto, Jesús nos pide que nos planteemos la pregunta: «¿Quién es el 'tú' que vive en este mundo?» (T-4.II.11:8). Él nos enseña que este «tú» no es nuestro Ser real en absoluto, y que tenemos que mantenernos vigilantes para reconocer que el ego enmascara nuestra verdadera Identidad, que el Espíritu Santo conserva para nosotros.

Se te dará todo lo que necesites. Toda aparente dificultad simplemente se desvanecerá antes de que llegues a ella. No tienes que preocuparte por nada, sino, más bien, desentenderte de todo, salvo del único propósito que quieres alcanzar.

Esto es una referencia a la porción del Sermón de la Montaña, en el evangelio de Mateo (6:28-29), donde se nos pide que pensemos en los lirios del campo y los pájaros del cielo, y que Dios satisface todas sus necesidades. Esto parece sugerir que Dios satisface nuestras necesidades corporales tal como las experimentamos en el mundo material. Pero, una vez más, Jesús no podría decir esto literalmente porque en otra parte del Curso explica que

Dios ni siquiera sabe de este sueño (por ejemplo, T-4.II.8:6; T-18.VIII.4:1-2). Además, ya hemos comentado que el Espíritu Santo no trata con los efectos, sino solo con su causa en nuestras mentes. Por eso, es esencial recordar el contexto en el que *Un curso de milagros* se presenta a sí mismo. Los pasajes no deben sacarse de contexto de modo que signifiquen lo que nosotros queramos que signifiquen, violando el sistema de pensamiento general.

Decir que nada que necesitemos nos será negado, que todas las dificultades se desharán, también parece sugerir que el futuro es real y que estamos en un viaje temporal. Como ya hemos visto, el Curso usa este tipo de lenguaje debido a nuestra creencia profundamente arraigada de que el tiempo es un proceso lineal. En muchos otros lugares Jesús dice que el viaje ya terminó. En consecuencia, el Espíritu Santo no cambia nada en el mundo porque «el mundo no existe» (L-pI.132.6:2); no estamos pasando por estas cosas por primera vez. Sin embargo, Su amorosa presencia parece «hablar» a nuestras mentes soñadoras para cambiar lo que estamos experimentando. La trampa es que nos olvidamos de que nosotros no somos las personas que aparecen en la pantalla, sino simplemente los observadores.

Pregunta: ¿Podrías comentar esto un poco más? ¿Cómo se supone que hemos de tomarnos este pasaje?

Respuesta: Este pasaje debe tomarse como una corrección de que el Espíritu Santo castiga, de que Él hace que las cosas sean difíciles para nosotros y nos produce sufrimiento. Esta es la idea principal; pero el lenguaje usado para transmitir esta idea es un lenguaje que puede ser comprendido por mentes que creen que el tiempo es lineal. Como hemos visto, la lección del Libro de ejercicios sobre poner el futuro en Manos de Dios usa un lenguaje que refleja la creencia de que el tiempo es lineal para transmitir el mensaje de que el Espíritu Santo está sentado con nosotros en el asiento del observador, apremiándonos a que elijamos reproducir las cintas de relaciones que Él ya ha sanado para nosotros. Nuestra experiencia en este mundo es que Él ha hecho eso para nosotros: ha enderezado nuestro camino y retirado los obstáculos. Sin embargo, en verdad, simplemente hemos aceptado la corrección que a través del Espíritu Santo ya está presente en nuestras mentes.

La idea de que no tenemos que preocuparnos de nada excepto del único propósito que queremos cumplir hace referencia al perdón. Es importante reconocer que un pasaje como este puede usarse para justificar el discurso sobre los trucos mágicos del Espíritu Santo: Él ofrece lugares de aparcamiento, cura el cáncer, provee dinero cuando lo necesitamos y en general lo resuelve todo de modo que se satisfagan todas las necesidades. Si esto fuera realmente así, confirmaría la creencia de que el mundo del tiempo y del espacio es real en virtud de la intervención del Espíritu Santo en él. *Un curso de milagros* usa este tipo de lenguaje porque nosotros creemos que estamos en este mundo, pero no debemos leerlo erróneamente para justificar la «magia» (el término que usa el Curso para el intento de resolver un problema en la mente a través de medidas físicas). Las «intervenciones» del Espíritu Santo son simplemente los recordatorios en nuestras mentes de que solo tenemos un problema, y Su Amor ya lo ha resuelto por nosotros.

Pregunta: ¿Podría entenderse la idea de «no tienes que preocuparte de nada» como que en último término no tenemos que preocuparnos de los problemas básicos de la vida cotidiana, de lo que deberíamos vestir y comer, por ejemplo? ¿Significa esto que como no tenemos la necesidad de hacernos sufrir, tendremos inevitablemente lo que necesitemos? ¿No tendremos que enfocarnos en nada como un fin en sí mismo?

Respuesta: Sí, eso es lo que está implícito. La palabra crucial en tu pregunta es «preocuparse». No es que no tengamos que pagar la factura de la electricidad, o proveer para nuestros seres queridos y para nosotros mismos. Es simplemente que no interpretaremos estas necesidades materiales a través de los ojos de la culpa y la privación. Esta proyección es la fuente de todas nuestras preocupaciones y de los problemas que percibimos, que se convierten en dispositivos muy eficaces de distracción, como todos sabemos.

Un curso de milagros es una mezcla de lo ideal y lo práctico, de los principios metafísicos y nuestra experiencia de cada día. La confusión entra en la mente de los estudiantes cuando confunden estos dos niveles. Así, una vez más, la gente puede decir: «El Espíritu Santo me dijo que dejara mi trabajo; no tengo nada de dinero pero sé que el Señor me proveerá». Está claro que esto no es lo que Jesús dice aquí. Más bien, él nos está diciendo que ya no nos preocuparemos de cosas que no son verdaderos problemas, y que reconoceremos cuáles son nuestros verdaderos problemas. El propósito del Curso es ayudarnos a reconocer gradualmente que nuestra única función es sanar la mente, y que solo eso es importante: «La única responsabilidad del obrador de milagros es aceptar la Expiación para sí mismo» (T-2.V.5:1). Ciertamente Jesús no está sugiriendo que hagamos esto aparte de la forma y los símbolos del mundo; su Curso no aboga por la retirada del mundo, sino más bien por cambiar nuestra manera de percibir el mundo:

> Este curso opera dentro del marco de referencia del ego, pues ahí es donde se necesita. No se ocupa de lo que está más allá de todo error, ya que está planeado únicamente para fijar el rumbo en dirección a ello. Por lo tanto, se vale de palabras, las cuales son simbólicas y no pueden expresar lo que se encuentra más allá de todo símbolo (C-in.3:1-3).

Y anteriormente en el Manual, con relación a la cuestión de cambiar nuestra situación vital, leemos:

> Donde se requieren cambios es en las mentes de los maestros de Dios. Esto puede o no entrañar cambios en las condiciones externas. [...] Es bastante improbable que los primeros pasos a dar en la formación del nuevo maestro de Dios no sean cambios de actitud (M-9.1:1-2,4).

Así, el Espíritu Santo interpreta nuestras palabras y símbolos de otra manera, y sin embargo hace esto dentro de su contexto. En otro lugar Jesús explica que el Espíritu Santo no nos arrebata nuestras relaciones especiales, sino que las transforma (T-17.IV.2:3); la forma o el símbolo permanecen, pero el contenido cambia de la culpa al perdón.

Así, el Espíritu Santo interpreta nuestras palabras y símbolos de otra manera, y sin embargo hace esto dentro de su contexto. En otro lugar Jesús explica que el Espíritu Santo no nos arrebata nuestras relaciones especiales, sino que las transforma (T-17.IV.2:3); la forma o el símbolo permanecen, pero el contenido cambia de la culpa al perdón.

Pregunta: ¿Hay alguna otra razón para este tipo de malentendido? Las personas se han involucrado en algunas situaciones muy horrendas y después han concluido que el Espíritu Santo orquestó dichas situaciones para enseñarles Sus lecciones. Por ejemplo, como ya has dicho, una mujer que había sido brutalmente violada creía sinceramente que el Espíritu Santo le envió al violador para que ella pudiera perdonarle.

Respuesta: La interpretación errónea viene porque las personas leen lo que sus egos quieren que lean, de modo que no entienden el contexto mayor en el que se presentan estos pasajes. Por eso he hablado de estos pasajes en el contexto mayor del tiempo. Tal vez la mejor preparación para trabajar con *Un curso de milagros* sea el sentido común. El sentido común, por no hablar de la teoría del Curso, nos diría que la violación nunca podría ser la voluntad del Espíritu Santo, que dejar repentinamente un trabajo, abandonar una familia sin medios visibles de sustento no es la voluntad del Espíritu Santo. Ciertamente, Él podría guiarnos a dejar un trabajo. Sin embargo, en las situaciones en las que está involucrada la negación, llevándonos a usar a otras personas para evitar responsabilizarnos de nuestros propios guiones, está claro que estamos siguiendo la guía del ego. Una vez más, no hay duda de que una persona puede ser guiada, como parte de su camino de Expiación, a abandonar una situación particular. Pero, si es así, el resultado sería la paz, no el sacrificio. El Espíritu Santo no es un pájaro mágico que se ocupa de nuestros problemas. Por eso, como prefacio a estos pasajes, he hecho énfasis en lo esencial que es entender que las enseñanzas del Curso son una corrección. Una vez que se comprende su propósito, sin interpretación ni aplicación errada, las enseñanzas son plenamente consistentes y tienen mucho más sentido.

De la misma manera en que este [el propósito] **te fue dado, asimismo su consecución se llevará a cabo por ti. La promesa de Dios se mantendrá firme contra todo obstáculo, pues descansa sobre la certeza, no sobre la contingencia. Descansa en ti. ¿Y qué puede haber que goce de más certeza que un Hijo de Dios?**

El perdón es el propósito que nos ha sido dado por el Espíritu Santo y permite que nuestras mentes se curen. Y puesto que nos ha *sido* dado, su consecución también está garantizada, y solo requiere nuestra decisión inevitable de aceptarlo. El antiguo guion del ego ocurrió dentro del sueño, pero también ocurrió el antiguo guion de perdón. El «tú» sobre el que descansa la certeza es el Ser *real*, el Cristo en nosotros, y Su Amor solo espera nuestro retorno cierto al hogar que en verdad nunca abandonamos.

TERCERA PARTE

EL FINAL DEL TIEMPO

Introducción a la Tercera parte

En esta Parte final consideraremos las ideas del Curso con respecto al mundo real, la Segunda Venida, el Juicio Final y el último paso que Dios da, ideas que dentro de la presentación del Curso vienen secuencialmente. Sin embargo, está claro que la secuencia es ilusoria, puesto que estos «pasos» finales corrigen y deshacen una creencia en el tiempo que nunca fue. Ahora bien, estas etapas son de ayuda para nosotros que todavía creemos estar en el tiempo, pues sirven para invertir los pasos del ego en el descenso al infierno. Comenzamos con el mundo real, cuyo logro es el objetivo de aprendizaje de *Un curso de milagros*.

CAPÍTULO 9:

El mundo real

Comenzamos con el precioso resumen del «mundo real» que se encuentra en el Libro de ejercicios (L-pII.8.1). En realidad, podríamos dedicar todo un libro a este tema, pues *Un curso de milagros* contiene muchas referencias a él. Pero vamos a limitarnos a tres, una de cada libro del Curso. Pero, antes de empezar, haremos algunos comentarios adicionales.

Vuelvo a decirlo: el Cielo no es el objetivo del Curso, su objetivo es el mundo real. Dentro del contexto de nuestros comentarios relacionados con el cuadro 3, se llega al mundo real cuando solo percibimos las cintas de perdón y de unión, después de lo cual todas las cintas desaparecen. En el mundo real nuestras percepciones ya no están distorsionadas por la proyección de nuestra propia culpa o la creencia en el pecado, y ahora son más bien la extensión del Amor del Espíritu Santo. Este Amor es el objetivo del Curso, y nos sitúa al final del camino de Expiación.

Es importante darse cuenta de que el mundo real sigue siendo parte del mundo de la ilusión, y por lo tanto no es el Cielo. Cuando *Un curso de milagros* habla sobre la realidad, está hablando del Cielo, que se suele yuxtaponer con el mundo ilusorio. Pero la frase «el mundo real» hace referencia a este mundo, aunque perdonado. Como dice el Libro de ejercicios al comienzo del pasaje que ahora examinaremos: «El mundo real es un símbolo», lo que significa que no es un hecho. El único hecho que es verdad se escribe con «H» mayúscula y es el Hecho de Dios. De modo que aunque el mundo real es un símbolo, no es un símbolo de pecado o separación. Es el reflejo puro, dentro de la mente separada, de la realidad y la unidad del Cielo. Como tal, el mundo real no es una referencia al mundo físico, sino más bien a la actitud de perdón que ahora está dentro de la mente que ha reconocido su impecabilidad. Vamos ahora al Libro de ejercicios:

El mundo real es un símbolo, como todo lo demás que la percepción ofrece. No obstante, es lo opuesto a lo que tú fabricaste.

El cuadro 2 describe los guiones del ego y del Espíritu Santo como una carretera de dos sentidos, la parte superior pertenece al ego, mientras que la inferior es la corrección del Espíritu Santo, el opuesto exacto de lo que el ego ha hecho. Por lo tanto, vivir en el mundo real puede compararse con conducir únicamente en el lado del Espíritu Santo de la carretera, donde ya no hay ningún guion en absoluto. Una vez que las correcciones del Espíritu Santo han sido aceptadas, los errores del ego desaparecen, haciendo que las correcciones sean innecesarias. Como explica Jesús con relación a su propio papel como maestro:

> Enseñaré contigo y viviré contigo si estás dispuesto a pensar como pienso yo, pero mi objetivo será siempre eximirte finalmente de la necesidad de un maestro (T-4.I.6:3).

Así, una vez que la culpa que fabricamos queda reemplazada por su opuesto, el perdón, ambos desaparecen:

> Este es el cambio que brinda la percepción verdadera: lo que antes se había proyectado afuera, ahora se ve dentro, y ahí el perdón deja que desaparezca. [...] Mas al ver a la culpabilidad y al perdón dentro de tu mente, estos se encuentran juntos por un instante, uno al lado del otro, ante un solo altar. Ahí, por fin, la enfermedad y su único remedio se unen en un destello de luz sanadora. Dios ha venido a reclamar lo que es Suyo. El perdón se ha consumado (C-4.6:1,7-10).

Ves tu mundo a través de los ojos del miedo, lo cual te trae a la mente los testigos del terror. El mundo real solo lo pueden percibir los ojos que han sido bendecidos por el perdón, los cuales, por consiguiente, ven un mundo donde el terror es imposible y donde no se puede encontrar ningún testigo del miedo.

El mundo real te ofrece una contrapartida para cada pensamiento de infelicidad que se ve reflejado en tu mundo, una corrección segura para las escenas de miedo y los clamores de batalla que lo pueblan.

Cada instante que elegimos estar separados ya ha sido sanado a través de una decisión de unirse. Pues cada vez que hemos atacado y albergado resentimientos contra otras personas, ha habido una corrección en la que les hemos perdonado. Esta es la contrapartida de cada pensamiento infeliz que hemos tenido. La idea de que cada pensamiento infeliz se refleja en el mundo es una expresión de la dinámica de la proyección. Y cada pensamiento infeliz tiene como su fuente el miedo, y conduce inevitablemente a una experiencia de que el mundo es terrorífico, y nosotros vulnerables a su maldad. Por otra parte, aceptar la corrección del Espíritu Santo permite que Su Amor se extienda a través de nuestras mentes, quedando finalmente reflejado en la percepción del mundo real.

El mundo real muestra un mundo que se contempla de otra manera: a través de ojos serenos y de una mente en paz. Allí solo hay reposo. No se oyen gritos de dolor o de pesar, pues allí nada está excluido del perdón. Y las escenas que se ven son apacibles, puesto que solo escenas y sonidos felices pueden llegar hasta la mente que se ha perdonado a sí misma.

Lo importante aquí es entender que el mundo real no es una negación del mundo. Seguimos viviendo en un mundo de ilusión y separado, pero aunque los ojos del cuerpo «ven» las mismas cosas que antes, la interpretación que se asocia con lo que se «ve» es completamente distinta. En otras palabras, nuestra percepción ha quedado completamente corregida y vemos simplemente a través de los ojos del amor.

Pregunta: ¿Entonces, esta línea: «No se oyen gritos de dolor o pesar», no debería tomarse literalmente?

Respuesta: Correcto. No significa que la gente no llore de dolor, sino más bien que nosotros no lo oiremos así.

Pregunta: ¿De modo que es literal en un sentido y en otro no?

Respuesta: Correcto, depende de a qué nivel estés hablando. El punto principal es que no estemos involucrados en la negación: negando que en el mundo hay gente que se muere de hambre, negando la situación de un país oprimido, de las personas del holocausto, o este tipo de cosas. Por lo tanto, no debe considerarse que este pasaje significa que dichas cosas no estén ocurriendo. Significa que las veremos de otra manera, sin darles el poder de alterar nuestra paz interna.

Pregunta: ¿No sería también un error pensar que el mundo real es algún tipo de lugar distinto de este mundo?

Respuesta: Sí, por supuesto. El mundo real es una actitud, un estado mental. Uno puede seguir estando físicamente en Auschwitz, o colgando de una cruz, pero la mente estará totalmente en paz. Y así la aparente situación externa se percibe a través de unos ojos serenos y aquietados. Solo se experimenta bondad, pues en la mente solo quedan pensamientos bondadosos.

¿Qué necesidad tiene dicha mente [perdonada] **de pensamientos de muerte, asesinato o ataque?**

Esta es una declaración importante, porque Jesús nos está diciendo que nuestro yo-ego necesita pensamientos de muerte, ataque y asesinato, lo que significa que ellos son el resultado de una decisión que tomamos. Ciertamente, esta no es la manera en que el mundo contempla el ataque, que en cualquiera de sus formas parece tan real. Pero este pasaje nos enseña que el problema es que nosotros hemos invertido en creer en la realidad del ataque. Elegimos darle realidad, lo cual nos enraíza en el cuerpo y en un mundo de separación, culpa y miedo, porque eso es lo que el ego quiere. Elegir pensamientos de ataque viene realmente de una decisión de permanecer en el tiempo, de manera «segura» dentro del mundo del ego.

¿De qué puede sentirse rodeada sino de seguridad, amor y dicha? ¿Qué podría haber que ella quisiese condenar? ¿Y contra qué querría juzgar?

Una vez más, esto no significa que neguemos lo que ocurre en el mundo. Simplemente, nos damos cuenta de que lo que ocurre en el mundo no puede afectar a Quienes somos realmente. Lo que Jesús nos enseñó es que a pesar de lo que parecía que le estaba pasando a él, estaba rodeado de seguridad, amor y alegría. Por lo tanto, no podía sentir dolor, ni percibir ninguna parte de la Filiación separada de él. No le pasó nada porque no había nada en su mente que exigiera que le ocurriera algo.

La sección «El lugar que el pecado dejó vacante» (T-26.IV) es una hermosa descripción del mundo real o mundo perdonado. Hay ausencia de pecado, y si no hay pecado no puede haber culpa. Por lo tanto, no hay necesidad de verse a uno mismo condenado o de ver condenados a otros. Sin culpa, el juicio es imposible y la separación inexistente. He aquí una breve cita de esa sección:

En este mundo el perdón es el equivalente a la Justicia del Cielo. El perdón transforma el mundo del pecado en un mundo simple, en el que se puede ver el reflejo de la justicia que emana desde más allá de la puerta tras la cual reside lo que carece de todo límite. [...]

> En este mundo el perdón es el equivalente a la Justicia del Cielo. El perdón transforma el mundo del pecado en un mundo simple, en el que se puede ver el reflejo de la justicia que emana desde más allá de la puerta tras la cual reside lo que carece de todo límite. [...]

> El perdón convierte el mundo del pecado en un mundo de gloria, maravilloso de contemplar. [...] No hay tristeza ni divisiones, pues todo se ha perdonado completamente. Y los que han sido perdonados no pueden sino unirse, pues nada se interpone entre ellos para mantenernos separados y aparte.

Los que son incapaces de pecar no pueden sino percibir su unidad, pues no hay nada que se interponga entre ellos para alejar a unos de otros (T-26.IV.1:1-2; 2:1,3-5).

El mundo que ve [la mente perdonada] emana de una mente que está en paz consigo misma. No ve peligro en nada de lo que contempla, pues es bondadosa, y lo único que ve es bondad.

En muchos lugares del Libro de ejercicios, especialmente en los resúmenes de una página, se expresa mucho en cada frase, directamente o por implicación. Aquí también encontramos esto. El mundo que vemos surgió de una mente en conflicto que debe inevitablemente proyectar su conflicto. Y así es como se fabricó el mundo. El perdón corrige este error, curando el conflicto de creer que hemos atacado a Dios. La paz reemplaza el conflicto, y de este pensamiento amoroso surge otro mundo. En otras palabras, en el mundo real vemos y experimentamos el sueño de otra manera.

Además, si soy bueno y puedo mirar directamente a la bondad, ya no percibiré peligro. La segunda frase es una declaración causal: «No ve peligro en nada de lo que contempla» porque «es bondadosa». Por lo tanto, incluso si estás delante de mí con una pistola apuntándome a la cabeza, si solo hay bondad dentro de mí —no hay pecado ni juicio—, pase lo que pase sé que no estoy en peligro. Si se presenta el peligro, es el efecto de un pensamiento no bondadoso. Un pensamiento no bondadoso es el resultado de la creencia en el pecado y la culpa, que exige que yo sea castigado. Así, debo creer inevitablemente que el mundo es un lugar peligroso. En el mundo real, independientemente de lo que ocurra en el nivel de la forma, permanezco en paz. En la Segunda Guerra Mundial hemos visto muchos ejemplos de personas que sobrevivieron a los campos de concentración en un estado de paz, a pesar de los peligros físicos evidentes que les rodeaban. Su paz era el resultado de su elección de identificarse con el amor en lugar de con el ataque. En este mundo no siempre tenemos control de lo que es externo a nosotros, pero siempre tenemos control sobre nuestros pensamientos y percepciones. Estos *podemos* cambiarlos.

El mundo real es el símbolo de que al sueño de pecado y culpabilidad le ha llegado su fin y de que el Hijo de Dios ha despertado. Y sus ojos,

abiertos ahora, perciben el inequívoco reflejo del Amor de su Padre, la infalible promesa de que ha sido redimido. El mundo real representa el final del tiempo, pues cuando se percibe, el tiempo no tiene razón de ser.

De modo que ahora estamos empezando a despertar de esta pesadilla. Desde el punto de vista del Espíritu Santo, el propósito del tiempo es deshacer el pecado. Una vez que el pecado ha quedado deshecho, ya no hay más necesidad de tiempo. Así, podemos decir que el logro del mundo real es el paso necesario para acabar con nuestra creencia en la realidad del tiempo. Si bien el Amor de Dios no es posible en este mundo, como se ve en la declaración anterior «No hay amor en este mundo que esté exento de esta ambivalencia» (T-4.III.4:6), el reflejo del Amor es posible a través de la percepción del Espíritu Santo.

El Espíritu Santo no tiene necesidad de tiempo una vez que este ha servido el propósito que Él le había asignado. Ahora espera un solo instante más para que Dios dé el paso final y el tiempo desaparezca llevándose consigo la percepción y dejando solamente a la verdad para que sea tal como es. Ese instante es nuestro objetivo, pues en él yace el recuerdo de Dios. Y según contemplamos un mundo perdonado, Él es Quien nos llama y nos viene a buscar para llevarnos a casa [el último paso de Dios], recordándonos nuestra Identidad, la cual nos ha sido restaurada mediante nuestro perdón.

El «paso final» es lo que el Curso llama en otra parte «el último paso que da Dios», y abordaremos esta etapa más adelante. A medida que el tiempo desaparece, también lo hace la percepción, y entonces el conocimiento amanece en nuestras mentes, restauradas al fin a la conciencia de la unidad del Cielo. Ese es el instante en que nuestras mentes se curan plenamente, porque ahí es cuando hemos aceptado totalmente la Expiación para nosotros mismos: hemos deshecho nuestra creencia en la realidad de la culpa. El mundo real representa la compleción de nuestros caminos individuales. Las últimas etapas —la Segunda Venida, el Juicio Final y el último paso—, como veremos, en realidad son pasos colectivos. En otras palabras, cuando cada fragmento separado de la Filiación haya sanado su mente, en ese punto la Filiación despierta como una. El mundo real expresa la compleción individual del camino. Ese instante de sanación es nuestro objetivo. A medida que contemplamos el rostro de Cristo en otros, el recuerdo de Dios amanece en nuestras mentes, y estamos en nuestro hogar, en la conciencia de nuestra perfecta unidad con Dios y con toda la creación.

Ahora pasaremos al Manual, a la sección llamada «¿Cómo acabará el mundo?» (M-14). El tema central que hemos venido considerando es que el perdón total y el logro del mundo real marcan el final de este mundo. También es el tema de esta sección.

¿Puede realmente tener fin lo que no tiene principio? El mundo acabará en una ilusión, tal como comenzó. Su final, no obstante, será una ilusión de misericordia.

Si hablamos del fin del mundo, lo que está implicado es que debe haber habido un comienzo. Por lo tanto, estaríamos diciendo que el mundo realmente existe. Esta es una de las maneras sutiles que usa el ego para dar realidad al mundo, y por lo tanto a sí mismo. Es la misma idea que cuando la gente habla de la resurrección del cuerpo de Jesús. Si dices que su cuerpo resucitó, entonces estás diciendo que su cuerpo debió haber muerto. Si dices que su cuerpo murió, entonces debes estar diciendo que su cuerpo vivió, que es otro ejemplo de la astuta trampa que el ego tiende para hacernos creer en la realidad de su mundo. Aquí es lo mismo: hablar del fin del mundo es decir que el mundo tuvo que tener un comienzo, y por lo tanto que él, y la totalidad del sistema de pensamiento del ego, es real.

«Su final, no obstante, será una ilusión de misericordia». Esto está pensado como una corrección de la visión tradicional cristiana de que el mundo acabará con un juicio, y está claro que este juicio no es bueno si estás en el equipo equivocado.

Pregunta: ¿No dice el Libro del Apocalipsis que el mundo acabará en fuego, en la batalla del Armagedón?

Respuesta: Sí; la Biblia dice que el mundo acabará en una gran conflagración y que habrá mucho sufrimiento. Si estás «en el buen equipo», entonces estarás bien. Aquí el Curso está diciendo que el mundo acabará de una manera muy distinta, «en una ilusión de misericordia».

La ilusión del perdón, completo, sin excluir a nadie y de una ternura ilimitada, lo cubrirá, ocultando todo mal, encubriendo todo pecado y dando fin a la culpabilidad para siempre. Así acabará el mundo al que la culpa dio lugar, pues ahora no tiene ningún propósito y desaparece.

Esta es otra declaración explícita que hace el Curso de que el perdón también es una ilusión. El producto final del proceso de perdón es que nadie queda excluido, y así se deshace la culpa. Sin embargo, este mundo está sostenido por la culpa. La culpa fabricó el mundo —una declaración muy clara de esta importante enseñanza del Curso— y está sostenido por ella. Por lo tanto, cuando la culpa se va y el perdón se completa, el mundo debe desaparecer porque su causa ha desaparecido. El mundo es el efecto, y la culpa o el pecado es la causa.

Saltemos al segundo párrafo, en la octava frase:

El mundo acabará cuando todas las cosas que hay en él hayan sido correctamente juzgadas mediante Su juicio. El mundo acabará con la bendición de la santidad sobre él. El mundo desaparecerá cuando ya no quede ni un solo pensamiento de pecado. No será destruido ni atacado y ni siquiera sufrirá el más mínimo rasguño. Simplemente dejará de parecer que existe.

Así, esta es la visión de Cristo, la verdadera percepción del Espíritu Santo y el mundo real. Además, esta declaración es una corrección de la visión tradicional cristiana del Armagedón. Aquí, evidentemente, las palabras se han escogido con cuidado. No es meramente que el mundo dejará de ser; «Simplemente dejará de *parecer* que existe», pues su existencia es ilusoria. El mundo no existe; solo *parece* que existe. Además, tal como consideramos al final de la Segunda parte, cuando hablamos del plan del Espíritu Santo, *Un curso de milagros* deja muy claro en muchos pasajes como este que el mundo no existe. Sin embargo, Jesús no habla constantemente desde este nivel. Si lo hiciera, el Curso sería extremadamente frustrante para nosotros que creemos que el mundo es real. Hay suficientes pasajes en el Curso que nos muestran exactamente cuál es su visión metafísica. Pero hay muchos otros pasajes que hablan del mundo como si fuera real, porque, una vez más, nosotros hemos invertido mucho en creer en la realidad del mundo del tiempo.

También es importante indicar que el mundo no es destruido ni atacado, no hay oposición a él en ningún sentido, pues ¿cómo sería posible oponerse a la nada o destruirla? Simplemente miramos al mundo con los ojos de Cristo, y entonces la nada es comprendida y desaparece. Como dice el Curso con respecto a transcender el cuerpo:

> No mediante la destrucción ni mediante un escape, sino simplemente mediante una serena fusión (T-18.VI.14:6).

Ciertamente parece que esto se encuentra muy, pero que muy lejos. «Cuando ya no quede ni un solo pensamiento de pecado» parece ser, en efecto, un objetivo a largo plazo. Pero el tiempo se detiene y sirve al objetivo de los maestros de Dios. En el instante en que cualquiera de ellos acepte la Expiación para sí mismo, no quedará ni un solo pensamiento de pecado.

Obviamente, dentro del sueño del tiempo parece como si deshacer el pecado y sanar nuestras mentes fuera a tomar una enorme cantidad de tiempo. Y así, este pasaje no tiene sentido dentro de una visión lineal del tiempo. Cuando consideramos nuestros egos individuales y el tiempo que nos tomará ser totalmente libres a este nivel, y después multiplicamos eso por billones en términos del mundo en general, el final del ego parece estar muy, muy distante. Sin embargo, como ya hemos comentado, este planteamiento solo refuerza la ilusión del tiempo. Lo que resulta útil para entender la visión metafísica que el Curso tiene del tiempo, especialmente en conexión con el cuadro 3, es que señala lo diferente que es el proceso real de la Expiación. Lo único que tenemos que hacer es presionar un botón distinto y toda nuestra experiencia cambia.

Es como si estuvieras viendo una película de terror en el aparato de vídeo, y entonces, de repente, decides que ya has tenido bastante de eso. Por tanto, cambias de opinión y te pones a ver una comedia musical. En nuestra vida de cada día no parece ser así de fácil porque tenemos una *creencia* muy arraigada de que merecemos estar atemorizados, castigados, infelices y en conflicto. Pero ese es el problema: nuestra *creencia* de que merecemos el dolor. Algunos otros sistemas metafísicos enseñan que nosotros atraemos el dolor. Sin embargo, este planteamiento simplemente da realidad al mundo. No es que nosotros atraigamos el dolor; más bien, simplemente elegimos re-experimentar esa cinta de desdicha una y otra vez. Lo único que se necesita para que desaparezca el mundo del tiempo y deje de ser real para nosotros es cambiar de mentalidad, «cambiar de canal». Cuando consideremos el Juicio Final en el Capítulo 11, retornaremos a la idea de que la compleción de la Expiación «está muy, muy lejos».

Pregunta: Esa frase, «En el instante en que cualquiera de ellos acepte la Expiación para sí mismo, no quedará ni un solo pensamiento de pecado», se aplica a Jesús, ¿cierto?

Respuesta: Ciertamente podría aplicársele. Él nos enseñó que todo este mundo de experiencia, como se muestra en el cuadro 3, es una ilusión. Pero eso ciertamente no significa que no tengamos que aceptar la Expiación para nosotros mismos. La mente sanada individual de Jesús demostró que el mundo es un sueño, y ahora lo que nos queda es aceptar esa verdad.

Saltemos a las primeras frases del cuarto párrafo:

El mundo acabará cuando su sistema de pensamiento se haya invertido completamente. Hasta entonces, algunos fragmentos de su manera de pensar darán todavía la impresión de tener sentido. La lección final —que trae consigo el fin del mundo— no puede ser captada por aquellos que aún no están preparados para abandonar el mundo e ir más allá de su limitado alcance.

Jesús está diciendo aquí que dentro del mundo del tiempo, el final del sistema de pensamiento del ego ocurre como un proceso. La «lección final» es el deshacimiento total de la creencia en el tiempo, la muerte, o cualquier forma en que se exprese el pensamiento de separación. Pero es imposible que entendamos cómo se puede lograr esto mientras estemos pegados a nuestras pantallas, viendo películas de terror. Una vez más, el punto crucial es que aquí hay involucrada una elección: he elegido re-experimentar esta forma particular de la pesadilla, y por lo tanto con la misma facilidad puedo cambiar de mentalidad. Y así, si estamos viendo una película horrible en la televisión, nadie nos obliga a seguir viéndola. Siempre podemos cambiar de canal (e incluso apagar el televisor). Esta es exactamente la situación con nuestras propias experiencias. Siempre somos libres de cambiar cómo estamos mirando algo. En el lenguaje de *Un curso de milagros*, el cambio ocurre cuando elegimos un milagro en lugar de un resentimiento. En las imágenes que hemos estado usando aquí, hemos cambiado de botones. Aceleramos nuestro proceso de Expiación a medida que continuamos eligiendo los vídeos del Espíritu Santo en lugar de los del ego.

Ahora pasamos al Texto, a la sección titulada «El perdón y el final del tiempo», párrafo dos (T-29.VI.2:1). Esta es una visión más poética del final del mundo.

¡No jures morir, santo Hijo de Dios!

En esta línea, el orden de las palabras es muy importante. Si se invierte y dice: «Jura no morir, santo Hijo de Dios», la frase significaría que no tenemos que morir, una interpretación que han hecho muchos estudiantes del Curso. Estaríamos jurando no morir, lo que significaría que seguiríamos vivos en un cuerpo físico, prometiendo no morir nunca en este cuerpo. Así, esta comprensión presupone que el cuerpo vive, o mejor, que nosotros vivimos en el cuerpo, y así juramos ser inmortales en el cuerpo. Sin embargo, anteriormente Jesús dice con claridad que en el cuerpo no hay vida:

> Fuera del Cielo no hay vida. La vida se encuentra allí donde Dios la creó. En cualquier otro estado que no sea el Cielo la vida no es más que una ilusión. En el mejor de los casos parece vida, en el peor, muerte. Ambos son, no obstante, juicios acerca de lo que no es la vida, idénticos en su inexactitud y falta de significado. Fuera del Cielo la vida es imposible, y lo que no se encuentra en el Cielo no se encuentra en ninguna parte (T-23.II.19:1-6).

«No jures morir» está hablando de nuestra decisión de negar la realidad de la muerte como parte del sistema de pensamiento del ego. Cuando este

pasaje se comprende tal como está escrito —¡No jures morir, santo Hijo de
Dios!—, se nos exhorta claramente a elegir no morir, a no dar realidad a la
muerte, y a no hacer de ella un castigo por nuestro pecado. Por lo tanto, se
nos pide que elijamos en contra de nuestra promesa original al ego de sustentar su sistema de pensamiento demente y asesino. Es un pasaje maravillosamente evocador, recordamos este juramento de fidelidad al ego al encon-
trarnos ante el último obstáculo para la paz:

> Y ahora te encuentras aterrorizado ante lo que juraste
> no volver a mirar nunca más. Bajas la vista al recordar la
> promesa que les hiciste a tus «amigos». La «belleza» del pecado,
> la sutil atracción de la culpabilidad, la «santa» imagen ence-
> rada de la muerte y el temor de la venganza del ego a quien
> le juraste con sangre que no lo abandonarías, se alzan todos,
> rogándote que no levantes la mirada (T-19.IV-D.6:1-3).

Por lo tanto, en lugar de seguir siendo fiel a la imagen andrajosa e impía que
el ego tiene de nosotros, juramos fidelidad a la evaluación del Espíritu Santo:
«¡Tú, el santo Hijo de Dios!».

**Pues eso es hacer un trato que no puedes cumplir. Al Hijo de la Vida no
se le puede destruir. Es inmortal como su Padre. Lo que él es no puede
ser alterado. Él es lo único en todo el universo que necesariamente es
uno.**

El trato que no podemos cumplir, una vez más, es el trato que hicimos con
el ego, el trato expresado por las leyes del caos de que debemos ser asesi-
nados por nuestros pecados. Esta es la demencia del sistema del ego. Sin
embargo, la buena nueva es que nosotros no somos el hijo del ego, sino el
Hijo de la Vida (la «V» mayúscula por supuesto significa Dios). No podemos
morir, sino que permanecemos tan inmutables e inmortales como nuestra
Fuente y Creador.
Ahora viene una hermosa descripción del final del mundo del ego:

**A todo lo que _parece_ eterno le llegará su fin. Las estrellas desaparecerán,
y la noche y el día dejarán de ser. Todas las cosas que van y vienen, la**

marea, las estaciones del año y las vidas de los hombres; todas las cosas que cambian con el tiempo y que florecen y se marchitan se irán para no volver jamás.

Esta es una declaración muy clara y poética de que todas las cosas en este universo físico van a desaparecer. Todo tendrá un final, que es el argumento lógico del Curso en cuanto a por qué el Dios eterno no pudo haberlo creado. En la antigüedad, los griegos, por ejemplo, adoraban la belleza de las estrellas, los planetas, el sol y el movimiento ordenado de las esferas celestiales. Su actitud ha recibido el nombre de «piedad cósmica». Para los griegos, estas formas celestiales eran eternas y por lo tanto un reflejo de la perfección de Dios. De hecho, estos «cuerpos celestiales» eran llamados dioses vivientes. Sin embargo, aquí estamos aprendiendo que todos los objetos físicos desaparecerán. Siendo forma, cambian; y si algo cambia, no puede ser de Dios.

Lo eterno no se encuentra allí donde el tiempo ha fijado un final para todo. El Hijo de Dios jamás puede cambiar por razón de lo que los hombres han hecho de él.

«Donde el tiempo ha fijado un final» hace referencia a la muerte, porque ese es el final de nuestro tiempo individual sobre la tierra. Nótese que *Un curso de milagros* no dice en otros lugares que el mundo morirá, sino simplemente, como ya hemos visto, que el mundo desaparecerá de vuelta «en la nada de donde provino» (C-4.4:5). Por lo tanto, nunca podemos encontrar lo eterno en nada de lo que es efímero y muere, tanto si estamos hablando de una vida individual como del cosmos físico. «El Hijo de Dios jamás puede cambiar por razón de lo que los hombres han hecho de él»: lo que nosotros hemos hecho de nosotros mismos y del mundo no tiene impacto en lo que realmente somos. En el Manual, Jesús nos exhorta:

> Maestro de Dios, tu única tarea puede definirse de la siguiente manera: no hagas ningún trato en el que la muerte sea parte integrante. No creas en la crueldad ni permitas que el ataque oculte la verdad de ti. Lo que parece morir tan solo se ha percibido incorrectamente y se ha llevado al campo de las ilusiones. De ahí que tu tarea sea ahora permitir que las

ilusiones sean llevadas ante la verdad. Mantente firme solo en esto: no te dejes engañar por la «realidad» de ninguna forma cambiante (M-27.7:1-5).

Será como siempre ha sido y como es, pues el tiempo no fijó su destino ni marcó la hora de su nacimiento ni la de su muerte. El perdón no lo cambiará. No obstante, el tiempo solo está a la espera del perdón para que las cosas del tiempo puedan desaparecer, ya que no son de ninguna utilidad.

A pesar del hecho de que todo esto es una ilusión, el tiempo seguirá esperando el final de la ilusión: el perdón. Cuando se complete ese propósito de alcanzar el mundo real, entonces el tiempo y su mundo desaparecerán.

Esto concluye nuestros comentarios sobre el mundo real, y ahora pasamos a la fase siguiente, la Segunda Venida, que es cuando la Filiación despierta colectivamente del sueño.

CAPÍTULO 10:

La Segunda Venida

Cuando *Un curso de milagros* habla de la Segunda Venida y del Juicio Final, es importante recordar el origen de estos términos en el cristianismo tradicional. Por lo tanto, a modo de prefacio para estos dos capítulos, leeré pasajes de los evangelios que nos permiten ver cómo el cristianismo ha entendido estos conceptos. Empezaré con el evangelio de Mateo, que contiene una de las referencias más importantes del Nuevo Testamento a la Segunda Venida, considerada tradicionalmente como el retorno de Jesús a la tierra después de su ascensión al Cielo. Curiosamente, las imágenes usadas por Mateo se basan en la visión del profeta Ezequiel, del Antiguo Testamento.

Si os dicen, pues: Aquí está, en el desierto, no salgáis; aquí está, en un escondite, no lo creáis, porque como el relámpago que sale del oriente y brilla hasta el occidente, así será la venida del Hijo del hombre. Donde está el cadáver, allí se reúnen los buitres.

Luego, en seguida, después de la tribulación de aquellos días, se oscurecerá el sol, y la luna no dará su luz, y las estrellas caerán del cielo, y los poderes del cielo se conmoverán. Entonces aparecerá el estandarte del Hijo del hombre en el cielo, y se lamentarán todas las tribus de la tierra, y verán al Hijo del hombre venir sobre las nubes del cielo con poder y majestad grande. Y enviará sus ángeles con resonante trompeta y reunirá de los cuatro vientos a sus elegidos, desde un extremo del cielo hasta el otro (Mateo 24:26-31).

Esta es una exposición clara de la visión tradicional de la Segunda Venida, que a lo largo de los siglos ha provocado mucho temor. Obviamente, no se contempla el retorno de Jesús como un suceso muy pacífico, y ciertamente no perdonador. La primera Iglesia realmente creía que Jesús vendría muy pronto. Ahora bien, a medida que fueron pasando las décadas se dieron cuenta de que no sería así, y la teología escatológica (asociada con el final de los tiempos) tuvo que ser modificada. Por ejemplo, si lees las primeras cartas de Pablo, tienes una sensación clara de que la venida de Jesús es inminente, y esto cambia en las cartas posteriores. En realidad, fue un periodo de gran desilusión en la primera Iglesia.

Volviendo a *Un curso de milagros*, ya hemos visto que Jesús usa la frase «Hijo de Dios» para expresar la totalidad de nosotros como el Cristo uno, corrigiendo la comprensión tradicional de que solo él era el Hijo de Dios. Ahora Jesús hace algo similar con las palabras «Segundo Advenimiento», las cuales, como veremos enseguida, expresan el retorno a sus cabales de la Filiación entera. Así, en el Curso, Jesús explica el Segundo Advenimiento de manera similar a su resurrección, como un acontecimiento mental que no tiene nada que ver con el mundo físico, y mucho menos con su retorno en un cuerpo físico. Además, el uso que hace el Curso del «Segundo Advenimiento» no contiene nada del miedo, juicio y amenaza de castigo que se encuentran en las comprensiones bíblicas. Y esta corrección es la idea central que está detrás del uso que Jesús hace aquí del Segundo Advenimiento.

Empezamos en el Capítulo 4 del Texto, párrafo diez, en la sección «Esto no tiene por qué ser así» (T-4.IV.10).

El Primer Advenimiento de Cristo no es más que otro nombre para la Creación, pues Cristo es el Hijo de Dios. El Segundo Advenimiento de Cristo no significa otra cosa que el fin del dominio del ego y la sanación de la mente. Al igual que tú, fui creado en el primero, y te he llamado para que te unas a mí en el segundo.

Estas son declaraciones muy claras del final del ego, así como una afirmación de Jesús de que él no es diferente de nosotros. El Primer Advenimiento de Cristo no es el nacimiento de Jesús, sino más bien la creación de la Filiación, de la que él es parte. Fue entonces cuando el sueño del ego pareció nacer, y necesitó la corrección de la Expiación. Cuando la Expiación se completa y la Filiación despierta del sueño, amanece la Segunda Venida de Cristo. Y Jesús nos está pidiendo que nos unamos a él en este proceso, el cual «emprendió para darle comienzo» (T-1.III.1:1).

Estoy a cargo del Segundo Advenimiento, y mi juicio, que se usa solamente como protección, no puede ser erróneo porque nunca ataca.

Además, Jesús dice que está a cargo de la Expiación (T-1.III.1:1), y el Manual para el maestro afirma que el Espíritu Santo estableció a Jesús como líder del plan de Expiación (C-6.2:2). Aquí el significado es el mismo. Además, su juicio carece claramente de la implicación de castigo o ataque, que es un aspecto central de la visión tradicional. El juicio de Jesús es simplemente que la separación nunca ocurrió, y así nuestro dolor y sufrimiento no solo no están justificados, sino que son intrínsecamente inexistentes, pues su causa de pecado ha sido deshecha. Nosotros estamos «protegidos» del sistema de pensamiento del ego por la verdad de la Expiación. Volveremos a esta noción de que Dios no juzga en el capítulo siguiente sobre el Juicio Final.

Pasemos ahora al Capítulo 9, sección IV, párrafo nueve (T-9.IV.9:3-4):

Este [el Juicio Final] **es el Segundo Advenimiento, el cual se concibió para ti de la misma manera en que el Primero fue creado. El Segundo Advenimiento es simplemente el retorno de la cordura. ¿Cómo iba a ser esto temible?**

El Segundo Advenimiento no es un acto de Dios en el sentido habitual, pues es la corrección del pensamiento del ego de que el Primer Advenimiento (nuestra creación por Dios) nunca ocurrió realmente. Este separar a Dios de un proceso de corrección que debe ser ilusorio, queda destacado por el uso de la palabra «concibió», yuxtapuesta a la palabra «creado» en la misma frase.[13] Por lo tanto, el Segundo Advenimiento es la corrección del Espíritu Santo para el plan del ego. El Segundo Advenimiento es parte del mundo de la ilusión, pero significa el final del mundo de la ilusión. Así, el Segundo Advenimiento fue hecho por el Espíritu Santo para nosotros como una corrección de la creencia del ego en la separación, su defensa contra el Primer Advenimiento que fue nuestra creación en Cristo.

Esta corrección deviene mucho más significativa cuando recordamos el pasaje de Mateo que acabamos de leer, que expresa una gran cantidad de miedo. Para el ego sin sentido, el Segundo Advenimiento y el Juicio Final pueden ser ciertamente atemorizantes, y desde el punto de vista del ego el miedo está justificado. El «retorno del sentido» es darse cuenta de la verdad del principio de Expiación; a saber, que la separación no ha ocurrido, que este mundo es irreal, y que el ataque y el juicio no están justificados.

Vayamos ahora al Libro de ejercicios para repasar otro resumen: «¿Qué es el Segundo Advenimiento?» (L-pII.9):

El Segundo Advenimiento de Cristo, que es tan seguro como Dios, es simplemente la corrección de todos los errores y el restablecimiento de la cordura.

Jesús nos está diciendo que no tengamos miedo del Segundo Advenimiento. No vamos a ver llamas en el cielo, ni al majestuoso aunque enjuiciador Hijo del Hombre cabalgando en las alturas durante su retorno. El Segundo Advenimiento es simplemente el deshacimiento de lo que nunca fue. La idea de que es «tan seguro como Dios» refleja el mismo contenido de la declaración ya citada: «[...] el desenlace es tan seguro como Dios» (T-4.II.5:8). El retorno de la cordura va en paralelo con la idea de que el Segundo Advenimiento es el retorno del sentido, como acabamos de ver en el Texto.

Es parte de la condición que reinstaura lo que nunca se perdió y restablece lo que es eternamente verdad. Es la invitación que se le hace a la Palabra de Dios para que ocupe el lugar de las ilusiones: la

---

13 En *Un curso de milagros*, «fabricar» se reserva para el mundo de la separación o su corrección, mientras que «crear» solo hace referencia a la actividad del espíritu en el Cielo (véase, por ejemplo, T-2.VIII.1; T-3.V.2; T-4.I.9:3).

señal de que estás dispuesto a dejar que el perdón descanse sobre todas las cosas sin excepción y sin reservas.

Cuando el Curso habla de la Palabra de Dios, como hace aquí y en muchos otros lugares, el término tiene un significado diferente del uso que se le da en el cristianismo tradicional. Tradicionalmente, la Palabra de Dios siempre ha sido equiparada con Jesús, como en el famoso «Logos» del prólogo del evangelio de Juan:

> En el principio era la Palabra [Logos]; y la Palabra estaba con Dios y la Palabra era Dios (Juan 1:1).

Si entendemos que la Palabra de Dios es el Cristo uno, todos nosotros debemos ser parte de Cristo, y por lo tanto no somos diferentes de Jesús. No obstante, en el Curso, «la Palabra de Dios» no tiene esta connotación de Jesús ni de Cristo, y más bien representa la respuesta de Dios que corrige la creencia en la separación. Así, en diversos momentos «Palabra» puede tomarse como un reflejo del plan de Expiación, del perdón o del Espíritu Santo. Es la Palabra de curación de Dios, dentro de nuestras mentes divididas, que corrige la palabra de separación del ego. Por lo tanto, podemos pensar en el Espíritu Santo como la Voz que habla por Dios y que nos habla dentro del sueño de separación; Él «pronuncia» la Palabra de Dios que corrige nuestros pensamientos erróneos.

Pregunta: El cristianismo tradicional también afirma que la Biblia es la Palabra de Dios. ¿Y no dicen los católicos, después de leer el evangelio, «Palabra de Dios»?

Respuesta: Sí, lo hacen. En un sentido similar y más amplio, también podemos pensar en *Un curso de milagros* como en la Palabra de Dios, aunque en realidad nunca afirma esto. Sin embargo, está implícito en la idea de que el Curso transmite el mensaje de perdón de la Expiación, y por lo tanto encarna en la forma el principio de Expiación del Espíritu Santo, como hizo Jesús durante su vida en la tierra.

El pasaje que he leído antes sobre que el Segundo Advenimiento restaura lo que nunca se perdió y restablece lo que es verdad para siempre, afirma la idea de que lo único que hace el Segundo Advenimiento es corregir el error. Como veremos más adelante, en realidad es el despertar del sueño.

La naturaleza totalmente inclusiva del Segundo Advenimiento de Cristo es lo que le permite envolver al mundo y mantenerte a salvo en su dulce llegada, la cual abarca a todo ser vivo junto contigo. La liberación a la que el Segundo Advenimiento da lugar no tiene fin, pues la Creación de Dios es ilimitada. La luz del perdón ilumina el camino del Segundo Advenimiento porque refulge sobre todas las cosas a la vez y cual una sola. Y así, por fin, se reconoce la unidad.

Las palabras «todo ser vivo» aparecen con frecuencia en el Curso, y parecen sugerir que la Filiación de Cristo abraza no solo a la humanidad, sino todo aquello a lo que nos referimos como seres vivos: animales, plantas, etc. No puede haber excepciones; todas las personas, todos los seres vivos, son uno. Sin embargo, a otro nivel, como ya hemos comentado, nada vive aquí en el mundo de la forma. Y así, una vez más debemos entender que Jesús está usando términos que nos hablan dentro del mundo ilusorio que creemos real. Por tanto, dentro de nuestro nivel de entendimiento experiencial, él nos está pidiendo que no excluyamos a nadie (ni a nada) de nuestro perdón. En verdad, por supuesto, no hay nada fuera de nuestras mentes —vivo o muerto, animado o inanimado— sino simplemente la proyección de los pensamientos que están dentro de nosotros. Son estas proyecciones externas las que deben ser perdonadas, puesto que reflejan lo que no está perdonado dentro. *Todos* nuestros pensamientos deben ser sanados y unificados. Solo entonces es posible deshacer el sistema de pensamiento del ego, completar la Expiación y dar paso al Segundo Advenimiento. Y así, el perdón es la elección que realizamos individualmente, completando nuestro camino único de Expiación. A medida que cada uno de nosotros completa su parte del plan, el camino del Segundo Advenimiento queda más iluminado.

El Segundo Advenimiento marca el fin de las enseñanzas del Espíritu Santo, allanando así el camino para el Juicio Final, en el que el aprendizaje termina con un último resumen que se extenderá más allá de sí mismo hasta llegar a Dios. En el Segundo Advenimiento todas las

mentes se ponen en manos de Cristo para serle restituidas al Espíritu en nombre de la verdadera creación y de la Voluntad de Dios.

El proceso descrito en este pasaje sigue estando dentro del mundo de la ilusión. En el contexto de nuestra imagen de la alfombra, las mentes de toda la Filiación son sanadas y han aceptado la Expiación, llegando así al final mismo de la alfombra. Todos los pensamientos del ego han quedado deshechos y nosotros estamos a un segundo de distancia de estar en casa. Por tanto, la secuencia es que la Filiación colectiva acepta el mundo real (la consumación del perdón), a lo que le sigue el Segundo Advenimiento (la curación colectiva: «todas las mentes se ponen en manos de Cristo»), lo que da lugar al Juicio Final, después del cual Dios da el último paso.

El Segundo Advenimiento es el único acontecimiento en el tiempo que el tiempo en sí no puede afectar. Pues a todos los que vinieron a morir aquí o aún han de venir, o a aquellos que están aquí ahora, se les libera igualmente de lo que hicieron.

El Segundo Advenimiento ocurre dentro del tiempo pero también está más allá de él, puesto que se alza al final del tiempo reflejando la idea de que el tiempo no es lineal. La curación se produce de una vez, y por lo tanto abraza a todos los aspectos del holograma, estén en el pasado, en el presente o en el futuro.

Pregunta: ¿No se está refiriendo este pasaje al Segundo Advenimiento como una experiencia personal e individual en lugar de ser una liberación colectiva?

Respuesta: No, no es así, puesto que se refiere a que a «todos» «se les libera igualmente» del mundo ilusorio que se fabricó.

Pregunta: La idea de que el Segundo Advenimiento y el Juicio Final son una experiencia colectiva, algo que no nos ocurrirá a ninguno de nosotros hasta que cada uno haya llegado al mundo real, ¿no niega la afirmación del Manual que dice que la totalidad de la relación entre el Padre y el Hijo reside en Jesús?

Respuesta: La idea de que la relación entre el Padre y el Hijo reside en Jesús significa que él no tiene ego, porque esa relación está libre de las barreras del ego. El Segundo Advenimiento en sí mismo es un suceso colectivo. Jesús ha transcendido su ego y el camino individual, y en términos de nuestra imagen de la alfombra esto significa que él está de pie al final de la alfombra, «en la línea de llegada», por así decirlo. En este sentido él tiene la llave para completar el camino de Expiación, porque él nos mostró que no hay muerte, y por tanto no hay separación. Él se convierte en el modelo que nos ayuda a realizar esa misma elección.

Pregunta: En esta visión del tiempo que estamos aprendiendo, se entiende que Jesús está en un lugar donde nosotros ya estamos con él y hemos hecho la elección a favor del Segundo Advenimiento y el Juicio Final. ¿Podrían estas ideas sobre el Segundo Advenimiento y el Juicio Final tener dos niveles de significado? Cada uno de nosotros tiene su Segundo Advenimiento individual, nuestro Juicio Final individual, pero también son colectivos en el sentido de que a medida que llegamos al punto donde está Jesús, estamos en contacto con ese colectivo en el que todos hemos hecho esa elección. ¿Es esto lo que estás diciendo?

Respuesta: En primer lugar, las palabras se usan dentro de un contexto de tiempo lineal, y hacen referencia específicamente al final del mundo. Estos dos estados, el Segundo Advenimiento y el Juicio Final, hacen referencia al punto en el que el mundo va a acabar, lo que significa que todos hemos sanado nuestras mentes. La expresión individual sería la aceptación de la Expiación o el logro del mundo real.

Pregunta: Yo diría que el Segundo Advenimiento no puede ser individual porque el Curso dice que la fragmentación ocurre una y otra vez, y puesto que nos fuimos como uno, tenemos que volver como uno; la fragmentación tiene que ser sanada. El Segundo Advenimiento es la curación total de esa fragmentación. ¿Y no es también verdad que la elección de alguien no puede impedirme experimentar la unidad de lo que está ahí, puesto que la separación en realidad no ha ocurrido?

Respuesta: Sí; por ejemplo, Jesús no sufre debido a nuestras elecciones. Una vez más, las frases «Segundo Advenimiento» y «Juicio Final» hacen referencia a un nivel colectivo en el que todo el mundo ha aceptado la Expiación: eso es el Segundo Advenimiento, el despertar colectivo. En la Biblia se entiende que el Segundo Advenimiento significa el final del mundo, y *Un curso de milagros* usa este término de la misma manera. Sin embargo, el Curso dice que el mundo acabará de otra manera; con misericordia en lugar de castigo. La línea siguiente refleja esta reunificación colectiva:

En esta igualdad se reinstaura a Cristo como una sola Identidad en la Cual los Hijos de Dios reconocen que todos ellos son realmente uno solo. Y Dios el Padre le sonríe a Su Hijo, Su única Creación y Su única Dicha.

En la primera sección del Capítulo 18, «El substituto de la realidad», encontramos una exposición (citada anteriormente: véase p. 18) de la fragmentación de la Filiación en que la unidad de Cristo pareció dividirse. Estos aparentes fragmentos tienen que volver a ser reunidos, y la consumación de esa reunión es el Segundo Advenimiento. Lo que había estado separado ahora queda unificado. A nivel individual, ese deshacimiento del ego ya ha sido logrado en Jesús y otros maestros ascendidos, en cualquiera que completa su camino. Pero la idea de separación permanece en la mente dividida. Desde el punto de vista de Jesús no hay separación, pero la Filiación, que todavía está dentro del sueño de tiempo y espacio, todavía no ha aceptado esa verdad.

Pregunta: El final del gobierno del ego y la curación de la mente todavía son parte del tiempo. Hay un punto en el tiempo en el que todos nosotros estamos en ese lugar. Todos ya hemos tomado esa decisión. Creo que a medida que tomamos esa decisión individualmente, entramos en ese lugar. Así es como lo veo.

Respuesta: Es cierto. En ese sentido, tal como la revelación de que el Padre y el Hijo son uno ya ha ocurrido, el Segundo Advenimiento también ya ha ocurrido. Parte del problema es que en este punto estamos lidiando con un sistema ilusorio. Pero dentro del modelo del cuadro 3, el Segundo Advenimiento ocurre cuando todos los que son observadores de repente se ponen de pie y apagan el aparato. Ya hay personas individuales que han hecho eso. Pero en el punto en que todo el mundo completa la Expiación, se produce la curación colectiva a la que el Curso se refiere como el Segundo Advenimiento.

Ahora viene un pasaje muy hermoso:

Ora para que el Segundo Advenimiento tenga lugar pronto, pero no te limites a eso. Pues necesita tus ojos, tus oídos, tus manos y tus pies. Necesita tu voz. Pero sobre todo, necesita tu buena voluntad.

Este tema del uso santo del cuerpo se presenta muchas, muchas veces —hay más de diez referencias de este tipo en el Curso— y tal vez la más hermosa es cuando Jesús dice esto de sí mismo:

Esto es lo único que necesito: que oigas mis palabras y se las ofrezcas al mundo. Eres mi voz, mis ojos, mis pies y mis manos por medio de los cuales le llevo la salvación (L-pI.rV.in.9:2-3).

Así, el Segundo Advenimiento nos necesita, lo cual en realidad es otra manera de decir que el plan de Expiación nos necesita. Como dicen dos lecciones del Libro de ejercicios: «Mi papel en el plan de Dios para la salvación es esencial» y «De mí depende la salvación del mundo» (L-pI.100; L-pI.186). Todos tenemos que hacer nuestra parte, puesto que el Segundo Advenimiento no puede completarse hasta que cada uno de los últimos fragmentos aparentemente separados de la Filiación haya sanado su mente. Así, nuestros cuerpos se convierten en los instrumentos que usa el Espíritu Santo para extender Su perdón. Aunque ilusorios, nuestros ojos, oídos, manos, pies y voces pueden servir a este propósito santo. Por encima de todo, el Espíritu Santo necesita nuestra buena voluntad de unirnos con Su gran Amor, de modo que podamos aceptar por fin Su Expiación, y elegir de acuerdo con Él en lugar de con el ego.

Regocijémonos de que podamos hacer la Voluntad de Dios y unirnos en Su santa Luz. ¡Pues mirad!, el Hijo de Dios es uno en nosotros y podemos alcanzar el Amor de nuestro Padre por medio de él.

Alcanzar el Amor de nuestro Padre es el paso final, y la manera de atravesar el último velo es reunir a la Filiación separada. En el último análisis, el perdón es lo único que tenemos que lograr y aceptar, pues al reconocer al Hijo de Dios unos en otros, llegamos a reconocer el rostro de Cristo brillando en nosotros mismos y en toda la Filiación como una. Esta visión del rostro de Cristo permite que el recuerdo del Amor de nuestro Padre despunte en nuestras mentes, completando la Expiación. Ahora el Segundo Advenimiento está aquí, dando paso al Juicio Final.

CAPÍTULO 11:

El Juicio Final

Nuestros comentarios sobre el Juicio Final seguirán las mismas líneas que nuestros comentarios del Segundo Advenimiento. Antes de acudir a los pasajes del Curso que tratan sobre el Juicio Final, comenzaremos con dos pasajes de la Biblia que preparan el escenario para ver cómo reinterpreta *Un curso de milagros* este concepto significativo. En el pensamiento cristiano tradicional, el Juicio Final ha sido una idea muy atemorizante: las personas que seguían los caminos de Jesús y Dios serían salvadas, mientras que las que no arderían en la condenación eterna. La primera sección que leeré tal vez sea la más famosa de todas, la parábola del Juicio Final del evangelio de Mateo:

> Cuando el Hijo del hombre [Jesús] venga en su gloria y todos los ángeles con Él, se sentará sobre su trono de gloria, y se reunirán en su presencia todas las gentes, y separará a unos de otros, como el pastor separa a las ovejas de los cabritos, y pondrá las ovejas a su derecha y los cabritos a su izquierda. Entonces dirá el Rey a los que están a su derecha: Venid, benditos de mi Padre, tomad posesión del reino preparado para vosotros desde la creación del mundo. Porque tuve hambre y me disteis de comer; tuve sed y me disteis de beber; peregriné y me acogisteis; estaba desnudo y me vestisteis; enfermo y me visitasteis; preso y vinisteis a verme. Y le responderán los justos: Señor, ¿cuándo te vimos hambriento y te alimen-

tamos, sediento y te dimos de beber? ¿Cuándo te vimos peregrino y te acogimos, desnudo y te vestimos? ¿Cuándo te vimos enfermo o en la cárcel y fuimos a verte? Y el Rey les dirá: En verdad os digo que cuantas veces hicisteis eso a estos mis hermanos menores, a mí me lo hicisteis.

Y dirá a los de la izquierda: Apartaos de mí, malditos, al fuego eterno, preparado para el diablo y para sus ángeles. Porque tuve hambre y no me disteis de comer; tuve sed y no me disteis de beber; fui peregrino y no me alojasteis; estuve desnudo y no me vestisteis; enfermo y en la cárcel y no me visitasteis. Entonces ellos responderán diciendo: Señor, ¿cuándo te vimos hambriento, o sediento, o peregrino, o enfermo, o en prisión y no te socorrimos? Él les contestará diciendo: En verdad os digo que cuando dejasteis de hacer eso con uno de estos pequeñuelos, conmigo dejasteis de hacerlo. E irán al suplicio eterno y los justos a la vida eterna (Mateo 25: 31-46).

Está claro que los que sienten incluso un poco de culpa, lo cual nos incluye a todos, al leer este pasaje tendrían que sentir que van a ser enviados al castigo eterno. Por más que intentaran guardar los mandamientos de la Iglesia y seguir las enseñanzas de Jesús tal como se presentan en la Biblia, su propia culpa inconsciente les diría que sin importar lo que hicieran, seguirían encontrándose condenados por Dios por no haber hecho suficiente. A nivel psicológico, esto significa que los cristianos que oigan estos pasajes tendrían que sentir verdadero miedo de que sus propios pecados sean castigados, e inevitablemente sean condenados al infierno.

Presidiendo la carretera principal que lleva a un monasterio muy conocido se alza un crucifijo, donde el Jesús asesinado y sufriente dice a todos los que pasan por allí: «Esto es lo que hice por ti. ¿Qué has hecho tú por mí?». Haría falta un cristiano cuya mente estuviera curada de todos los pensamientos de pecado y culpa para que lea esas palabras y sea capaz de sonreír ante la idea de que Jesús pueda hablar en este tono a sus queridos hermanos y hermanas.

La segunda descripción del Juicio Final es del evangelio de Juan. Esto no es una parábola, sino Jesús hablando directamente:

En verdad, en verdad os digo que llega la hora, y es esta, en que los muertos oirán la voz del Hijo de Dios, y los que la escucharen vivirán. Pues así como el Padre tiene la vida en sí mismo, así dio también al Hijo tener vida en sí mismo, y le dio poder de juzgar, por cuanto Él es el Hijo del hombre. No os maravilléis de esto, porque llega la hora en que cuantos estén en los sepulcros oirán su voz y saldrán: los que han obrado el bien, para la resurrección de la vida, y los que han obrado el mal, para la resurrección del juicio (Juan 5:25-28).

Tal vez los más atemorizantes de todos los pasajes de la Biblia son los del Libro del Apocalipsis, que no leeremos ahora. Las dos selecciones anteriores son suficiente para dar una idea de lo que el Curso está tratando de corregir. El Juicio Final, tal como ha sido retratado para nosotros, expresa el horrible pensamiento que es la base del sistema del ego: Dios nos castigará por nuestros pecados. El Manual elabora sobre este tipo de pensamiento:

Aquel que usurpa el lugar de Dios y se lo queda para sí mismo tiene ahora un «enemigo» mortal. Y ahora él mismo tiene que encargarse de su propia protección y construir un escudo con que mantenerse a salvo de una furia que nunca ha de aplacarse y de una venganza insaciable (M-17.5:8-9)

Aquí, en *Un curso de milagros*, Jesús toma el mismo término y nos muestra, tal como ha hecho con muchos otros términos cristianos tradicionales, una manera totalmente distinta de mirar al Juicio Final.

Empecemos por el «El significado del Juicio Final», la última sección del Capítulo 2 (T-2.VIII).

Una de las maneras en que puedes corregir la confusión [una distinción mencionada antes en el Texto entre los medios del ego y los del Espíritu Santo para deshacer el pecado] **entre la magia y los milagros es recordando que tú no te creaste a ti mismo. Tiendes a olvidarte de esto cuando te vuelves egocéntrico, lo cual te coloca en una posición en la que es prácticamente inevitable creer en la magia. La voluntad de crear te fue dada por tu Creador, Quien estaba expresando esa misma**

Voluntad en Su Creación. Puesto que la capacidad de crear reside en la mente, todo lo que creas es necesariamente una cuestión de voluntad. De ello se desprende también que lo que haces por tu cuenta es real para ti, mas no lo es en la Mente de Dios.

Es importante notar aquí, una vez más, la distinción que hace el Curso entre crear y fabricar: fabricar es de la mente separada y crear del espíritu. Algo que es crucial para entender el comentario del Curso sobre el Juicio Final, del que se habla en la frase siguiente, es reconocer que nosotros creemos que el cuerpo y el universo material que fabricamos son reales. Puesto que nosotros creemos que hemos fabricado el cuerpo y el mundo, y creemos que los hemos fabricado para atacar a Dios y al amor —como el Curso enseña en otra parte (L-pII.3:2-1; L-pII.5.4:5)—, se convierten en los grandes símbolos de nuestra culpa. Además, como la culpa exige castigo, mientras creamos que lo que hemos fabricado es real, también debemos creer que nuestro ataque sobre Dios es real. Así, el contraataque vengativo de Dios es inevitable. Esto nos lleva a la idea siguiente:

Esta distinción básica conduce directamente al verdadero significado del Juicio Final.

Por lo tanto, aunque el significado tradicional del Juicio Final es que Dios nos castigará por nuestra pecaminosidad, *Un curso de milagros* nos enseña que lo que creemos haber hecho no es real. El mundo y nuestras experiencias aquí no son sino parte de un sueño, cuya aceptación es el significado del perdón: nuestro aparente pecado contra Dios nunca ocurrió. Si nunca ocurrió, entonces Dios no nos castigará. De ahí que el verdadero significado del Juicio Final es que Dios no es vengativo. Su Juicio Final, como veremos enseguida, es que Él simplemente nos ama como siempre lo ha hecho. Nada ha cambiado:

> Dios no está enfadado. Simplemente no pudo permitir que eso ocurriera. Y tú no puedes hacer que Él cambie de parecer al respecto (T-16.V.12:7-9).

La inmutabilidad del Amor de Dios por Sus hijos es la reinterpretación que hace el Curso del Juicio Final.

El Juicio Final es una de las ideas más atemorizantes de tu sistema de pensamiento. Eso se debe a que no entiendes lo que es. Juzgar no es un atributo de Dios. El Juicio Final se originó a raíz de la separación como uno de los muchos recursos de aprendizaje que se incluyeron en el plan general.

Está claro que el juicio conlleva juzgar entre diferencias percibidas. Tanto si juzgamos entre acciones «correctas» y «equivocadas» como entre personas «buenas» y «malas», estamos reflejando la mente dividida o separada. La mentalidad-Una de Dios o Cristo no puede juzgar, y así el único juicio de Dios no es un juicio en absoluto. No discrimina entre Sus hijos, pues los incluye a todos. El juicio de Dios es simplemente el hecho de Su Amor total por Sus amados Hijos.

El juicio solo vino a la existencia cuando se produjo la separación. Obviamente, el ego usa el juicio para separar y atacar. Dentro de nuestras mentes divididas, el único juicio que el Espíritu Santo reconoce como real es juzgar entre expresiones del Amor de Dios o peticiones del mismo (T-12.I; T-14.X.7:1). En Su juicio no hay necesidad de castigar, simplemente de corregir. Así, la forma de juicio del Espíritu Santo es simplemente un modo de reunificar la Filiación aparentemente separada. Este es el «recurso de aprendizaje» que se creó dentro del plan general. La culminación de este juicio de la mente correcta es el Juicio Final, el cual es, como veremos, el reconocimiento final de que «lo falso es falso, y lo que es verdad nunca ha cambiado» (L-pII.10.1:1).

Del mismo modo en que la separación abarcó un periodo de millones de años, así el Juicio Final se extenderá por un periodo igualmente largo o tal vez aún más largo.

A nadie le gusta esta frase. Curiosamente, en este contexto «el Juicio Final» en realidad es un sinónimo del «plan de Expiación». En general, «el Juicio Final» es el término que emplea el Curso para describir el paso final de la Expiación. Ahora bien, en este pasaje particular, Jesús está hablando del proceso general. Esta frase es muy buena para recordarla cuando uno se encuentra con esos estudiantes de *Un curso de milagros* que mantienen que dentro del sueño ilusorio la Expiación puede acabar en un instante, algo que Jesús dice en muchos lugares hablando desde el Nivel Uno. No obstante, este pasaje deja muy claro que dentro de la ilusión del tiempo, deshacer la creencia en la separación ciertamente llevará mucho tiempo. La tremenda cantidad de miedo que está presente en nuestras mentes parece asegurar que este va a ser el caso. Sin embargo, también hay esperanza:

Su duración, no obstante, puede acortarse enormemente mediante los milagros, el recurso que acorta el tiempo, pero que no lo abole. Si un número suficiente de nosotros llega a alcanzar una mentalidad verdaderamente milagrosa, este proceso de acortar el tiempo puede llegar a ser virtualmente inconmensurable. Es esencial, no obstante, que te liberes a ti mismo del miedo cuanto antes, pues tienes que escapar del conflicto si es que has de llevar paz a otras mentes.

Esto guarda relación con la función del milagro que consideramos en la Segunda parte. En este pasaje Jesús nos apremia a elegir milagros en lugar de nuestros resentimientos. Cuanto más rápido podamos hacer esta elección, más rápido podrán curarse nuestras mentes; y así, más rápido podrá Jesús curar otras mentes a través de las nuestras. Esta es la idea que está detrás del plan de la Expiación. Ahora Jesús se orienta hacia el Juicio Final.

Por lo general, se considera al Juicio Final como un proceso que Dios emprendió. [Esto era evidente en los pasajes de los evangelios que leímos antes.] **Pero en realidad son mis hermanos quienes lo emprenderán con mi ayuda.**

Una vez más, Dios no puede estar involucrado en el Juicio Final porque es la corrección de un error del que Él ni siquiera sabe. El Libro de ejercicios nos dice dos veces que «Dios no perdona porque nunca ha condenado» (L-pI.46.1:1; L-pI.60.1:2). Somos nosotros los que inicialmente hicimos el juicio equivocado al dar la espalda al principio de Expiación del Espíritu Santo e identificarnos con el demente concepto del ego de expiación con sacrificio. Por lo tanto, nosotros somos los únicos que podemos corregir este error al retomar ahora este principio, manifestado en el sueño por Jesús. Esta es la razón por la que Jesús hace tanto énfasis en el Curso en que nos unamos a él.

El Juicio Final es la última curación en vez de un reparto de castigos, por mucho que pienses que los castigos son merecidos. El castigo es un concepto completamente opuesto a la mentalidad recta, y el objetivo del Juicio Final es restituirte tu mentalidad recta. Se podría decir que el Juicio Final es un proceso de correcta evaluación. Significa simplemente que todos llegarán por fin a entender qué es lo que tiene valor y qué es lo que no lo tiene.

Con la llegada del Segundo Advenimiento, la Filiación finalmente despierta del sueño. En este despertar final nos alzamos en el umbral del Cielo y miramos atrás a todas las cosas que pensábamos que habían sido reales, a toda la extensión del tiempo y el espacio. Al fin nos damos cuenta de que todo lo que habíamos fabricado es falso, y lo único que queda es la verdad tal como Dios la creó. Este es el Juicio Final. En cierto sentido, es la suma de todos los pequeños juicios que el Curso nos pide que hagamos continuamente: juzgar entre la verdad del Espíritu Santo y las ilusiones del ego. Una vez más, como vimos en el capítulo anterior, cuando la totalidad de la Filiación vuelve a unirse, se produce el Segundo Advenimiento. Asimismo, el Hijo uno lleva a cabo el Juicio Final.

Después de que esto ocurra, la capacidad para elegir podrá ser dirigida racionalmente. Pero hasta que no se haga esa distinción, las oscilaciones entre la voluntad libre y la aprisionada no podrán sino continuar.

Este pasaje implica, a diferencia de lo que hemos venido diciendo, que el Juicio Final es un proceso. Así, podemos volver a ver con cuánta soltura emplea Jesús sus términos: en un pasaje el Juicio Final se ve como la culminación del proceso de Expiación de aprender a juzgar correctamente; en otro, como aquí, es el proceso mismo; y en un tercero se equipara con la Expiación. El contenido que está detrás de todas estas referencias sigue siendo el mismo, y esto refleja la lección última de que prestemos atención al contenido —el significado de cualquier pasaje particular— sin aferrarnos con rigidez a la forma específica en la que se expresa.

Aquí se hace referencia al proceso individual de aprender los juicios de la mente recta. A medida que esto se aprende y cada uno de nosotros aceptamos la Expiación para nosotros mismos, cesan las vacilaciones entre el ego y el Espíritu Santo, de modo que solo emitimos los juicios del Espíritu Santo. Esto, por supuesto, asegura que «la capacidad de elegir sea dirigida racionalmente», la condición para vivir en el mundo real. Cuando todos hayamos alcanzado este estado, se da paso al Segundo Advenimiento y al Juicio Final.

Pregunta: Esto presenta una visión muy distinta de la racionalidad, ¿cierto?

Respuesta: Absolutamente. Es similar al comentario posterior del Texto sobre el tema de la razón, que es análoga al pensamiento de la mente correcta del Espíritu Santo. Naturalmente, esto no tiene nada que ver con la racionalidad o la razón tal como el mundo las juzga. A propósito, la distinción que hace el Curso entre la mente recta y la errada no tiene nada que ver con la clasificación popular de cerebro derecho e izquierdo. Los procesos racionales frente a los procesos intuitivos que se reflejan en esta última tipología pueden reflejar el pensamiento de la mente correcta o el de la errada, dependiendo de si estas habilidades son dirigidas por el Espíritu Santo o por el ego.

El primer paso hacia la libertad comprende separar lo falso de lo verdadero. Este es un proceso de separación en el sentido constructivo de la palabra y refleja el verdadero significado del Apocalipsis.

Aquí se hace referencia al Apocalipsis, el último libro de la Biblia. El término Apocalipsis significa «escritos secretos o revelados». Jesús reinterpreta la clasificación final no como la separación de ovejas y cabritos, de buenos y malos, sino más bien como la distinción entre lo verdadero y lo falso: se separa la falsedad de las enseñanzas del ego de la verdad de Dios.

Al final, cada cual contemplará sus propias creaciones y elegirá conservar solo lo bueno, tal como Dios Mismo contempló lo que había creado y vio que era bueno. A partir de ahí, la mente podrá comenzar a contemplar sus propias creaciones con amor por razón del mérito que

tienen. Al mismo tiempo, repudiará inevitablemente sus creaciones falsas que, en ausencia de la creencia que las originó, dejarán de existir.

La primera frase se basa en el declaración del Génesis (1:31) de que Dios miró a Su creación y vio que era buena. Jesús, obviamente, expone que nosotros deberíamos hacer con nuestras creaciones —la extensión de nuestra Identidad en Cristo— algo paralelo a lo que el Dios bíblico hizo con las Suyas. Estas creaciones son solo del espíritu, y no tienen referente en el mundo material. Sin embargo, su realidad se refleja cuando nos unimos unos a otros en el perdón, que extiende la verdad del Espíritu Santo en nuestras mentes divididas.

Nuestras «creaciones falsas» hacen referencia a todo lo del mundo del ego: pensamientos así como proyecciones de esos pensamientos en la forma. Estos incluyen todo lo que se relaciona con el mundo físico, el cuerpo y todos los aspectos del sistema de pensamiento del ego: culpa, miedo, especialismo, ataque, muerte, etc. Así, se nos pide una vez más que juzguemos entre la verdad de la realidad de Dios y Cristo como espíritu, y el mundo ilusorio de la materialidad del ego.

El término «Juicio Final» asusta no solo porque ha sido proyectado sobre Dios, sino también por la asociación de la palabra «final» con la muerte. Este es un ejemplo sobresaliente de la percepción invertida.

El «Juicio Final» asusta no solo porque creemos que Dios va a castigarnos, sino también porque asociamos la palabra «final» con la muerte. Como nos identificamos con el cuerpo físico, entonces el final de nuestra vida, de nuestra existencia física y psicológica, también debe significar nuestro final. El ego equipara directamente nuestra muerte física con un castigo de Dios. Este pensamiento ha encontrado su expresión más clara en el mito de Adán y Eva, en el que Dios castiga a los dos «pecadores» por su desobediencia haciendo que comiencen su «vida» de dolor, y después sufriendo a lo largo de sus días y muriendo: «Pues polvo eres y al polvo volverás» (Génesis 3:16-19).

Si se examina objetivamente el significado del Juicio Final, queda muy claro que en realidad es el umbral de la vida.

El Curso comprende el Juicio Final como ese instante en el que emitimos el juicio final por el que separamos las ilusiones del ego de la verdad de Dios, y así no queda nada que impida nuestro retorno a casa. La «puerta de la vida» está abierta y simplemente dejamos que Dios dé Su último paso.

Pregunta: En ese sentido, alguien como Jesús ya ha completado este proceso, ¿correcto? Sin embargo, ocurre para todos en el mismo momento, ¿es esto también correcto?

Respuesta: Cierto. Jesús, al haber completado el proceso, conoce la diferencia entre lo falso y lo verdadero, y está en esa frontera —el mundo real— situada entre este mundo y el Cielo, manteniendo abierta la puerta del Cielo para nosotros. Como dice en este pasaje conmovedor:

> Cristo está en el altar de Dios, esperando para darle la bienvenida al Hijo de Dios. Pero ven sin ninguna condenación, pues, de lo contrario, creerás que la puerta está atrancada y que no puedes entrar. La puerta no está atrancada, y es imposible que no puedas entrar allí donde Dios quiere que estés. Pero ámate a ti mismo con el Amor de Cristo, pues así es como te ama tu Padre. Puedes negarte a entrar, pero no puedes atrancar la puerta que Cristo mantiene abierta. Ven a mí que la mantengo abierta para ti, pues mientras yo viva no podrá cerrarse, y yo viviré eternamente (T-11.IV.6:1-6).

Dentro del instante santo, todos nosotros ya hemos aceptado la Expiación y estamos con él en la puerta del Cielo. Sin embargo, en el tiempo todavía tenemos que hacer esa elección, y por tanto aceptarla.

Pregunta: Volviendo al pasaje anterior, es una frase interesante porque dice «examina objetivamente». ¿Cómo sería posible que las personas examinaran objetivamente esta idea si han sido criadas creyendo en una teología que hace énfasis en la condenación y en la dureza del juicio final? Si realmente crees en él, resulta muy difícil salir de ese marco mental para examinar objetivamente cualquier clase de evidencia.

Respuesta: Esto es lo que Jesús está diciendo realmente aquí. De hecho, la siguiente línea aborda este punto:

Nadie que viva atemorizado puede estar realmente vivo.

Vivir atemorizado equivale a identificarse con el sistema de pensamiento del ego, que es la negación de la vida. Por lo tanto, nadie que tenga miedo está verdaderamente vivo, puesto que el Amor, que es la Fuente de nuestra vida, ha sido negado. Asimismo, como dice el pasaje anterior sobre que Jesús mantiene la puerta abierta, el enfado (o la condenación) sirve al propósito del ego de «protegernos» del Amor y de la vida de Dios. Por lo tanto, podemos afirmar que el Curso nos está enseñando a ser objetivos, lo que significa libres de todos los pensamientos y distorsiones perceptuales que vienen inevitablemente de elegir las defensas del miedo y la ira del ego. Volvemos a elegir y nos curamos al soltar la culpa en el contexto de las relaciones personales. La disminución de la culpa reduce automáticamente el miedo al castigo de Dios.

No te puedes someter a ti mismo a tu propio juicio final porque tú no te creaste a ti mismo. Puedes, no obstante, aplicarlo significativamente y en cualquier momento a todo lo que has fabricado y retener en la memoria solo lo creativo y lo bueno.

Este pasaje refleja la idea de que nosotros no podemos sanar nuestros propios egos. Como enseña el Texto con relación a nuestros intentos de deshacer la culpa por nuestra cuenta:

> Recuerda que fuiste tú quien inventó la culpa, y que tu plan para escapar consiste en llevar la Expiación ante ella y hacer que la salvación parezca temible. Y si intentas prepararte a ti mismo para el amor, lo único que harás será incrementar tu miedo. La preparación para el instante santo le corresponde a Aquel que lo da. [...] Nunca solicites el instante santo después de haber tratado de eliminar por tu cuenta todo odio y temor de tu mente. Esa es Su función. Nunca intentes pasar por alto tu culpabilidad antes de pedirle ayuda al Espíritu Santo. Esa es Su función. Tu papel consiste únicamente en estar

dispuesto, aunque sea mínimamente, a que Él elimine todo
vestigio de odio y de temor, y a ser perdonado (T-18.IV.6:3-5;
T-18.V.2:1-5).

El verdadero juicio con respecto a nosotros es de Dios, como ahora
veremos. En otras palabras, en realidad nosotros no podemos mirarnos a
nosotros mismos y juzgar amorosamente que somos el Hijo de Dios. Nuestro
miedo reprimido al Amor de Dios es tan poderoso que nos impide examinar objetivamente la verdad. Pero cuando proyectamos esta culpa y miedo
inconscientes sobre otros, y tenemos la pequeña dosis de buena voluntad
para reconsiderar nuestra decisión, podemos escuchar al Espíritu Santo que
nos enseña a perdonar. No podemos perdonar nuestra culpa por nuestra
cuenta, pero mediante el perdón de otros, con la ayuda del Espíritu Santo, se
deshace nuestra culpa.

Pregunta: Lo que he entendido de este pasaje es que el juicio final no puede
ir dirigido hacia nosotros mismos porque no puede haber juicio final con respecto a quiénes somos realmente. No obstante, lo que sí podemos juzgar son
los egos que hemos fabricado. Lo que realmente somos está completamente
aparte del juicio. ¿Es esta una manera válida de interpretar este pasaje?

Respuesta: Sí, lo es. Hablando estrictamente, la palabra «Ser», cuando se
refiere a ti, debería ir en mayúsculas porque Dios nos creó y nosotros no nos
creamos a nosotros mismos. De modo que el juicio final va dirigido contra
el mundo del ego, donde se le necesita. Volvemos a citar la introducción del
Texto:

> Este curso no pretende enseñar el significado del amor, pues
> eso está mucho más allá de lo que se puede enseñar. Preten-
> de, no obstante, despejar los obstáculos que impiden experi-
> mentar la presencia del amor (T-in.1:6-7).

Nuestro verdadero Ser no necesita ser juzgado, pero nuestro yo-ego ilusorio necesita ser juzgado como falso, despejando así el camino para que el
recuerdo de nuestra Identidad en Cristo retorne a nosotros.

Eso es lo que la mentalidad recta no puede sino dictar. El único propósito del tiempo es «darte tiempo» para alcanzar ese juicio, el cual no es otra cosa que el juicio perfecto con respecto a tus propias creaciones perfectas. Cuando todo lo que retengas en la memoria sea digno de amor, no habrá ninguna razón para que sigas teniendo miedo. Ese es tu papel en la Expiación.

En otro lugar del Curso se nos enseña que el propósito del mundo es corregir nuestra creencia en la realidad del espacio y el tiempo (T-1.VI.3:5–4:1). Asimismo, el propósito del tiempo es «darnos tiempo» para emitir el juicio final. Aquí «juicio perfecto» no se refiere al Juicio Final, que corrige el juicio del ego, sino que más bien es similar al juicio del amor de Dios. Finalmente, cuando perdonemos todas las cosas de este mundo, y por tanto nos perdonemos a nosotros mismos, no habrá miedo. La culpa que exige tener miedo al castigo de Dios se va: sin su causa (culpa), el efecto (miedo) debe desaparecer. Y este deshacimiento de la culpa y el miedo a través del perdón constituye nuestro papel en la Expiación.

Volvamos al cuarto párrafo de la sección IV del Capítulo 9 (T-9.IV.9:2):

No tengas miedo del Juicio Final, sino que por el contrario, dale la bienvenida sin más demora, pues el tiempo de que el ego dispone lo «toma prestado» de tu eternidad.

Jesús está volviendo a decirnos que no tenemos que tener miedo del Juicio Final, simplemente hemos de dar la bienvenida al amor que es su verdadero significado. Además, no necesitamos esperar al Juicio Final, puesto que nuestra espera en el tiempo era la elección de nuestro ego, tomada de la naturaleza eterna de nuestra realidad como el amoroso Hijo de Dios. Solo necesitamos aceptar este juicio de amor.

Ahora pasamos a la sección llamada «La zona fronteriza», párrafo cuatro, en el Capítulo 26 (T-26.III.4):

Ninguna creencia que el Hijo de Dios albergue puede ser destruida. Pero lo que es verdad para él tiene que llevarse ante la última comparación que él tendrá que hacer jamás; la última posible evaluación, el juicio

final sobre este mundo. Se trata del Juicio de la Verdad con respecto a la ilusión; del Conocimiento con respecto a la percepción: «No tiene ningún significado y no existe».

La verdad para nosotros es el sistema de pensamiento demente e ilusorio del ego, basado en nuestra creencia de que lo que no existe está realmente aquí, y el Cielo, que está realmente aquí, no existe:

> Cuando hiciste que lo que no es verdad fuese visible, lo que es verdad se volvió invisible para ti (T-12.VIII.3:1).

Así, lo que debemos finalmente mirar con la ayuda del Espíritu Santo es este sistema de pensamiento del ego, y juzgar en su contra. Su juicio —la percepción ilusoria no tiene sentido y por lo tanto no existe— es una aplicación del primer principio de los milagros: no hay grados de dificultad entre ellos. Cada ilusión es exactamente igual a todas las demás. Cada una de ellas no existe y por lo tanto no tiene sentido. Nosotros le damos el sentido que tiene, y nuestro significado proyectado siempre se basa en el pasado, como nos dicen las primeras lecciones del Libro de ejercicios.

Pregunta: A veces el Curso hace referencia a la «visión espiritual». ¿Sería esto un ejemplo de ella?

Respuesta: Sí, este juicio final está basado en la visión espiritual, o lo que el Curso denomina de manera más general «visión».

Esto [el juicio final] **no es algo que tú decides. Es la simple declaración de un simple hecho. Pero en este mundo no hay hechos simples porque todavía no está claro qué es lo que es lo mismo y qué es lo que es diferente.**

La verdad de este juicio final no depende de tu decisión. Como hemos visto antes, nuestro libre albedrío no puede decidir lo que es real y lo que no lo es. Solo somos libres de elegir entre lo que nosotros creemos que es real y lo que no. Como Jesús nos recuerda con frecuencia: ¿Qué podría ser más simple? Así lo hace cerca del final del Texto:

¡Qué simple es la salvación! Tan solo afirma que lo que nunca fue verdad no es verdad ahora ni lo será nunca. Lo imposible no ha ocurrido ni puede tener efectos. Eso es todo. ¿Podría ser esto difícil de aprender para aquel que quiere que sea cierto? [...] ¿Cuán difícil puede ser reconocer que lo falso no puede ser verdad y que lo que es verdad no puede ser falso? (T-31.I.1:1-5,7).

«La complejidad es del ego» (T-15.IV.6:2), y por eso el ego fabricó un mundo complejo, con un cuerpo complejo y un complejo conjunto de leyes cuyo único propósito es oscurecer la simplicidad de la ley de la verdad. El ego trata de combinar verdad e ilusión, espíritu y cuerpo, Cielo y este mundo, para que así no podamos distinguir lo verdadero de lo falso. Lo que ahora queda pendiente es que el Espíritu Santo nos enseñe esta distinción para que podamos llegar al punto en que seamos capaces de hacer el juicio final.

Esta distinción es lo único que se debe tener en cuenta a la hora de tomar cualquier decisión. Pues en ella radica la diferencia entre los dos mundos. En este mundo, elegir se vuelve imposible. En el mundo real, se simplifica.

En este mundo, elegir se vuelve imposible porque en realidad no entendemos entre qué estamos eligiendo. Pensamos que realmente estamos haciendo una elección cuando estamos eligiendo entre distintas ilusiones. En el mundo real, que es el heraldo del Juicio Final, nos damos cuenta de que estamos eligiendo entre lo que el ego fabricó, que es falso, y todo lo que Dios creó, que nos es reflejado a través de las enseñanzas del Espíritu Santo. Por lo tanto, dentro del sistema del ego estamos eligiendo entre nada y nada, lo cual hace que todo el proceso carezca de sentido.

Reconocer y aceptar esta falta de sentido de las elecciones del ego es la finalidad del proceso de llegar al mundo real. Así, una vez más, finalmente aprendemos a elegir en contra del sistema de pensamiento del ego de separación de los demás mediante el ataque, la enfermedad, el dolor o la culpa. Ahora trascendemos estas barreras del ego y nos *unimos* a los demás al darnos cuenta de que todos somos uno y el mismo. Una vez que hemos realizado esta elección, la única verdaderamente posible dentro de este mundo —una vez que hemos respondido a la última pregunta que quedaba por responder (T-21.VII)—, toda elección cesa, pues las cintas de corrección del Espíritu Santo han borrado las del ego. Ahora no queda nada que corregir, o entre lo cual elegir. Ahora nuestras mentes simplemente siguen la guía del Amor. Una vez más: ¿qué podría ser más simple?

Vayamos ahora el Libro de ejercicios, al resumen «¿Qué es el Juicio Final?» (L-pII.10):

El Segundo Advenimiento de Cristo le confiere al Hijo de Dios este don: poder oír a la Voz que habla por Dios proclamar que lo falso es falso y que lo que es verdad nunca ha cambiado. Y este es el juicio mediante el cual a la percepción le llega su fin.

Aquí Jesús nos está diciendo claramente que cuando podemos hacer este juicio final: «lo que es falso es falso» (todo lo del ego) y «lo que es verdad nunca ha cambiado» (la verdad de Dios y Cristo), en ese momento todo el mundo de la percepción acaba. El despertar y la reunificación del Hijo de Dios, aparentemente fragmentado y soñador, en el Segundo Advenimiento es el que pone en marcha este «paso»:

Lo primero que verás será un mundo que ha aceptado que esto es verdad, al haber sido proyectado desde una mente que ya ha sido corregida. Y con este panorama santo [la visión de Cristo], la percepción imparte una silenciosa bendición y luego desaparece, al haber alcanzado su objetivo y cumplido su misión.

El Juicio Final sobre el mundo no encierra condena alguna. Pues ve a este completamente perdonado, libre de pecado y sin propósito alguno. Y al no tener causa ni función ante los ojos de Cristo, simplemente se disuelve en la nada.

Las palabras «Lo primero» hacen referencia al logro del mundo real, cuando nuestras mentes han sanado. Cuando todos hemos dado ese paso, el Segundo Advenimiento, la mente unificada de la Filiación —llena únicamente del Amor del Espíritu Santo— se proyecta afuera y percibimos a través de la visión de Cristo. (El uso aquí de la palabra «proyecta» es otro ejemplo de que el Curso no es estrictamente consistente en su lenguaje, pues en el caso típico la palabra «proyección» se reserva para el ego y «extensión» para el espíritu). Si la causa del mundo, que es la creencia en el pecado, se va, el mundo también debe desaparecer. Esto es así porque el único propósito del mundo es dar realidad al pecado. Cuando abandonamos nuestra inversión en el pecado —este es el significado del perdón—, el mundo «simplemente se disuelve en la nada».

Ahí [en esa nada] **nació y ahí ha de terminar. Y todas las figuras del sueño con el que el mundo comenzó desaparecen junto con él. Los cuerpos no tienen ahora ninguna utilidad, por lo tanto, desaparecen también, pues el Hijo de Dios es ilimitado.**

Las «figuras del sueño» hace referencia a los cuerpos y formas del mundo físico. Secciones como «El soñador del sueño» y «El héroe del sueño», en el Capítulo 27, comentan el papel del cuerpo en los diversos sueños que hemos fabricado, todos los cuales guardan relación con mantener la creencia en la realidad del mundo de la forma, el cambio y la muerte. El mundo de los cuerpos es un mundo de limitación, que nos defiende de nuestra verdadera realidad como el ilimitado Hijo de Dios. Así entendemos la enseñanza metafísica esencial del Curso de que todo el mundo del tiempo y el espacio solo existe para reforzar la creencia del ego de que la separación de Dios es real. Cuando esa creencia ya no está ahí, el mundo deja de tener un propósito y debe desaparecer. El mundo físico no existe más allá de nuestras mentes, como hemos comentado en la Primera parte. De modo que si esa mente cambia su creencia —del pecado al perdón— el mundo también cambia en consecuencia.

Tú que creías que el Juicio Final de Dios condenaría al mundo al infierno junto contigo, acepta esta santa verdad: el Juicio de Dios es el don de la Corrección que Él le concedió a todos tus errores. Dicha Corrección te libera de ellos y de todos los efectos que parecían tener.

El «regalo» es el Espíritu Santo, y su expresión específica es el principio de Expiación. Esta es la «Corrección» de la que se habla aquí. Si piensas en el diagrama del cuadro 2, la corrección del Espíritu Santo está representada por la parte baja de la carretera que va en dos sentidos. Así, a cada paso del camino —todos los cuales ocurrieron en ese instante uno en que el ego eligió sus errores y los repitió una y otra vez— cada uno de esos errores específicos fue corregido por el Espíritu Santo. Estos errores constituyen los dolorosos efectos de la causa, la creencia original de que el pecado de separación ocurrió y de que la «pequeña idea loca» fue tomada en serio.

Tener miedo de la Gracia redentora de Dios es tener miedo de liberarte totalmente del sufrimiento, del retorno a la paz, de la seguridad y la felicidad, así como de tu unión con tu propia Identidad.

Mientras creamos en el pecado y la culpa, debemos creer que Dios nos castigará. Así, la única manera de alcanzar la felicidad y la paz es aceptar a Dios de vuelta en nuestras mentes como nuestro amoroso Creador. Como el ego nos enseña que volver a aceptar a Dios en nuestras mentes supone nuestra destrucción, tenemos miedo de aceptar Su Amor. Por lo tanto, cualquier cosa que nos hable de «paz, seguridad y felicidad» debe ser atemorizante para el ego. Esta es la base de nuestro miedo al amor y «a la gracia salvadora de Dios».

El Juicio Final de Dios es tan misericordioso como cada uno de los pasos de Su plan para bendecir a Su Hijo y exhortarlo a regresar a la paz eterna que comparte con él. No tengas miedo del amor, pues solo él puede sanar todo pesar, enjugar todas las lágrimas y despertar tiernamente de su sueño de dolor al Hijo que Dios reconoce como Suyo.

El ego nos ha enseñado que deberíamos tener miedo del Amor de Dios, porque si nos acercamos demasiado a él, seremos destruidos. Nuestra culpa exige que suframos y nos sacrifiquemos, lo cual significa que dentro de la extraña religión del ego estar sin sufrimiento es un pecado. Es un pecado ser feliz, y es un pecado estar en paz:

Para el ego, los inocentes son culpables. Los que no atacan son sus «enemigos» porque, al no aceptar su interpretación de lo que es la salvación, se encuentran en una posición excelente para poder abandonarla. [...] He dicho que la crucifixión es el símbolo del ego. Cuando el ego se enfrentó con la verdadera inocencia del Hijo de Dios intentó darle muerte, y la razón que adujo fue que la inocencia es una blasfemia contra Dios. Para el ego, el ego es Dios, y la inocencia tiene que ser interpretada como la máxima expresión de culpa que justifica plenamente el asesinato (T-13.II.4:2-3; 6:1-3).

La referencia del Libro de ejercicios a «enjugar todas las lágrimas» viene de la Biblia (Isaías 25:8; Apocalipsis 7:17, 21:4a), y mientras pensamos que somos culpables, Jesús nos pide que consideremos la posibilidad de creer en un Dios amoroso que enjugaría todas las lágrimas del sufrimiento y el sacrificio. Esto se consigue soltando la culpa que exige que un Padre vengativo nos castigue. De modo que volvemos una y otra vez a la enseñanza básica del Curso de que el camino de vuelta al Cielo y al Amor de Dios pasa por el perdón, pues solo entonces podemos deshacer la causa de nuestros problemas.

No tengas miedo de eso [el amor]. **La salvación te pide que le des la bienvenida. Y el mundo espera tu grata aceptación de ella, gracias a lo cual él se liberará.**

Este es el Juicio Final de Dios: «Tú sigues siendo Mi santo Hijo, por siempre inocente, por siempre amoroso y por siempre amado, tan ilimitado como tu Creador, absolutamente inmutable y por siempre inmaculado. Despierta, pues, y regresa a Mí. Yo soy tu Padre y tú eres Mi Hijo».

Este es uno de los pasajes más hermosos de *Un curso de milagros*, y necesita poco comentario excepto mencionar que refleja un cambio completo con respecto a todo lo que el ego cree sobre Dios y Su Hijo. Esta hermosa verdad nos espera pacientemente hasta que seamos capaces de darle la bienvenida.

CAPÍTULO 12:

El último paso de Dios

Ahora vamos a pasar al último paso del plan de Expiación, lo que *Un curso de milagros* denomina «el último paso de Dios». Para empezar, como veremos enseguida, Jesús explica que en verdad Dios no da ningún paso. Además, el que dé pasos implica que hemos estado haciendo un viaje. Sin embargo, hemos subrayado varias veces que dicho viaje es ilusorio, puesto que nunca salimos de casa. Como ya hemos dicho, estamos en un «viaje sin distancia hacia una meta que nunca ha cambiado» (T-8.VI.9:7). En realidad, por lo tanto, el término «el último paso de Dios» solo es una metáfora o figura del discurso, que es consecuencia de la metáfora básica del viaje. Como nuestra experiencia del tiempo es lineal, y ciertamente estamos volviendo a casa, Jesús nos habla a un nivel que podemos entender. Así, se nos dice que el viaje acaba cuando Dios da el último paso por nosotros.

Por tanto, básicamente, el «último paso» es un modo de hablar del final de nuestro sueño, la culminación del Segundo Advenimiento de Cristo y el Juicio Final. Cuando finalmente sanemos nuestras mentes y hagamos esa última elección entre verdad e ilusión, el mundo desaparecerá, y «retornaremos» al Dios que en verdad nunca abandonamos. Este es el último paso de Dios, una descripción poética de nuestro despertar completo.

Empezamos con el último párrafo de la sección «El último paso» (T-7.I.7), en el Capítulo 7:

Dios no da pasos porque sus obras no se realizan de forma gradual. No enseña porque sus Creaciones son inalterables. No hace nada al final porque Él creó primero y para siempre.

Este es el único lugar de *Un curso de milagros* donde este concepto se expone con tanta claridad. Jesús está hablando de «el último paso», pero no se refiere a él literalmente. No hay graduaciones en Dios, y por lo tanto no hay ninguna en Su Hijo. No hay nada que enseñar a Cristo porque Él es tan perfecto y pleno como Su Padre, y por lo tanto no tiene una mente dividida que pueda o necesite aprender. Sin embargo, dentro del sueño de separación, el Hijo de Dios cree estar en un viaje de tiempo, y por lo tanto debe aprender dentro de ese contexto.

Este uso del lenguaje del sueño es un ejemplo útil, como muchos otros que ya hemos considerado, para recordarnos que no hemos de tomar ciertas declaraciones del Curso literalmente. Por otra parte, el significado siempre debe tomarse literalmente. Por ejemplo, como ya hemos visto, cuando Jesús dice que Dios llora por Sus Hijos separados, o cuando habla de Su soledad, en realidad está usando metáforas poéticas para expresar el Amor de Dios por nosotros. Asimismo, la frase «el último paso de Dios» hace referencia al producto final del viaje ilusorio del despertar. No se refiere a algo que ocurre realmente. Considerado dentro del contexto del cuadro 3, el último paso es el despertar del sueño que parecemos estar viviendo a través de nuestras cintas de vídeo.

Debe entenderse que la palabra «primero», cuando se aplica a Dios, no es un concepto temporal. Él es el primero en el sentido de que es el Primero en la Santísima Trinidad. Es el Creador Principal porque creó a Sus co-creadores [nuestros verdaderos Seres]. **De ahí que el tiempo no le ataña a él ni a lo que creó.**

Como se comenta al principio del Capítulo 1, este es un ejemplo muy claro del uso que el Curso hace de las palabras dentro de un contexto temporal y espacial, aunque dicho contexto sea ilusorio. Así, estas palabras se usan para ayudarnos a nosotros, pues creemos que la realidad es temporal y espacial. Pero, una vez más, no ha de considerarse que las palabras mismas expresen la verdad literal. Por ejemplo, como podemos ver aquí, la palabra «primero» obviamente implica un segundo, tercero, etc., eso vendrá en el futuro. Pero puesto que Dios está más allá del tiempo, en verdad no se le puede aplicar un término como «primero».

Por lo tanto, el «último paso» que Dios dará fue cierto al principio, es cierto ahora y será cierto eternamente. Lo que es eterno está siempre presente porque *su estado de ser* es por siempre inmutable. No cambia al aumentar porque fue creado para expandirse eternamente. Si no percibes su expansión significa que no sabes lo que es ni tampoco Quién lo creó.

Lo que es «inmutable» y «no cambia al aumentar» es el espíritu, aunque la palabra «espíritu» en realidad no aparece en esta sección. El espíritu de Dios creó a Cristo, Cuyo espíritu a su vez creó las creaciones de Cristo. El incremento no cambia al espíritu, una comprensión ciertamente diferente del sentido que el mundo da al incremento, que implica claramente un cambio cuantitativo. Cuando incrementamos cualquier cosa del mundo material, hay más de ello; añadimos a nuestra cuenta bancaria, a la cantidad de comida que comemos, el número de libros que tenemos, etc. Entonces, aquí «incremento» no implica un cambio cuantitativo: un fenómeno que no es comprensible en este mundo. La inmutabilidad del incremento se describe en este hermoso pasaje del Libro de ejercicios:

> De la misma manera en que la paz y la dicha del Cielo se intensifican cuando las aceptas como los dones que Dios te da, así también la Dicha de tu Creador aumenta cuando aceptas como tuyas Su Dicha y Su Paz. Dar verdaderamente equivale a crear. Extiende lo que no tiene límites a lo ilimitado, la eternidad hasta la intemporalidad y el Amor hasta Sí Mismo. Añade a todo lo que ya está completo, mas no en el sentido de añadir más, pues eso implicaría que antes era menos. Añade en el sentido de que permite que lo que no puede contenerse a sí mismo cumpla su cometido de dar todo lo que tiene, asegurándose así de que lo poseerá para siempre (L-pI.105.4).

Pregunta: En este mundo, ¿se correlacionaría esta actitud con dar: si no ves que estás ganando al dar, no estás entendiendo el proceso?

Respuesta: Sí. Aquí el paralelismo es que cuando «das» amor en este mundo, no estás incrementando cuantificablemente el amor que «tienes», y nada cambia realmente. El Amor es cualitativo, no cuantitativo. Así, no puede haber pérdida cuando extendemos amor a otros. Por ejemplo, si creemos en incrementos o decrementos en términos de cantidad material, y después intentamos aplicar esta comprensión al espíritu, sin duda nos confundiremos y nos resultará imposible comprender el Cielo. De este modo nunca conoceremos a Dios, pero conoceremos al ego. El mundo de la materialidad del ego es cuantitativo, y en él todas las cosas, incluyendo el amor, se miden como se mide un kilo de patatas. Por lo tanto, la creencia en la realidad de este mundo con todos sus cambios —pérdidas e incrementos— se convierte en una poderosa defensa contra Dios.

Dios no te revela esto porque nunca estuvo oculto.

Esto es una corrección sutil de la idea más tradicional de que Dios da revelaciones, y solo las da algunas veces a algunas personas. La creencia del mundo es que aquellos a los que se les han dado revelaciones de la verdad han sido elegidos por Dios, lo cual implica claramente que Dios tiene un ego que juzga quién es merecedor de una revelación y quién no. Las enseñanzas de Jesús en *Un curso de milagros* son totalmente diferentes. Dios siempre está extendiendo Su verdad a todos. El problema —nuestro problema— es que habitualmente no aceptamos la revelación continua que Dios hace de Sí Mismo. Quienes lo hacen —los que han soltado las barreras que sus egos interponen a la verdad— son los que tienen experiencias visionarias o reveladoras.

Así, la «revelación» no es algo que Dios hace, tal como el «último paso» tampoco es algo que Él hace. La *experiencia* de revelación es el efecto de una decisión que nosotros hemos tomado. El Amor de Dios, como un faro brillando sobre un mar oscuro, es pasivo en el sentido de que simplemente deja brillar su luz, pero no hace nada activamente. Por lo tanto, nosotros somos como los barcos que se han alejado de la luz, y ahora debemos elegir volver a este hogar de luz en nuestras mentes. Así, el Amor de Dios no nos llama en el sentido habitual de la palabra, sino que más bien brilla como una luz de verdad que extiende su amorosa bienvenida, «esperando» pacientemente nuestro retorno. En resumen, entonces, Dios no oculta Su verdad, como tampoco nos la revela. Su Amor simplemente es.

Pregunta: Al principio mismo del Texto, Jesús dice que está sintonizado con el grado de preparación para la revelación que tienen sus hermanos, y que él nos puede traer más de lo que podemos nosotros. De modo que Dios no puede hacer nada. Él simplemente es. Pero, ¿puede ayudarnos Jesús a abrirnos a esa experiencia?

Respuesta: Sí, esa es la idea. El papel de Jesús no es darnos la revelación, porque siempre está ahí; pero él nos ayuda a retirar las interferencias a ella. El punto crucial es que Dios no lo hace, tal como hemos visto que el Juicio Final no es algo que Dios haga. En realidad Jesús, siendo una expresión del Amor de Dios, tampoco hace nada. Como el Espíritu Santo es el recuerdo del Amor de Dios en nuestros sueños por el simple hecho de estar allí, Jesús también simplemente está allí como una manifestación de este Amor en la forma. Nosotros experimentamos que su amor nos llama, que nos ayuda aquí, pero en realidad se mantiene aquietado dentro de nuestras mentes. Como un faro, su presencia llena de luz nos sirve «pasivamente» como un recordatorio de quiénes somos en verdad como hijos de la Luz.

Una analogía útil es considerar que el sol sale y se pone cada día. Ninguna persona deja de experimentar este fenómeno, a menudo con asombro y gran placer. Sin embargo, casi todos nosotros entendemos que en realidad es la tierra la que se mueve, mientras el sol permanece estacionario. Este es un claro ejemplo de cómo nos engaña nuestro aparato sensorial, distorsionando los hechos de nuestro mundo físico. Asimismo, nuestra experiencia de la actividad de Jesús o del Espíritu Santo distorsiona la verdad de que su amor permanece «estacionario», mientras que son nuestras mentes las que se han ido, y por lo tanto deben volver.

Su Luz jamás estuvo velada porque Su Voluntad es compartirla. ¿Y cómo iba a ser posible que lo que se comparte plenamente se hubiese ocultado primero para luego ser revelado?

Esto es una reiteración del mismo punto. Tradicionalmente, se ha enseñado que a veces Dios retiene Su Amor, otorgándolo a ciertas personas en
ciertos momentos. Aquí, Jesús nos está enseñando muy claramente que
Dios no «piensa» de ese modo: Él no ha oscurecido Su luz, ni se ha retirado,
como muchos místicos han experimentado. Lo que realmente ha ocurrido es
que nosotros nos hemos retirado a un mundo de sombras. Así, el propósito
del Curso es enseñarnos a eliminar dichas sombras. Lo único que Dios ha
hecho es «extenderse a Sí Mismo» al sueño a través de nuestro recuerdo
de Su Amor. Esa extensión es el Espíritu Santo, cuya función es ayudarnos a
retirar esas sombras para que podamos ver la luz que siempre ha estado ahí.
Aunque hablamos del último paso de Dios, en realidad no es un paso que
Dios da. Nosotros damos ese «paso».

Pasemos ahora al capítulo 13 del Texto, al tercer párrafo de la sección «De
la percepción al Conocimiento» (T-13.VIII.3). En ese terreno intermedio entre
la percepción y el conocimiento es donde encontramos el mundo real, el
Segundo Advenimiento, el Juicio Final, y después, finalmente, el último paso
de Dios. Al principio del párrafo se usan los términos «percepción perfecta». Esta es otra versión del término más comúnmente empleado en el Curso
«percepción verdadera», que es la percepción de este mundo limpia de nuestras proyecciones de culpa y pecado.

**La percepción perfecta, pues, tiene muchos elementos en común con
el Conocimiento, haciendo que sea posible su transferencia a Él.**

La verdadera percepción no contiene barreras del ego, y tiene muchos elementos en común con el Cielo, como el hecho de que no excluye. En el Cielo
no hay exclusión; puesto que no hay separación, todo es uno. Cristo está
unificado Consigo Mismo y con Su Padre. Dentro del sueño del mundo esta
unidad se refleja parcialmente en aquellos que tienen verdadera percepción
y viven en el mundo real. Esto es vivir a través de la visión de Cristo, sin culpa
que les separe de los demás. El amor que estas personas experimentan viene
del Espíritu Santo y abraza a todos, que ya no se perciben como diferentes.

Antes de continuar, volvamos al último párrafo de la sección I del Capítulo 5
(T-5.I.7). Esta es una referencia específica a lo que acabo de mencionar. Describe los paralelismos entre la verdadera percepción (aunque estos términos
no se usan aquí) y el estado del Reino. Básicamente, se habla de tres carac-

terísticas. La primera es que, en la verdadera percepción, todo es universal; no hay exclusiones, todo el mundo está incluido. Esto es justo lo opuesto del especialismo, y refleja el estado de unidad del Cielo, en el que no puede haber exclusión. Segundo, en el estado de verdadera percepción —viviendo en el mundo real— no hay ataque. Puesto que no queda pecado ni culpa, no hay nada dentro de la mente que pueda ser proyectado en forma de ataque. El estado del Cielo es amor, el opuesto completo del ataque. La tercera característica habla de la verdadera percepción:

> Finalmente, señala al camino que lleva a lo que está más allá de la curación que trae consigo, y conduce a la mente más allá de su propia integración hacia los senderos de la Creación (T-5.I.7:5).

Ese es el camino que conduce a la completa reintegración de la Filiación, en paralelo con la unidad de la Filiación en el Cielo. Así, la verdadera percepción representa el final del proceso de deshacer las interferencias a nuestro recuerdo de esta unidad, y apunta más allá de la corrección a la experiencia de unidad de Cristo Consigo Mismo, con Sus creaciones y Su Creador.

Ahora volvemos adonde estábamos en el Capítulo 13 (T-13.VIII.3):

El último paso, no obstante, lo tiene que dar Dios porque el último paso de tu redención, que parece estar en el futuro, Dios lo dio ya en tu creación.

Básicamente, Jesús está diciendo que a pesar de la aparente linealidad del tiempo expresada a través del uso de las palabras «primero» y «último», el comienzo y el fin en realidad son lo mismo. El denominado «último paso» que da Dios solo es el deshacimiento total de los pasos aparentes que hemos interpuesto entre el Primer Advenimiento y el Segundo. Este es otro ejemplo de cómo *Un curso de milagros* se expresa en el mundo de la ilusión pero nos habla de la verdad más allá de las ilusiones. Esta referencia es similar a la declaración bíblica de Jesús de que él es el Alfa y el Omega, el principio y el fin, el primero y el último (Apocalipsis 1:8,21:6,22:13).

La separación no ha interrumpido la Creación. La Creación no puede ser interrumpida. La separación no es más que una formulación equivocada de la realidad que no tiene consecuencia alguna.

Esto es un reflejo del principio de Expiación, que dice que en verdad la separación nunca ocurrió, y se retrata en los cuadros 5 y 6, donde parece como si la hendidura y la espiral hubieran roto la línea. En realidad, la línea de la eternidad no se ha visto afectada en absoluto. La misma idea se expresa en este pasaje: nuestro aparente pecado contra la unidad de la creación no ha tenido efecto. El amor de la Creación no ha sido cambiado por nuestras percepciones distorsionadas de su realidad aparentemente fragmentada.

El milagro, que no tiene ninguna función en el Cielo, es necesario aquí. Todavía pueden verse aspectos de la realidad, los cuales reemplazarán a aspectos de la irrealidad. Los aspectos de la realidad se pueden ver en todo y en todas partes.

El milagro no tiene lugar en el mundo del Cielo, porque no hay nada en el Cielo que tenga que ser corregido. Es aquí, en el mundo de la separación, donde el milagro tiene su función. Hay diversos lugares en el Curso que hablan de las partes separadas de la Filiación como «aspectos» (T-3.IV.3:7; T-13.VI.6:4; T-15.V.2:3). En otros momentos Jesús se refiere a ellas como «partes» (por ejemplo, T-2.VII.6:2-7; T-12.IV.6:8; T-15.V.2:2; 3:1). Ambas son palabras neutrales u objetivas para describir la aparente individualidad personal de la Filiación de Dios. Los aspectos de la realidad que todavía podemos ver aquí son el rostro de Cristo que vemos unos en otros, las chispas de la luz de Cristo que reflejan nuestra inocencia inherente:

En muchos lo único que queda es la chispa, pues los Grandes Rayos están velados. Aun así, Dios ha mantenido viva la chispa de manera que los Rayos nunca puedan olvidarse completamente. Solo con que veas la pequeña chispa podrás conocer la luz mayor, pues los Rayos están ahí aunque sin ser vistos. Al percibir la chispa sanas, mas al conocer la luz creas. En el proceso de retornar, no obstante, la pequeña chispa debe reconocerse primero, pues la separación fue el descenso desde la grandeza a la pequeñez. La chispa, no obstante, sigue siendo tan pura como la Luz Mayor porque es lo que queda de la llamada de la Creación. Deposita toda tu fe en ella y Dios Mismo te contestará (T-10.IV.8).

Estos «aspectos de la realidad» reemplazan los aspectos de la irrealidad, o los rostros de la culpa y el pecado que hemos proyectado desde dentro de nosotros mismos unos sobre otros. El rostro de Cristo puede ser visto en cada uno, en todas las cosas, y en todas partes, porque la inocencia de nuestra Identidad en Cristo permanece dentro de nuestras mentes. Esto refleja el principio que encontramos en el Libro de ejercicios: «Dios está en todo lo que veo porque Dios está en mi mente» (L-pI.30). Si nos identificamos con la imagen de Cristo que es nuestra verdadera Identidad, esta realidad se extenderá a través de nosotros, y por lo tanto será lo que veamos a nuestro alrededor.

Mas solo Dios puede congregarlos a todos [los aspectos de la realidad]**, al coronarlos cual uno solo con el don final de la eternidad.**

Aquí volvemos a ver el «último paso» de Dios, que en realidad es el redespertar en la mente del Hijo separado a su unidad en Cristo. En realidad no es una coronación que Dios hace, sino más bien un logro que nosotros producimos con la ayuda del Espíritu Santo: la aceptación como realidad de la eternidad de Dios.

Ahora pasaremos al Capítulo 30, sección V, párrafo tres (T-30.V.3). El título de esta sección es «El único propósito», y trata sobre el único propósito que tiene este mundo: el perdón. Buena parte de esta sección trata del mundo real, pero los pasajes que leeremos ahora se enfocan en el último paso de Dios.

Aún no se recuerda el Cielo totalmente, pues el propósito del perdón todavía necesita alcanzarse. Sin embargo, todo el mundo está seguro de que irá más allá del perdón y de que solo seguirá aquí hasta que este se consuma perfectamente en él. Ese es su único deseo.

Mientras todavía estamos aquí, en el mundo del cuerpo, estamos diciendo que no nos hemos perdonado totalmente a nosotros mismos, ni al mundo ni a Dios. Por lo tanto, el recuerdo de Dios sigue siendo tenue, y Su Voz oscura. Sin embargo, dentro de nosotros está el anhelo de volver a casa, y así, a pesar de los chillidos estridentes del ego, el tomador de decisiones en nuestra mente se alejará de esta voz y hará «una cosa perfectamente y llevará a cabo una elección perfecta» (T-25.VI.5:1). El que hagamos esta elección es seguro, y en nuestras mentes correctas esto es todo lo que deseamos.

Todo temor ha desaparecido porque él está unido a sí mismo en su propósito. Su esperanza de felicidad es tan segura y constante que apenas puede seguir esperando aquí por más tiempo con los pies aún tocando la tierra. Aun así, se siente feliz de poder esperar hasta que todas las manos se hayan unido y todos los corazones estén listos para elevarse e ir con él. Pues así es como se prepara para dar el paso con el que se transciende el perdón.

Aquí recuerdo algo que Jesús dijo a Helen en las primeras semanas de la transcripción del Curso. Se refirió a una declaración que había hecho la famosa psíquica Jeanne Dixon con respecto a que estaba de pie con los pies tocando el suelo y las manos extendidas al Cielo, lo que representaba su papel de tender un puente sobre la brecha existente entre nuestros egos y el Cielo. En el Texto se lee así:

> Tú estás debajo de mí y yo estoy debajo de Dios. En el proceso de «ascensión» yo estoy más arriba porque sin mí la distancia entre Dios y el hombre sería demasiado grande para que tú la pudieras salvar. Yo salvo esa distancia por ser tu hermano mayor por un lado y, por el otro, por ser un Hijo de Dios (T-1.II.4:3-5).

Por lo tanto, nuestro papel en este mundo, como el de Jesús, es manifestar la función del Espíritu Santo de tender el puente entre el tiempo y la eternidad, permaneciendo en el mundo real tal como Él dirija, con nuestros pies en el suelo mientras nuestras manos se elevan al Cielo. Así, hemos de volvernos como Jesús, o esos maestros ascendidos que han completado sus lecciones particulares. Estos maestros permanecen a una mínima distancia del Cielo, aunque son conscientes de Él, de modo que ayudan a todos los demás a aprender lo que ellos han aprendido. «Aun así, se siente feliz de poder esperar hasta que todas las manos se hayan unido» hace referencia al Segundo Advenimiento y al Juicio Final, que es lo que nos «prepara para el paso [el último paso de Dios] en el que todo perdón queda atrás».

Lo que es un poco complicado en todo esto es que el Curso está hablando de algo que en realidad no existe. Una vez más, Jesús está segmentando distintas fases de un proceso intrínsecamente irreal. Por lo tanto, estos términos solo son medios poéticos de llegar a nuestras mentes separadas, concretas y muy literales. Y así Jesús habla de la visión de Cristo, de la verdadera percepción, del mundo real, del Segundo Advenimiento, del Juicio Final y del último paso. Este pasaje es una descripción conmovedora y poética de la idea de que esas partes de la Filiación que han aceptado la Expiación para sí mismas no pueden esperar a volver a casa, pero aún así eligen quedarse y ayudar a todos los demás.

El paso final lo da Dios porque únicamente Él pudo crear un Hijo perfecto y compartir Su Paternidad con él. Nadie que no se encuentre en el Cielo puede entender esto, pues entenderlo es en sí el Cielo.

Así, el último paso es en realidad el primero, porque solo Dios pudo crear un Hijo perfecto que siempre es uno con Él. Y de este modo, el primero y el último son uno, sin pasos intermedios de separarse y reunirse. Seguidamente, Jesús continúa diciendo: En efecto, aunque estoy intentando al máximo explicarte este hecho del Cielo, de todos modos no vas a ser capaz de entenderlo. ¿Cómo va a ser que el primer paso sea el último y el último sea el primero? Con respecto a Jesús, él es la manifestación del Espíritu Santo, la Voz de Dios, y en ese sentido comparte y comprende las verdades incognoscibles del Cielo. Solo una mente que ha transcendido el sistema de pensamiento del ego puede conocer la realidad que está más allá de la mente dividida.

Incluso el mundo real tiene un propósito que se encuentra por debajo de la Creación y la eternidad. Pero el miedo ha desaparecido de él porque su propósito es el perdón, no la idolatría. Y así, el Hijo del Cielo está listo para ser Quien es, y para recordar que el Hijo de Dios sabe todo

lo que su Padre entiende y que lo entiende perfectamente junto con Él. El mundo real ni siquiera se aproxima a eso, pues ese es el propósito de Dios y solo de Dios, si bien se comparte totalmente y se logra perfectamente.

El propósito del mundo real es el perdón, y su extensión a través de la mente de la Filiación. Así, este pasaje nos dice algo sobre el mundo real. No es el Cielo, pues su propósito no es la creación, que es la función de Dios y de Cristo. Sin embargo, pavimenta el camino para el retorno de esta función a la mente que había elegido el miedo en lugar del amor. Así, la percepción del ego se intercambia por el conocimiento del Cielo. Una vez más, el objetivo de *Un curso de milagros* no es el Cielo y el retorno de nuestra función de creación. Más bien, su propósito es el mundo real, que se logra a través de la compleción de nuestra función de perdonar.

El mundo real es un estado en el que la mente ha aprendido cuán fácilmente desaparecen los ídolos, que, aunque todavía se perciben, ya no se desean más. ¡Cuán fácilmente los puede abandonar la mente que ha comprendido que no son nada, que no están en ninguna parte y que no tienen ningún propósito! Pues solo entonces se puede entender que el pecado y la culpabilidad no tienen propósito alguno y que no significan nada.

Los últimos capítulos del Texto hablan sobre los ídolos, otro término para el especialismo, que es el dios del ego. Un ídolo se define como un sustituto de Dios, una falsa imagen de Su realidad, y obviamente reemplazar a Dios es el propósito de toda relación especial. Cuando se van los ídolos, lo que queda es el verdadero Amor de Dios que siempre estuvo ahí, pero no era experimentado. Ahora bien, para llevar a cabo este cambio, primero debemos reconocer a los ídolos del especialismo, que en nuestra demencia habíamos elegido para servir al propósito del ego de «protegernos» del Amor de Dios. La culpa y el pecado son los principales aliados del ego en este extraño plan, y cuando reconocemos su demencia, el propósito de estos aliados desaparece y al fin somos capaces de compartir la inocencia y el amor del mundo real.

De esta manera es como el propósito del mundo real se lleva dulcemente hasta tu conciencia para que reemplace al objetivo de pecado y culpabilidad. Y el perdón purifica felizmente todo lo que se interponía entre tu imagen de ti mismo y lo que realmente eres. Sin embargo, Dios no necesita crear a Su Hijo nuevamente para que a este se le restituya lo que es suyo. Jamás existió brecha alguna entre tu hermano y tú. Y el Hijo de Dios volverá a saber lo que supo cuando fue creado.

Una vez más, vemos que Dios no hace nada (Él «no necesita crear a Su Hijo nuevamente»). En realidad, el último paso del camino de la Expiación es el mismo que el primero. El pecado y la culpa que parecían interponerse son lavados suavemente a través del perdón, y así esta brecha desaparece y vuelve a su propia nada. Curiosamente, la «brecha» también es un término que aparece principalmente en los últimos capítulos del Texto, y es otra palabra que se usa para describir la creencia en la separación.

Ahora saltamos al párrafo ocho:

¡Cuán fácil y ligero es el paso que te saca de los estrechos confines del mundo del miedo una vez que has reconocido de Quién es la mano de la que vas asido! Tienes a mano todo lo necesario para poder alejarte del miedo para siempre con perfecta certeza, y para seguir adelante y llegar lo antes posible a las puertas del Cielo.

El «paso que te saca de los estrechos confines del mundo del miedo» puede entenderse como la consecución del mundo real. La mano que tomamos es la mano de nuestro compañero de amor u odio especial, quien representa a Cristo, puesto que en verdad todos somos uno. Encontramos la mano de Cristo en la mano de aquellos a los que perdonamos. «Llegar a la puerta del Cielo» es completar el proceso de Expiación, la culminación del mundo real que conduce al último paso, elevándonos al Cielo que en realidad nunca abandonamos.

Pues Aquel de Cuya mano vas asido solo estaba esperando a que te unieras a Él. Y ahora que has venido, ¿se demoraría en mostrarte el camino que debe recorrer contigo? Su bendición descansa sobre ti tan

indudablemente como el Amor de Dios descansa sobre Él. Su gratitud hacia ti sobrepasa tu entendimiento, pues le has permitido liberarse de sus cadenas para que juntos os dirijáis a la morada de Su Padre.

Esto refleja la idea de las escrituras de levantarse e ir a la casa de nuestro Padre. Lo importante aquí, como siempre en *Un curso de milagros*, es recordar que lo que nos capacita para volver a la casa de nuestro Padre es el perdón. El perdón mutuo deshace las barreras de culpa y ataque que parecían separarnos, no solo unos de otros, sino también de nuestro verdadero Ser que reside en Dios. Recordamos al Cristo que es nuestra verdadera Identidad al no excluir a ese Ser unos de otros. Así, nuestras cadenas de culpa, que nos atan al mundo de separación del ego, quedan deshechas mediante la comprensión de que somos uno. Darnos mutuamente la mano simboliza este reconocimiento y aceptación.

Un viejo odio está desapareciendo del mundo. Y con él va desapareciendo también todo miedo y rencor. No vuelvas la vista atrás, pues lo que te espera más adelante es lo que siempre anheló tu corazón.

El «viejo odio [que] está desapareciendo del mundo» es nuestro autoodio y culpa, que desaparecen del mundo a medida que aprendemos a perdonar. «Volver la vista atrás» es una referencia a una historia del Antiguo Testamento en la que la esposa de Lot desobedeció la instrucción de Dios y miró atrás, convirtiéndose así en estatua de sal (Génesis 19:26). Podemos decir que si volvemos la vista al pasado, dando realidad al mundo de separación del ego, acabaremos creyendo inevitablemente que somos estatuas del ego: yoes pecaminosos, culpables y temerosos.

¡Renuncia al mundo! Pero no con una actitud de sacrificio, pues nunca lo deseaste. ¿Qué felicidad que alguna vez buscaste en él no te ocasionó dolor? ¿Qué momento de satisfacción no se compró con monedas de sufrimiento y a un precio exorbitante? La dicha no cuesta nada. Es tu sagrado derecho, pues por lo que pagas no es felicidad. ¡Que la honestidad te acelere en tu camino y que al contemplar en

retrospectiva las experiencias que has tenido aquí no te dejes engañar! Por todas ellas hubo que pagar un precio descomunal y sufrir penosas consecuencias.

El modo tradicional de renunciar al mundo era negarse los denominados placeres de la carne. Como hemos visto en muchos otros lugares, este tipo de negación no afloja nuestra sujeción al mundo. Al contrario, nos ata todavía más a él. A fin de escapar del dolor que experimentamos aquí, solo tenemos que darnos cuenta de que la manera de renunciar al mundo es recordar que no es nuestro verdadero hogar.

Las «monedas de sufrimiento» es una referencia a las treinta piezas de plata, que fue el precio de la traición de Judas a Jesús (Mateo 26:15). Aquí Jesús nos está enseñando que conformarnos con las pocas migajas que el mundo nos ofrece como salvación es traicionar al Cristo en nosotros. No se nos pide que sacrifiquemos los placeres del mundo: el mundo no alberga placeres. Más bien, se nos pide que nos demos cuenta de que al abrazar al mundo como el ídolo que reemplazaría el Amor de Dios, de hecho estamos sacrificando la paz y la alegría que solo pueden venir de aceptar nuestra realidad como el hijo de Dios. Esta aceptación deshace la creencia del ego en el sacrificio, pues solo entonces podemos alcanzar la verdadera felicidad, alegría y paz. Si realmente mirásemos a cualquier cosa de este mundo, nos daríamos cuenta de que lo que creíamos que nos había dado felicidad y alegría en realidad estaba lleno de dolor. Como Jesús nos recuerda al principio del Texto:

> Todo placer real procede de hacer la Voluntad de Dios. Esto es así porque no hacer Su Voluntad es una negación del Ser (T-1.VII.1:4-5).

Ahora pasamos al Libro de ejercicios, Lección 168, tercer párrafo (L-pl.168.3):

Hoy le pedimos a Dios el don que con más celo ha conservado dentro de nuestros corazones, esperando ser reconocido. Se trata del don mediante el cual Dios se inclina hasta nosotros y nos eleva, dando así Él Mismo el último paso de la salvación. Todos los pasos, excepto este,

los aprendemos siguiendo las instrucciones de Su Voz. Pero al final es Él Quien viene y tomándonos en Sus Brazos desvanece todas las telarañas de nuestro sueño.

Este don es el último paso. Como vimos antes, la Lección 157 «En Su Presencia he de estar ahora» (L-pI.157) expresa la misma idea: la visión final, justo antes de ser elevado por Dios, no es algo que se aprenda. Nuestro aprendizaje, a través del Espíritu Santo, abarca la retirada de los obstáculos que permite que emerja esta visión y que se produzca «el último paso». El perdón, el único aprendizaje que el mundo puede ofrecernos, retira estos obstáculos.

Este pasaje también refuerza la idea de que el Hijo de Dios simplemente se quedó dormido y soñó su separación de Dios. Este sueño es el intervalo entre el Primer Advenimiento, la creación de Cristo por parte de Dios, y el Segundo Advenimiento, que es volver a despertar del sueño. Así, este pasaje hace referencia al punto del proceso en el que hemos vuelto de despertar de la pesadilla y solo quedan algunas telarañas. Entonces Dios las limpia. En las palabras de la Biblia, citadas ocasionalmente en el Curso y anteriormente en este libro (p.297), Dios enjuga nuestras lágrimas, y a continuación somos elevados suavemente hasta Él.

Su don de Gracia es algo más que una simple respuesta, pues restaura todas las memorias que la mente que duerme había olvidado, y toda la certeza acerca del significado del amor.

La gracia de Dios, Su Amor, que experimentamos al despertar del sueño, «nos es dado» a medida que soltamos todos los remanentes que quedan de este sueño. Se trata del estadio final, que en realidad es la experiencia no aprendida que sigue al perdón.

Pregunta: Este pasaje, así como otros del Curso, recuerda algo a la literatura mística. Obviamente, algunos de esos hombres y mujeres tuvieron experiencias genuinas de Dios, y sin embargo hablaron como si Dios les diera la gracia de una experiencia de Él, que a continuación retiraba para ayudarles a aprender lo que todavía tenían pendiente. Si bien estas experiencias parecen genuinas, ¿por qué usarían expresiones como: «Dios me quitó esto»? ¿Por qué dirían que Dios les «privaba» de la alegría de Su presencia?

Respuesta: Te estás refiriendo a otro ejemplo de la importante distinción que establece *Un curso de milagros* entre forma y contenido. Estoy seguro de que estos grandes místicos de la Iglesia tuvieron experiencias de Dios y del amor de Jesús. Esto es a lo que el Curso se refiere como «contenido». Es una experiencia, similar a las experiencias que podemos tener en este siglo, a la que podríamos dar una interpretación completamente distinta. Las diferentes interpretaciones son lo que llamamos «forma», y por supuesto dependen de la teología: el intento de la mente racional de explicar algo que en realidad no puede ser comprendido.

Está el famoso ejemplo de Santo Tomás de Aquino, que escribió los tratados teológicos definitivos de la Iglesia. Hacia el final de su vida tuvo una experiencia mística tras la cual dijo: «Todo lo que he escrito me parece paja en comparación con lo que me ha sido revelado».[14] Llegado a ese punto, él creyó que su trabajo teológico era tan desdeñable como la paja, porque cuando uno tiene una experiencia verdadera y auténtica del Amor de Dios, no tiene necesidad de teologizar al respecto. Poco después de esto, mientras cabalgaba en su caballo, se golpeó la cabeza contra una rama, golpe del que acabó muriendo. Evidentemente, con esa experiencia su vida había quedado completa.

Por lo tanto, las experiencias de estos santos y místicos pueden muy bien haber sido auténticas (contenido), pero el modo en que las interpretaron fue a través de la teología de su tiempo (forma). Esta teología de la Iglesia, como sabemos, enseñó que Dios nos conduce de vuelta a Él a través de nuestra aceptación de una vida de sufrimiento y sacrificio. *Un curso de milagros* insiste mucho en ayudarnos a entender que un Dios amoroso nunca pensaría así. Pero así es como pensaba la Iglesia tradicional y, por eso, para ellos tenía mucho sentido que la noche oscura del alma —la evocativa frase de San Juan de la Cruz que describe el periodo de oscuridad que precede a la iluminación mística— expresara la actividad amorosa de Dios que retira Su

---

14   Weisheipl, James A., O.P. Friar Thomas D'Aquino: His Life, Thought, and Works (Washington: The Catholic Univ. Of America Press, 1983). Para una explicación más amplia véase mi libro Love does not condemn, pp. 11-12.

Amor de nosotros como paso final de nuestra purificación. A continuación, de repente, Él retorna a nosotros en una luz cegadora y experimentamos la unión con Su Amor. Pero está claro que la enseñanza básica de la Iglesia era que Dios permitía que este dolor viniera a nuestras vidas como prueba de Su Amor, y como un medio de guiarnos de vuelta a Él.

Pregunta: ¿Crees que esto era una manera sutil que tenían nuestros egos de entrar y decir: «En realidad no quiero tener que dar esos dolorosos pasos de soltar mis relaciones especiales»?

Respuesta: Esta es una manera tentadora de mirarlo, y pienso que la enseñanza básica del Curso sugeriría eso. Sin embargo, es importante no olvidar que desde el punto de vista de la teología mística de la Iglesia, la enseñanza del Curso estaría equivocada. Ambas representan distintos caminos. Pero no hay duda de que *Un curso de milagros* enseñaría que esas experiencias son maneras de reforzar la creencia de que la culpa exige castigo a través del sufrimiento y el sacrificio.

Dios ama a Su Hijo. Pídele ahora que te proporcione los medios por los cuales este mundo desaparece, y primero vendrá la visión y, un instante más tarde, el Conocimiento. Pues en el estado de gracia ves una luz envolver al mundo con amor y al miedo borrarse de todos los semblantes conforme los corazones se alzan y reclaman la luz como suya. ¿Qué queda ahora que pueda demorar al Cielo un solo instante más? ¿Qué queda aún por hacer cuando tu perdón descansa sobre todas las cosas?

Este es un retrato muy hermoso de lo que ocurre al final. Los «medios» a los que se hace referencia es el perdón: que expresemos nuestra «pequeña buena voluntad» de perdonar. Esto posibilita que la visión «venga» a nosotros, después de la cual viene el último paso de Dios y el conocimiento del Cielo.

Hoy es un día nuevo y santo, pues recibimos lo que se nos ha dado. Nuestra fe radica en el Dador, no en nuestra aceptación. Reconocemos

nuestros errores, pero Aquel que no sabe de errores es Quien ha de responder a ellos, proporcionándonos los medios por los que podemos dejarlos atrás y elevarnos hasta Él con gratitud y amor.

«Aquel» y «Quien» hacen referencia a Dios. Pienso que este tipo de pasaje podría confundir a la gente, llevándoles a la idea equivocada de que lo único que tienen que hacer es esta lección particular, y estarán a un paso del Cielo y del último paso de Dios. Está claro que esto no puede ser así puesto que esta solo es la Lección 168, y quedan muchas lecciones maravillosas por delante. Es importante entender otra explicación sobre pasajes como estos. Jesús está haciendo lo que frecuentemente hace en el Curso: cambiar repentinamente de la dimensión del tiempo a una visión de lo que ocurrirá al final. Y puesto que desde el punto de vista de *Un curso de milagros* de todos modos el tiempo es una ilusión, este cambio solo refleja el cambio repentino de las cintas de vídeo del ego a las del Espíritu Santo, que reflejan la eternidad.

Así, sería un error que la gente tuviera la expectativa de que, de repente, van a ser capaces de soltar toda su inversión en el sistema de pensamiento del ego y adoptar totalmente el del Espíritu Santo. A partir de nuestros propios viajes personales y por todo lo que hemos estado diciendo hasta ahora, todos sabemos que el deshacimiento del ego conlleva una gran cantidad de trabajo duro durante un largo periodo de tiempo.

Y el desciende para recibirnos, según nosotros nos acercamos a Él. Pues lo que nos ha preparado, Él lo da y nosotros lo recibimos. Tal es Su Voluntad, pues ama a Su Hijo. A Él elevamos nuestras plegarias hoy, devolviéndole tan solo la palabra que nos dio por medio de Su Propia Voz, Su Palabra, Su Amor:

Tu Gracia me es dada. La reclamo ahora. Padre, vengo a Ti.
Y Tú vendrás a mí que te lo pido, pues soy el Hijo que Tú amas.

La idea básica del curso es que nosotros hacemos nuestro trabajo al perdonar. Dios no puede hacerlo por nosotros. Puesto que fuimos nosotros los que rechazamos el Amor de Dios, somos nosotros los que ahora debemos reclamarlo. Deshacer nuestra culpa retira las barreras que nos mantenían separados de Dios, y así venimos a Él conforme Él completa el proceso encontrándose con nosotros.

Así, ahora estamos en el último paso: todos los Hijos de Dios han despertado del sueño, emitido el juicio final sobre la naturaleza ilusoria del mundo, y Dios nos ha elevado hasta Sí Mismo, o casi. Como es un precioso resumen del viaje y su culminación, que nos deja a un paso del Cielo, leeré el epílogo de la Clarificación de términos, al final mismo del Manual para el maestro.

Leeré esta preciosa sección sin detenerme, como conclusión de nuestro estudio del tiempo. No obstante, primero me gustaría hacer unos comentarios sobre lo que vamos a oír. La mayoría de las secciones del Manual no contienen referencias bíblicas. Aquí, de repente, en poco más de una página hay al menos cinco de ellas. Parte de la razón de este hecho es que esta sección fue escrita en diciembre, durante el adviento, la estación litúrgica de preparación para la Navidad. Así, hay una serie de referencias a la Navidad, así como otras en las que Jesús habla de sí mismo. La frase «no tengas miedo» que sale en el tercer párrafo está tomada de Isaías (por ejemplo 40:9), y también se encuentra en una serie de lugares de los evangelios, donde Jesús trata de reconfortar a sus seguidores (por ejemplo, Juan 6:20). Hemos comentado antes algunas de ellas. Una referencia evidente a la Navidad se produce cuando habla del «mundo recién nacido» y de Cristo «renacido». Las palabras «lucero del alba», tomadas del Apocalipsis (22:16), han sido usadas tradicionalmente como una referencia a Jesús: la estrella matutina que disipa la oscuridad de la noche.

Finalmente, a lo largo de *Un curso de milagros* hay una serie de referencias al gnosticismo en las que se usa específicamente el lenguaje gnóstico. Encontramos un claro ejemplo aquí, al comienzo del segundo párrafo, «Tú eres un extraño aquí». La idea de que este es un mundo extraño al que no pertenecemos es muy gnóstica. La Lección 160 —Yo estoy en mi hogar. El miedo es el que es un extraño aquí— es posiblemente la referencia más clara a este pensamiento gnóstico de que nosotros, que somos extraños en este mundo ajeno, nunca podremos encontrar aquí la verdadera paz. Otra frase gnóstica común es «encontrar descanso», que aparece con frecuencia en el Curso, como en la hermosa Lección 109, por ejemplo: «Descanso en Dios». El final del Epílogo no emplea la palabra «descansar», pero expresa la misma idea: «El Hijo reposa, y en la quietud que Dios le dio, entra en su hogar y por fin está en paz». Así acaba el viaje agotador.

A propósito, las conclusiones de todos los libros —Texto, Libro de ejercicios, Manual para el maestro y ahora la Clarificación de términos— están escritas poéticamente y son muy, muy conmovedoras. La de este Epílogo está ciertamente en el mismo nivel de belleza e inspiración que las otras.

No olvides que una vez que esta jornada ha comenzado, el final es seguro. Las dudas te asaltarán una y otra vez a lo largo del camino, y luego se aplacarán solo para volver a surgir. El final, no obstante, es indudable. Nadie puede dejar de hacer lo que Dios le ha encomendado que haga. Cuando te olvides de esto, recuerda que caminas a Su lado, con Su Palabra impresa en tu corazón. ¿Quién puede desalentarse teniendo una esperanza como esta? Ilusiones de abatimiento parecerán asaltarte, pero aprende a no dejarte engañar por ellas. Detrás de cada ilusión está la realidad y está Dios. ¿Por qué ibas a seguir esperando por esto y substituirlo por ilusiones, cuando Su Amor se encuentra tan solo un instante más allá en el camino donde todas ellas acaban? El final es indudable y está garantizado por Dios. ¿Quién se detendría ante una imagen inerte, cuando con un paso más el más Santo de todos los Santos abre una puerta inmemorial que conduce más allá del mundo?

Tú eres un extraño aquí. Pero le perteneces a Aquel que te ama como Él se ama a Sí Mismo. Solo con que me pidas que te ayude a hacer rodar la piedra, ello se hará conforme a Su Voluntad. Nuestra jornada ya ha comenzado. Hace mucho tiempo que el final se escribió en las estrellas y se plasmó en los Cielos con un rayo de luz brillante que lo ha mantenido a salvo en la eternidad y a lo largo del tiempo, y que aún lo conserva inalterado, imperturbable e inmutable.

No tengas miedo. No hemos hecho más que reanudar una vieja jornada que comenzamos hace mucho tiempo, pero que aparenta ser nueva. Hemos reanudado nuestra jornada por la misma senda que estábamos recorriendo antes y en la que, por un tiempo, nos perdimos. Y ahora lo intentamos de nuevo. Nuestro nuevo comienzo posee la certeza que le había faltado a la jornada hasta ahora. Levanta la mirada y contempla Su Palabra entre las estrellas, donde Él ha escrito tu Nombre junto con el Suyo. Levanta la mirada y halla tu infalible destino que el mundo quiere ocultar, pero Dios quiere que veas.

Esperemos aquí en silencio, y arrodillémonos un instante en agradecimiento hacia Aquel que nos llamó y nos ayudó a oír Su Llamada. Y luego levantémonos y recorramos con fe el camino que nos conduce a Él. Ahora estamos seguros de que no caminamos solos. Pues Dios está aquí, y con Él todos nuestros hermanos. Ahora sabemos que jamás volveremos a extraviarnos. El canto que solo se había interrumpido por un instante se vuelve a oír, si bien parece como si nunca antes se hubiera entonado. Lo que ahora ha empezado ganará fuerza, vida y esperanza, hasta que el mundo se detenga por un instante y olvide todo lo que el sueño de pecado hizo de él.

Salgamos al encuentro de ese mundo recién nacido, sabiendo que Cristo ha renacido en él y que la bendición de su renacimiento perdurará para siempre. Habíamos perdido el rumbo, pero Él lo ha encontrado por nosotros. Démosle la bienvenida a Aquel que regresa a nosotros para celebrar la salvación y el fin de todo lo que creíamos haber hecho. El lucero del alba de este nuevo día contempla un mundo diferente en el que se le da la bienvenida a Dios y a Su Hijo junto con Él. Nosotros que Lo completamos, Le damos las gracias, tal como Él nos las da a nosotros. El Hijo reposa, y en la quietud que Dios le dio, entra en su hogar y por fin está en paz. (C-ep).

APÉNDICE

CUADRO 1

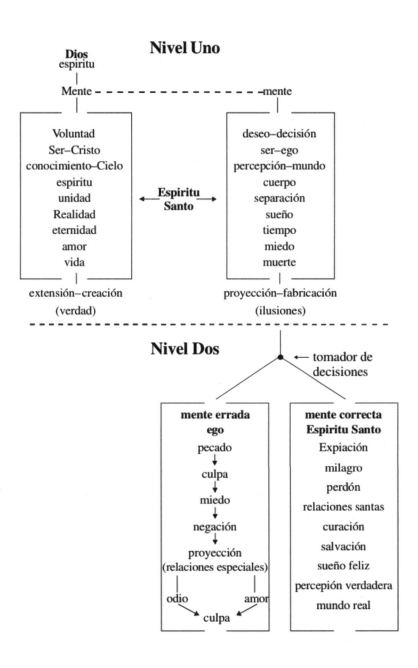

Nivel Uno

Dios
espiritu

Mente - - - - - - - - - - - - - -mente

Voluntad	deseo–decisión
Ser–Cristo	ser–ego
conocimiento–Cielo	percepción–mundo
espiritu	cuerpo
unidad	separación
Realidad	sueño
eternidad	tiempo
amor	miedo
vida	muerte

Espiritu Santo

extensión–creación   proyección–fabricación

(verdad)   (ilusiones)

Nivel Dos

← tomador de decisiones

mente errada	**mente correcta**
ego	**Espiritu Santo**
pecado	Expiación
↓	milagro
culpa	perdón
↓	relaciones santas
miedo	curación
↓	salvación
negación	sueño feliz
↓	percepión verdadera
proyección	mundo real
(relaciones especiales)	

odio   amor

culpa

CUADRO 2:

LA ALFOMBRA DEL TIEMPO

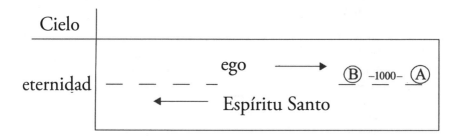

CUADRO 3:

TV – CALEIDOSCOPIO – HOLOGRAMA

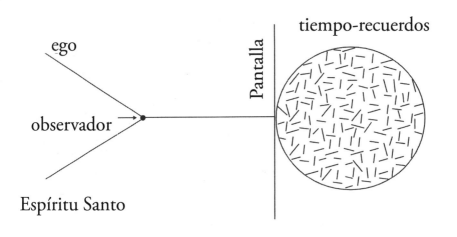

CUADRO 4:

LOS DOS HOLOGRAMAS

ego   Espíritu Santo

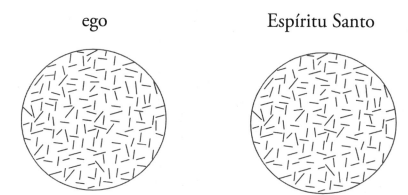

CUADRO 5: EL PEQUEÑO "TIC" DE TIEMPO

eternidad

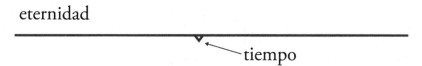

CUADRO 6: ESPIRAL

eternidad

Índice de referencias

1   Para la referencia se mantiene la «S» del título en inglés.

The Gifts of God*

* Los Regalos de Dios

Texto Introducción